纪连海

纪连海·著

品三国

曹魏卷

 中国出版集团有限公司
China Publishing Group Co., Ltd.
  现代出版社

图书在版编目（CIP）数据

纪连海品三国. 曹魏卷 / 纪连海著. — 北京 ： 现
代出版社，2025. 3. — ISBN 978-7-5231-0745-4

Ⅰ．K236.07

中国国家版本馆CIP数据核字第20255J2A52号

纪连海品三国. 曹魏卷
JILIANHAI PINSANGUO. CAOWEI JUAN

著　　者	纪连海	
选题策划	梁　惠	
责任编辑	张　瑾	
责任印制	贾子珍	
出版发行	现代出版社	
地　　址	北京市安定门外安华里504号	
邮政编码	100011	
电　　话	(010) 64267325	
传　　真	(010) 64245264	
网　　址	www.1980xd.com	
印　　刷	三河市宏盛印务有限公司	
开　　本	710mm×1000mm　1/16	
印　　张	20.75	
字　　数	281千字	
版　　次	2025年3月第1版　2025年3月第1次印刷	
书　　号	ISBN 978-7-5231-0745-4	
定　　价	298.00元（全四卷）	

目录

第一章

魏武帝曹操：治世之能臣，乱世之奸雄

以"治世之能臣，乱世之奸雄"面貌出现的曹魏集团的奠基人——曹操（155—220），既是杰出的政治家、军事家，又是著名的文学家、书法家，可谓文韬武略，旷世奇才。但，曹操也可以说是历史上评价最为两极分化的一个人。

"月旦评"的主持人汝南许劭（150—195）对曹操的"乱世之奸雄，治世之能臣"的评价，出自罗贯中（约1330—约1400）的小说《三国演义》第一回："时人有桥玄者，谓操曰：'天下将乱，非命世之才不能济。能安之者，其在君乎？'南阳何颙见操，言：'汉室将亡，安天下者，必此人也。'汝南许劭，有知人之名。操往见之，问曰：'我何如人？'劭不答。又问，劭曰：'子治世之能臣，乱世之奸雄也。'操闻言大喜。"

在这短短一百多字的叙述中，可以看到那个时代最著名的三个名士对曹操的评价都很高。值得注意的是，小说《三国演义》第一回关于曹操评价的叙述，居然与历史记载大同小异。桥玄（110—184）的评价和何颙（？—190）的评价都出自陈寿（233—297）的《三国志》。只是许劭的评价，出处有所不同：陈寿的《三国志》是"治世之能臣，乱世之英雄"；范晔（398—445）的《后汉书》是"清平之奸贼，乱世之英雄"；小说《三国演义》中的"治世之能臣，乱世之奸雄"一语则出自东晋史学家孙盛的《异同杂语》。当然，小说《三国演义》的作者放弃了大名鼎鼎的《三国志》的"英雄"，而是选择了很不知名的《异同杂语》的"奸雄"，自然是他内心深处的"拥刘反曹"的观念所致。不过，没有选《后汉书》的"奸贼"，在某种程度上，罗贯中还是保持了对历史史实的基本尊重的。总之，这"治世之能臣，乱世之奸雄"十个字，正是对曹操一生经历的高度浓缩概括。

受《三国演义》"尊刘贬曹"思想的影响，后世很多人都把"乱世之奸雄"作为曹操的标签。实际上，"乱世之奸雄"只是曹操多面性格当中的一个面而已，曹操"治世之能臣"的一面，也很重要。年轻时期的曹操，应该是根正苗红的好青年，一身本领，打算"格物、致知、诚意、正己、修身、齐家、治国、平天下"。但是，当时时局动荡，正是乱世的时局黑暗，才让曹操选择从"治世之能臣"转变为"乱世之奸雄"。

一、曾经的问题少年

曹操是在汉桓帝刘志（132—168年在世；146—168年在位）永寿元年（155）出生、汉灵帝刘宏（157—189年在世，168—189年在位）熹平三年（174）入仕的，而桓灵两朝是汉王朝四百年间最黑暗、最混乱的年代。外戚擅权、宦官专政、军阀称雄，奸臣拼命抓权，贪官拼命捞钱，老百姓则只好去吃观音土。道德的沦丧，更是一塌糊涂。当时的民谣说："举秀才，不识书；举孝廉，父别居"；"直如弦，死道边；曲如钩，反封侯"，可见寡廉鲜耻和口是心非已成风尚。这并不奇怪。

一个王朝和一种制度既然容不得君子，那就只能培养小人；既然听不得真话，那就只能都说假话。曹操的命运如此，与曹操同一时代的许多人的命运更是如此。曹操的命运似乎老早就被决定了。

小时候的曹操是个"问题少年"，"好飞鹰走狗，游荡无度"。他叔叔实在看不下去，常常提醒曹操的父亲曹嵩（？—193）应该好好管教一下自己的儿子。曹操知道后，便想出一个鬼点子，来对付他那多管闲事的叔叔。有一天，曹操远远地见叔叔来了，立即作口歪嘴斜状。叔叔问他怎么了，曹操答曰突然中风。叔叔当即去报告曹嵩。等曹嵩把曹操叫来一看，什么事都没有。曹操便趁机说："我哪里会中什么风！只因为叔叔不喜欢我，才乱讲我的坏话。"有这么一个"狼来了"的故事垫底，自然以后叔叔再说曹操什么，曹嵩都不信了。

父亲曹嵩对他这个儿子的教育，大约是很少过问的。曹操自己的诗说："既无三徙教，不闻过庭语。"

所谓"三徙"，讲的是"孟母三迁"的故事。起初，孟子（前372—前289）家在墓地附近，每隔几天，就会有送葬的队伍吹着喇叭经过他家门口。好奇的孟子就跟着送葬的队伍学着吹喇叭，引得一群孩子跟在他后面跑着玩儿，大家一起玩儿送葬的游戏。孟母非常重视孟子的教育问题，看到孟子整天吹喇叭玩儿送葬游戏，赶紧就把家搬到了城里，住在屠宰场的旁边。搬到城里后，孟子每天都到屠宰场去看杀猪，那些屠夫杀猪时手脚麻利，十分熟练。孟子看在眼里，记在心上。没过多久，他竟然能帮着杀猪了。孟母非常着急，又把家搬到了学堂附近。于是，每天早晨，孟子都跑到学堂外面，摇头晃脑地跟着学生们一起读书，并且变得守秩序、懂礼貌。后来，孟子果然没有辜负孟母的期望，成为战国时期的思想家和儒家学派的主要代表人物。

孤儿寡母，搬一次家绝非易事，而孟母竟不怕麻烦地搬了三次家。可见孟母深知环境对儿子成长的重要性。常言道"近朱者赤，近墨者黑"，这个道理在孟子的成长过程中体现得尤为明显。环境是孩子成长和生活中重要的一部分，好的环境可以促进孩子健康成长，而恶劣的环境则可能使孩子也跟着学坏。

所谓"过庭"，说的则是孔子（前551—前479）"过庭之训"的故事。有一次，孔子的儿子孔鲤（前532—前483）从庭院路过，碰到父亲站在那里，被叫住问，学诗了吗？孔鲤说，没有。孔子就说，不学诗，就不懂得说话。孔鲤就开始学诗。又一次，同样的场景，孔子问，学礼了吗？孔鲤说，没有。孔子就说，不学礼，就不懂得立身。在教育儿子时，孔子并不说太多的话，而是时时处处以身作则，将自己所看重的德行品行、人格操守等通过"学诗""学礼"传递下去。正是因为有了这样的言传身教，培养了后人高尚的道德情操，使孔子家族成为中国历史上传承数千年而声名不落、礼法昭彰的家族。

由此看来，曹操小时候，父亲母亲都不怎么管教他，是个没家教的人。所以他"任侠放荡，不治行业"。

曹操的朋友袁绍（？—202）、张邈（？—195）等人，也都是同一类角色。他们常常聚在一起胡闹，事情做得十分出格。有一次，一户人家结婚，曹操和袁绍去看热闹，居然动念要偷人家的新娘。他俩先是躲在人家的园子里，等到天黑透了，突然放声大叫："有贼！"参加婚礼的人纷纷从屋里跑出来，曹操则趁乱钻进洞房抢走了新娘。匆忙间路没走好，袁绍掉进带刺的灌木丛中，动弹不得。曹操急中生智，又大喊一声："贼在这里！"袁绍一急，一下就蹦了出来。曹操鬼点子这样多，难怪《三国志》说他"少机警，有权数"了。

如此喜欢恶作剧的孩子，大约并不讨人喜欢，许多人也没把他放在眼里（世人未之奇也）。然而太尉桥玄却认为曹操是"命世之才"，将来平定天下，非曹操莫属。因为曹操虽然调皮捣蛋，不守规矩，却并非一般的流氓地痞或纨绔子弟。他"才武绝人，莫之能害，博览群书，特好兵法"，正是乱世需要的人才。所以桥玄十分看好曹操，竟以妻子和儿女相托，还建议他去结交汝南人许劭。这才有了"治世之能臣，乱世之奸雄"的评价。

二、梦想治世之能臣

为什么说曹操是妥妥的治世能臣呢？

第一，曹操的家世背景为他提供了丰富的政治资源，也赋予了他高于常人的眼界。

《三国志》里记载，曹操的父亲曹嵩是宦官曹腾的养子。

曹腾是沛国谯县（今安徽省亳州市）人。曹腾的父亲曹节只是个普通百姓，在乡里素以仁厚著称。汉安帝刘祜（94—125年在世；106—125年在位）在位年间，曹腾进宫后先做了陪太子读书的黄门从官——作为一个宦官，曹腾这就有了文化了。汉顺帝刘保（115—144年在世；125—144年在位）即位后，曹腾的职位也升至负责为皇帝传达诏令、掌管文书的中常侍——作为一个宦官，曹腾这就有了不大不小的权力了。汉质帝刘缵（138—146年在世；145—146年在位）即位后，因称实际掌控着东汉朝政大权的外戚梁冀为"跋扈将军"而被梁冀毒死。国不可一日无主。中常侍曹腾夜访梁冀，建议立蠡吾侯刘志为帝。刘志即位，是为汉桓帝。因为拥立有功，曹腾加升为负责皇后宫殿的大长秋，并被加封为费亭侯——作为一个宦官，曹腾这就有了特别大的权力了。此后的曹腾，宣布退休养老。看来，曹腾是很懂得在达到人生巅峰时便要及时急流勇退这一道理的。

"治世之能臣"也好，"乱世之奸雄"也罢，在宫中三十多年，服侍过四位皇帝的曹腾，都是见过的。曹腾在宫中三十多年，先后向皇帝推荐过虞放、边韶、延固、张温、张奂（104—181）、棠溪典等"治世之能臣"。而面对着另一位曾经弹劾过曹腾的"治世之能臣"，曹腾依然会在皇帝面前说他的好话。虽然曹腾只是个宦官，但在东汉中后期那个"外戚宦官交替专权"的特殊时代里，曹腾也算得上一位"治世之能臣"了。而这，恰恰就是曹操"治世之能臣"的基因之所在。

再说曹操的父亲曹嵩。俗话说，朝中有人好做官。靠着养父曹腾的庇荫，曹嵩先后担任司隶校尉、大司农、大鸿胪等职。到了公元187年，曹嵩靠着贿赂宦官以及给皇帝亲自掌控的西园捐钱一亿万（一亿万：指一亿铜钱，相当于当时的10000斤黄金，按现代的市斤计约合5000斤黄金），出任朝廷上仅次于大将军的太尉一职，位列三公。除此之外的曹嵩，既没什么特殊的功绩，也没什么恶行。

由此可以看到，曹操这个人，出自一个非常有权有钱且有势力的官宦家庭。曹操自小就对朝廷大事、宫闱秘闻有所耳闻，他的政治素养，可以说是很早就开始培养了。正因为从小处于权力中心，所以他个人性格中无论是"少机警，有权数，而任侠放荡，不治行业"，还是"博览群书，特好兵法，抄集诸家兵法，名曰《接要》，又注《孙武》十三篇，皆传于世"，都和这个成长环境关系甚大。靠着父祖两代人的庇荫，官宦世家出身的曹操，有很多可以供他充分利用的政治资源，这是曹操的家世背景为他积累起来的资本，也是曹操快速建功立业可以走的捷径。在我们人生发展的起步阶段，如果能利用好自己的家庭背景和资源，那就会事半功倍。

第二，当时的社会环境也非常需要曹操这样的管理人才。

东汉末年，宦官作乱，朝野混乱，这时是急需管理人才的。如果在太平盛世，社会稳定，那么管理类职位人人皆可上位，怎么会出现空缺给你呢？当社会出现问题，能力的差别才会体现出来，能臣在管理上的重要性才会体现出来。这就有点像我们现在所说的行业风口。每年的风口都不一样，但无可争议的是，如果你踩中了风口，那么你就能快速借势发展起来，何况曹操这样家世、能力都拔尖的人。

第三，曹操在执政管理上相当有天赋，他也很好地发挥了自己的这个优势。

公元174年，曹操被举为孝廉。不久之后，曹操被任命为洛阳北部尉（东汉于京师洛阳置左部、右部、东部、西部、南部、北部尉，典兵，负责京师治安，合称为六部尉），负责洛阳六个城区之一的北部区的治安。在洛阳北部尉任上，年纪轻轻的曹操就已经显示出了他非凡的政治才能。

洛阳北部尉这个差事，官儿虽然不大，责任却很重大，麻烦也不少。毕竟是在天子脚下，豪门权贵多，没有哪个是一个小小的洛阳北部尉能惹得起的。但是，首都地面的治安又不能不维持。所以，曹操紧紧抓住了后面这一点，不但一到任就把官署衙门修缮一新，还造了五色的大棒几十根，洛阳北部尉所在的官署的每个大门旁边各挂十来根，"有犯禁者，不避豪强，皆棒杀之"。恰好，汉灵帝刘宏特别宠信的宦官蹇硕的叔叔，倚仗着自己的侄子蹇硕是皇帝身边的红人，公然违禁夜行（在中国古代，北宋以前，绝大多数朝代，太阳落山后城市便要宵禁，闲杂人等一律不得走出自己的家门）。曹操也不含糊，立即将蹇硕的叔叔用五色棒打死。这下子，曹操真正做到了杀一儆百，从此"京师敛迹，莫敢犯者"，治安情况大为好转，曹操也因此名震朝野。

这一时期的曹操，不但颇有政治远见，而且行事果敢，雷厉风行，也通过一系列手段证明了自己确实能担大任，可以说是少年得志，正在"治国平天下"的道路上大展拳脚。这一时期的曹操，是称得上"治世之能臣"的。

当然，曹操能够如此迅速果断地将蹇硕的叔叔用五色棒打死，也离不开他的父祖两代人的官位和人脉的支撑。

但是，一旦意气风发的曹操碰上特别混乱的局势，他就发现，他的父祖两代人的官位和人脉，并不足以支撑他继续胆大妄为，此时，他的内心一定会发生变化。这也是曹操从"治世之能臣"转变为"乱世之奸雄"的原因所在。

三、终成乱世之奸雄

曹操生活的时代，正逢东汉王朝最黑暗、最混乱的年代。曹操个人再怎么努力，也丝毫改变不了东汉末年官场的没落、风气的腐败。此时的曹操如果一味地朝着"治世之能臣"的方向发展，必将处处碰壁。那他又是怎么变为乱世之奸雄的呢？老纪认为有三点：求生存、求发展、求变通。

第一，是为了求生存。

公元189年，董卓（？—192）进京，专擅朝政。此时的董卓为拉拢曹操为己所用，特地加升曹操为骁骑校尉。没承想，自以为出身有背景、周围有人脉的曹操并不领董卓这个"西北狼"的人情，当时的曹操并不想与恶人董卓为伍，曹操的内心仍然做着"治世之能臣"的大梦。

专权的董卓非常残暴，白天经常以杀人取乐，晚上则入宫奸淫宫女，夜宿龙床，一时间洛阳城内大臣敢怒不敢言。这时曹操自告奋勇，行刺董卓，正准备举刀砍下，董卓的义子，武力超群的吕布牵着马走过来了，曹操想要刺杀已经失去机会了，他急中生智，对董卓说："你看这把刀怎么样？我是来献给你的。"这才蒙混过关。

看到没有，早期的曹操也是一个热血青年。当然，曹操敢于刺杀董卓，也仗着他武艺高强，据孙盛《异同杂语》说，曹操有一次秘密潜入中常侍张让的卧室，想刺杀这个专权者，但在得手之前，被警觉的张让发现，于是刹那间，持剑荷枪的卫士蜂拥而至，但曹操艺高人胆大，且战且退，十几个卫士都拿他没办法。

曹操的这种作风是不是好像有点豪侠的风范？曹操虽然蒙混过关，从董卓身边逃了出来，但得罪了董卓已经是板上钉钉的事儿了。得罪了董卓的曹操，在朝廷里失去了容身之所，为了生存，曹操只得从都城洛阳逃到陈留（今河南省开封市祥符区），另谋出路。生逢乱世的曹操此时开始明白，没有什么是长久不变的，如果墨守成规的话，那就只能面临淘汰。

第二，是为了求发展。

此时的曹操很清楚，为官的正路是肯定走不通了，所以他开始放弃为官从仕的道路，另外开辟属于自己的职业方向。他决定自己出来创业，干出一番事业。

做乱世之奸雄，首先就要打皇帝牌。

公元189年，董卓进京，专擅朝政。曹操见董卓倒行逆施，逃出京师洛阳，回到陈留首倡天下英雄讨伐董卓。董卓败亡后，曹操又收降黄巾余部三十余万人，将其精锐组成青州兵。公元196年，曹操挟持献帝迁都许昌，改元建安，开始成为当时政坛上举足轻重的人物。

曹操原本是没资格打这张牌的。最有资格的是袁绍。袁绍四世三公，有政治地位；地广兵多，有军事实力。如果袁绍要迎奉天子，别人是抢不过的。而且，袁绍的谋士沮授（？—200）也一再向袁绍提出这个建议。可惜袁绍目光短浅、志大才疏，他身边的一些谋士，也徒有虚名、鼠目寸光。在这些目光短浅的家伙看来，东汉政权风雨飘摇气数已尽，奢谈匡扶汉室已经毫无意义。既然并不打算匡时济世，反倒琢磨着乱中夺权，那就没有必要把皇帝接来。把这么个宝贝弄到身边来，天天向他请示，事事向他汇报，实在是麻烦。听他的吧，显得咱没分量；不听他的吧，说起来又算是违抗王命，实在不划算。袁绍一想到献帝是董卓拥立的，心里就犯恶心，也就打消了这个念头。

机不可失，时不再来。袁绍这一犹豫，就被曹操抢了先。曹操既有毛玠等人出谋划策，又有董昭（156—236）等人牵线搭桥，很快就把皇帝这张牌抓到了自己手里。这一回轮到袁绍大跌眼镜了：曹操迎奉献帝迁都许昌后，不但没有损失什么，或受制于人，反倒捞到了不少实惠。曹操得到了黄河以南的大片土地，关中地区的人民也纷纷归附。更重要的是，曹操捞到了一大笔政治资本，不但自己成了匡扶汉室的英雄，有了"一人之下，万人之上"的地位，而且把所有的反对派都置于不仁不义的不利地位。从此，曹操不管是任命官吏、扩大地盘，还是讨伐异己、打击政敌，都可以用皇帝的名义，再不义也是正义的。对手们呢？则很被动。他们要反对曹操，先得担反对皇帝的风险。即使打着"清君侧"的旗号，也远不如曹操直接用皇帝的名义下诏来得便当，来得理直气壮。比如，后来袁绍要打曹操，沮授和崔琰便都说"天子在许"，攻打许昌，"于义则违"。诸葛亮（181—234）也说曹操"挟天子而令诸侯，此诚不可与争锋"。曹操捷足先登，占了个大便宜。

做乱世之奸雄，其次还要令行禁止。

南朝宋裴松之（372—451）《三国志注》引《曹瞒传》曰："常出军，行经麦中，令'士卒无败麦，犯者死'。骑士皆下马，付麦以相持，于是太祖马腾入麦中，敕主簿议罪；主簿对以《春秋》之义，罚不加于尊。太祖曰：'制法而自犯之，何以帅下？然孤为军帅，不可杀，请自刑。'因援剑割发以置地。"意思是：有一次，曹操率军经过麦田，下令说："士卒不要弄坏了麦子，有违反的处死！"军中凡是骑马的人都下马，用手相互扶着麦子走，未承想曹操的马竟然蹿进了麦地，曹操召来手下的主簿来论罪，主簿用《春秋》的典故应对说，自古刑法是不对尊贵的人使用的。曹操说："自己制定的法律而自己违反，如何能统率属下呢？然而我身为一军之帅，是不能够死的，请求对自己施与刑法。"于是拿起剑来割断头发掷在地上。

曹操"割发代首"的典故向我们揭示了依法治军、从严治军的重要性。第一，使全军知道了法纪的严肃性，培养了军队的法纪观念。第二，一反"法不加于尊"的儒家传统观念，表明在军法面前人人平等，不允许有特殊人物。

曹操作为三军统帅，他依靠法纪来实施自己的领导，自己违法而请求处分，这与他以法治众的思想是相一致的，即使不能严厉处分，亦希望有处分的表示，这是一个领导者的高明之处。曹操敢以自己违纪受处分的事例作为全军法纪教育的活教材，单是这一点，也不是所有的领导人都能办到、都愿办到的。

做乱世之奸雄，再次还要唯才是举。

公元207年，曹操北征乌桓大获全胜。回师的路上，走到冀州时，天寒地冻，荒无人烟，连续行军二百里不见滴水，军粮也所剩无几，"杀马数千匹以为粮，凿地入三十余丈乃得水"。回到邺城（今河北省临漳县）后，曹操下令彻查当初劝谏他不要征讨乌桓的人，并一一予以封赏。曹操说，我这场胜利，完全是侥幸。诸君的劝阻，才是万全之策。因此我要感谢诸位，恳请诸位以后还是有什么就说什么，该怎么讲还是怎么讲。也就是在这一年，曹操发布《封功臣令》说，我起义兵，诛暴乱，于今已十九年了，战必胜，攻必克，征必服，难道是我的功劳？全仰仗各位贤士大夫之力啊！打了败仗检讨自己，而且感谢那些劝他不要打这一仗的人，打了胜仗感谢别人。正是这种非凡的气度和超人的胆识，使他战胜了一个又一个敌人和对手，凝聚了一个又一个勇将和谋臣。

曹操深知人才的重要性，他需要大批的人来帮助他、支持他，尤其是要争取高门世族的人来合作，以资号召。能帮忙最好，帮凶、帮腔，哪怕帮闲也行。有才的要，有名的要，徒有虚名的也要。总之是来者不拒，多多益善。他手下的五员大将，就有三员来自敌营：张辽（169—222）原是吕布部将，张郃（？—231）原是袁绍部将，徐晃（？—227）原是杨奉部将，只有乐进（？—218）和于禁（？—221）是他亲自从底层提拔起来的。许攸（？—204）从袁绍营中来投奔他，他光着脚出来迎接。

只是换了一个思路，曹操的职业天花板就被打开了。曹操一开始虽然建立了自己的的根据地，手里也掌握着汉献帝刘协（181—234年在世，189—220年在位）这一张王牌，但他此时应该还是汉室的忠臣，还是一心想着匡扶汉室的。只是后来随着手中的权力越来越大，此后的曹操，就有了称帝的可能性。

第三，是为了求变通。

东汉末年诸侯割据混战，谁都想乘乱起势，成为新的统治者。此时的曹操，能力有了，实力有了，野心也逐渐膨胀起来了。但是我们要知道，曹操这个人城府是很深的。他非常清楚地知道，此前的袁术，因过早地称天子而成为众矢之的，最终身死国灭的教训。所以曹操心里清楚，只有控制了社会舆论，才能使自己名正言顺地称帝。

曹操"代汉"采取的策略步骤：挟天子，加九锡，树党羽，把一切都铺垫妥当了，然后让自己的儿子从容登基，并且同样美其名曰"禅让天下"，等等，都被司马氏亦步亦趋地学到手了。到他的子孙时，"九品中正"的门阀制度代替了举荐贤才，"龙生龙，凤生凤，老鼠的儿子会打洞"，因此官员中"上品无寒门，下品无庶族"，"世胄蹑高位，英俊沉下僚"。不但没有保住曹氏江山，而且断绝了西晋的人才，嵇康（223—263）、邓艾（197—264）等文才武略之士，一个个被送上了断头台。两晋南北朝沿袭了他的制度，造成的后果人所共知。可见许劭的看法受到后人肯定，还是很有道理的。

四、争雄北方路不平

公元200年春，袁绍向曹操宣战，他点起十万兵马，南下逼近官渡，曹操兵力远不如袁绍，只能勉强坚守。双方斗智斗勇，一个筑土包向下射箭，一个就造霹雳车向上抛石头，一个挖地道打算偷袭，一个就修壕沟阻挡，相持数月。

一天深夜，曹操辗转难眠，忽然手下来报，袁绍的谋士许攸求见，曹操一骨碌从床上爬起来，连鞋子都来不及穿就跑出去迎接。

见了面寒暄一阵，许攸问曹操："你现在军粮还有多少啊？"曹操回答："可以支持一年吧。"许攸笑道："恐怕未必。"曹操于是说："其实只有半年的粮食了。"许攸拂袖而起，走出帐说："我以诚相投，你却这样骗我，太辜负我的信任了！"曹操连忙拦住他赔罪："你别生气啊，实话告诉你，军中粮其实只能支撑三个月了。"许攸哈哈大笑，说道："大家都说你是个奸雄，今天果然领教了。"曹操也笑："你难道没听说过'兵不厌诈'！"于是凑到许攸跟前，低声说："军中只有维持这个月的粮食了。"许攸大声说道："曹操啊曹操，你别再骗我了，粮食已经没有了吧！"曹操大吃一惊：你怎么知道？

眼看曹操的军队正在风雨飘摇之中，但袁绍迟迟不敢发动全面进攻，这是为什么？是袁绍情报工作做得太差，还是袁绍胆子太小？

曹操之奸，久负盛名，袁绍从小就跟曹操混在一起，知道曹操的厉害。袁绍从小就被欺负，因此非常忌惮曹操，以致官渡之战相持不下，袁绍一点点错过了战胜曹操的良机。

许攸的情报却给了曹操难得的战机。他告诉曹操，袁绍大批军粮正在运往乌巢，曹操当机立断，亲自率轻骑偷袭乌巢，一举成功。袁绍的粮草断了，只能撤退。

这场战争成了北方势力转折的关键，在这场著名的以少胜多的战役中，你认为曹操最后能够战胜袁绍，主要原因是什么？

官渡之战后，曹操缴获了袁绍留下来的大量军旅物资，甚至包括自己阵营里的将士暗地里跟袁绍接洽投降的书信！有人建议曹操，严厉追查，将那些三心二意的家伙收拾掉，曹操却把这些书信都付之一炬，不予追究。

那当时曹操为什么不趁机肃清内奸呢？

这就说到了曹操的用人之术了。曹操在早期就显露了他独特的战略眼光。早在与袁绍一起讨伐董卓的时候，袁绍曾经问曹操："假使我们讨伐董卓不成功，你准备到什么地方去？"曹操心机很重，没有回答，反问袁绍："你认为怎么办才好呢？"袁绍非常自信地说："我南面据守黄河，北面凭仗燕代，西吞乌桓、鲜卑和匈奴，然后向南出击，这样就能成就我的大业。"曹操沉思了片刻说："要说我，我就任用天下的谋臣和将士，合理地去驾驭他们，这样就能无往而不胜。"

袁绍是想凭借雄固之地作为资本，曹操很不以为然，他意识到人才的重要性，所以才有后来的魏国猛将如云、谋臣如雨的局面。不拘一格降人才，你认为这是不是曹操最高明的地方？

曹操部下"谋臣如雨，猛将如云"，争霸天下，管理才干毋庸置疑。但是在建立长远秩序上，却一再出现严重问题。比如他不拘一格吸纳人才，突破了汉儒框框，这无疑是对的，但他下过"求贤令"，后来又借刀杀过不肯为他所用的名士祢衡（173—198），杀过不肯为他专用的名医华佗（145—208），杀过聪明胜他一筹的名吏杨修（175—219）。曹操虽然求贤若渴，但是对于不为他所用的人才却非常残暴。

五、曹操是不是英雄

曹操不是袁绍，缺乏庞大家族世系的有力支撑；曹操不是刘备（161—223），没有一个历史悠久的帝王谱系可供炫耀；曹操也不是孙权（182—252），无法享受伟大父兄创下的那一片基业，曹操只是一个官宦家庭的小儿，却凭着自己乱世英豪的非凡才能，自创江山。不知道是因为人们藐视他出身的低贱，还是嫉妒他如日中天的成就，他总被人看作汉贼。

曹操究竟是怎样的人？

曹操多才多艺。他擅长游泳，少年时在水中居然能够逃脱鳄鱼的追击；在射猎场上也当仁不让，曾有过一天之内亲手射杀六十三只野鸡的事迹。他具备与当世围棋高手对弈的才能，与音乐名家切磋琴艺，甚至还亲自参与设计了铜雀台。

曹操不仅广招军事人才、政治人才，对一些文艺人才也非常器重，他自己琴也弹得非常好。一次，曹操招待宾客，宾客们极力地吹捧曹操，但有一位宾客，建安七子之一的阮瑀（165—212）却没有主动跟曹操说话。曹操很生气，就安排阮瑀和地位低贱的伎人坐在一起。阮瑀也没有说话，弹起琴来，那琴声优美动听，震惊四座，曹操听了把一切不快都抛到脑后去了，命阮瑀创作、收集乐曲。

家世给他带来的另一烙印，便是文艺素养，使他酷爱诗歌音乐。"御军三十余年，手不舍书，昼则讲武策，夜则思经传，登高必赋，及造新诗，被之管弦，皆成乐章。"所以他的两个儿子与他并称"三曹"，开创"建安文学"，他们有不可泯灭的功绩。

《魏氏春秋》说，曹操当了魏王以后，匈奴派使节来见曹操，曹操自惭形秽，说自己这个矮小的个子不足雄远国，因此请崔琰代替他穿上魏王的服饰，坐在魏王的椅子上接见匈奴的来使，自己拿了一把刀站在旁边。结果接见完以后，曹操就派人去问匈奴的使节了："你感觉怎么样？"匈奴使节说魏王确实是一表人才，不过他旁边捉刀的那个人是英雄。

曹操能不能称得上一个英雄？和曹操同时代的刘劭写过一本《人物志》。书里专有"英雄"一章，可以窥见当时对这个概念的看法。刘劭以为若分别言之，"夫草之精秀者为英，兽之特群者为雄。故人之文武茂异，取名于此。是故聪明秀出谓之英，胆力过人谓之雄"。但是事实上，"聪明者，英之分也，不得雄之胆，则说不行；胆力者雄之分也，不得英之智，则事不立"。举例而言，"必聪能谋始，明能见机，胆能决之，然后可以为英，张良是也；气力过人，勇能行之，智足断事，乃可以为雄，韩信是也"。这就是当时的"英雄观"。

治世之能臣，乱世之奸雄，这句曹操好不容易求来的判词跟随了他一生，甚至直到现在，人们几乎还把这句充满矛盾、充满玄机的话当作对曹操的盖棺论定。无论如何，曹操是一个值得永久回味的政治人物、文学人物。不管他是驰骋沙场之上，还是运筹帷幄之间；是在驻足沧海之时，还是在横槊长江之际。

曹操的一生，政治上最得意的一笔是"挟天子以令诸侯"，军事上最成功的一仗是官渡之战，后果最为严重的一次疏忽是放走刘备，失败得最惨的一次是在赤壁；最受肯定的是他的才略，最受指责的是他的人品，最有争议的是他的功过，最没争议的是他的文学成就。

后世吟咏曹操的诗词不多。古代最有名的是杜牧（803—852）的诗："折戟沉沙铁未销，自将磨洗认前朝。东风不与周郎便，铜雀春深锁二乔。"当代最有名的是毛泽东的词："往事越千年，魏武挥鞭。东临碣石有遗篇。萧瑟秋风今又是，换了人间。"

千秋功德自待后人评说，好在曹操有着非常全面的才能，文才泱泱，武略滔滔，他的性格亦张弛有致，极具包容性。如果说曹操的阴鸷、猜忌和机变百出的权诈人所难及的话，他生命形态的舒展、开阔，也同样是时人，乃至后人难以望其项背的。极端的丰富、难以梳理的庞杂，这才有了我们一千八百年说不尽的曹操。

第二章

开国者曹丕：为何曹操极不情愿他接班

对三国有所了解的朋友都清楚，在曹操的二十五个子嗣之中，先后出现于曹操视野里的储嗣候选人有四位：曹昂（？—197）、曹冲（196—208）、曹丕（187—226年在世，220—226年在位）、曹植（192—232）。太子的人选至少有两位，曹昂和曹冲。公元197年，曹昂战死；公元208年，曹冲病逝。在曹昂和曹冲先后死亡之后，以嫡以长，都应该是曹丕接班上位。但曹操却极喜欢曹植。当然，最终的结果还是曹丕成功上位。那么，为何曹操极不情愿曹丕接班呢？曹丕和曹植的夺嫡之争，为什么曹丕笑到了最后呢？曹丕又是怎么样成了曹魏政权的开国者的呢？曹魏政权的短命，曹丕该负哪些责任呢？

一、曹操爱不爱曹丕

曹丕，字子桓，沛国谯县（今安徽省亳州市）人，自幼天资聪颖，后天良好的教育和成长环境，给予了他深厚的文学素养。年少成长的阶段，广学博览，在曹操的严厉督导之下，少年时代就通读诗、论，长大一些就学习五经、《史记》、《汉书》、诸子百家之言，为日后的文学创作打下了坚实的基础。

公元192年，曹操认为时下兵荒马乱，便亲自教曹丕学射箭。六岁时，曹丕学会了射箭。八岁时，曹丕学会了骑马。从十岁起，曹丕便随父亲征战南北。长时间的军旅生活，不但锻炼了曹丕强健的体魄，而且还丰富了曹丕的见闻，为其诗篇的创作积累了大量的素材。年龄与阅历的不断增长，以及艰苦的生活环境带来的精神冲击，逐渐塑造了曹丕特有的沉郁性格和气质。

可以看出，这一时期的曹丕，是蛮受父亲宠爱的：曹操教他学文化知识，又教他学军事知识，父子一起上战场。

但是，曹丕的这种受宠，是有一个前提的，这个前提是他的哥哥曹昂还活着。从现存的史料看，曹昂确实文武双全，友爱孝悌，几乎是继承人的典范。然而，公元197年的宛城之战，曹昂和堂弟曹安民、大将典韦一起战死，反倒是当时年幼的曹丕侥幸逃得一命。

从此以后，曹操看曹丕的眼光就变了，他不再是从小让人喜欢的二儿子，而是曹操名义上的第一顺位继承人了。曹操会自然而然地把曹丕与曹昂进行比较。曹丕从小就不是个守规矩的人，喜欢击剑、弹琴、下棋、打猎，当他不必继承家业的时候，他凭借父亲、兄长和各种夏侯、曹姓叔叔们的宠爱，可以随意任性。但作为嫡长子继承人，他必须矫情自饰，心机深沉，喜怒不形于色。比不过哥哥曹昂，曹操自然会因失去那个为了给父亲让马而战死的长子而痛心，相比之下就怎么看曹丕都不顺眼。也正是因为如此，公元208年，当曹丕被司徒赵温（137—208）举荐为官的时候，曹操认为赵温举荐他的儿子并不是因为他的儿子有什么真实的才能，于是便派遣光禄勋郗虑持节奉策免去了赵温的官职。

同时，曹丕的弟弟曹植非常像年轻时候的曹操，比阴沉矫情的曹丕真性情多了。曹操小的时候想当一个征西将军，游侠放荡，跟袁绍一起做了很多荒唐事。而曹植年轻时同样放荡、自负其才，与曹操如出一辙。曹植又像自己，又才华横溢，所以曹操自然更偏爱曹植。曹植的文章里充满游侠之气，向往憧憬仗剑策马的燕赵豪杰之士，性情潇洒放达。而曹丕虽然同样也很有才华，但却阴柔得多，矫饰阴暗，与曹操大气豪迈，烈士暮年壮心不已的慷慨悲歌相差极大。一个像自己，聪明有才。一个不像自己，才气虽然过得去，但是与前一个相差很多。作为父亲的曹操偏爱前者也是人之常情。

曹操长期在立嗣上犹疑不决，难免会影响下属。时间一长，下属间渐渐形成了拥护曹丕和拥护曹植的两个集团。拥护曹丕的有贾诩（147—223）、崔琰、司马懿（179—251）、陈群（？—237）、桓阶、吴质等人，拥护曹植的有丁仪、丁廙、杨修、杨俊、贾逵（174/175—228）、邯郸淳（约132—221）等人。他们各自结为党派，设计谋、造舆论，尔虞我诈，互相倾轧。

拥护曹植的杨修出身东汉名门"弘农杨氏"，是个智谋过人的奇士，又身为曹操的主簿，消息特别灵通，对曹植十分有利，在他的出谋划策之下，曹植在这场争夺战中渐占优势，有几次当上太子的机会。

但最终的胜利者，却是曹丕。

二、笑到最后缘由多

曹昂死后，曹丕成了长子，本着古人"立嫡不立庶，立长不立幼"的传统，只要曹丕不傻不犯错，似乎没有曹植什么事。但是偏偏曹操特别喜欢曹植，多次向身边人表示要让曹植做继承人，丁仪、杨修为此也过来辅佐他。从此曹植便被卷入了夺嫡之争，但最后的赢家还是曹丕。究其原因，我们先来看三个小故事。

第一个故事，曹操带兵出征，曹植和曹丕都来送行。曹植是很有文才的，可以说是出口成章。曹植就发挥这个优势，称赞曹操的功绩德行，文采斐然，赢得了曹操的赞赏。曹丕自觉在文才上相较于曹植来说有一些劣势，情绪比较低落，这个时候吴质偷偷告诉曹丕，不用挖空心思在言辞上做文章，干脆哭泣就行。曹丕依计行事，立刻就掉转了风向。之前赞赏曹植文才的大臣包括曹操自己，马上又觉得曹植浮华不诚。

第二个故事，曹植在曹操外出期间，借着酒兴私自坐着王室的马车，擅开王宫大门司马门，在只有帝王举行典礼才能行走的禁道上纵情驰骋，一直游乐到金门。曹操得知消息后勃然大怒，他首先将管理王室车马的公车令处死，随后又颁布了针对诸侯的禁令，以杜绝此类现象。

第三个故事，曹仁（168—223）被关羽围困，曹操让曹植担任南中郎将，行征虏将军，带兵解救曹仁。命令发布后，曹植却喝得酩酊大醉不能受命，于是曹操不再重用他。

这三个故事，看上去似乎曹植不如曹丕。曹植是个诗人，爱饮酒，性格放荡不羁。而曹丕性格沉稳，做事谨小慎微。其实，并不是曹植不如曹丕，只是曹植对这个帝王之位并没有多大兴趣，他看透了官场的尔虞我诈、钩心斗角，他渴望自由，渴望诗与酒的日子。

最终曹丕成为赢家，第一个原因：曹丕和曹植在争夺帝位这件事的主动性上，完全处在不同的层次。对于曹丕来说，这本来就应该是他的，不允许其他人夺走，所以他志在必得。而对于曹植来说，继承人是不是他，他其实无所谓。

第二个原因：袁绍的失败，并不是他在官渡的失败，而是他儿子们的失败。他死后，袁氏集团还足足支撑了六年。这六年间，老大袁谭和老三袁尚一直在闹内讧，老二袁熙和袁绍外甥高幹一直是袖手旁观。袁绍死的时候没有处理好继承人问题，这是他最大的失败。他喜欢小儿子袁尚，想立他为太子，却遭到众大臣的反对，于是他干脆谁都不立。他死后，他的老婆刘氏和袁尚掌握先机，伪造遗嘱。长子袁谭在外地，心有不甘，于是兄弟反目。因此曹操想立曹植的时候，曹操的手下肯定会有人反对他，拿袁绍的事情来举例。曹操也吸取袁绍的教训，终于在公元217年，立曹丕为魏王世子。曹操死后，曹丕也想杀了曹植以绝后患，这就有了著名的《七步诗》。

三、如何成为开国者

公元220年3月15日，曹操逝世于洛阳，曹丕从邺城至洛阳继位丞相、魏王。

初登高位首掌大权的曹丕，面对突如其来的权力交接，心理上不免有些激动和志满意得。面对从乃父手中接管下来的国家，深感完成乃父复兴国力和实现统一之遗志，将是他今后人生任重而道远的责任。

即位魏王之初，曹丕便出台了两项新政。

第一项新政是废除中常侍和小黄门，改设散骑常侍、散骑侍郎两种官职，定员各四人，同时又宣布：严禁宦人干政、宦人为官，最高只能充任"诸署令"，从制度上铲除宦官干政的根源。为了传之久远，他还依照"国有大事则镂于金版"的古训，命人把上述政令镌刻在金属的简策上，然后珍藏于石室之中。

第二项新政是采纳陈群的意见，确立九品中正制，成功缓和了曹氏与士族的关系，取得了他们的支持，为称帝奠定基础。他推行九品中正制后，用人权从地方收归了中央，但也导致魏国的统治实权逐步被士族垄断。

曹丕从东汉末年纲纪紊乱的历史中吸取教训，迅速将权力集中在手，稳定政权局势。他深知只有加强巩固自己的集权，才能巩固自己的权力宝座。他一开始就从内部权力制衡着手，迅速做出反应。他笼络和扶植自己的政治势力，重新分配权力蛋糕，同时打击和排除异己势力。

曹丕任命贾诩为太尉，华歆（157—232）为相国，王朗为御史大夫。又任命夏侯惇（？—220）为大将军。濊貊、扶馀单于、焉耆、于阗王皆遣使奉献。曹丕命苏则督军平定武威、酒泉和张掖的叛乱，又命夏侯尚、徐晃与蜀将孟达里应外合，收复上庸三郡。

公元220年秋，曹丕离开京城，到故乡谯郡走访父老，屡次减免百姓赋税，以博得民心。

汉家天下的政治局面，早在董卓之乱后就已开始紊乱。曹操迁汉献帝刘协至许昌后，"挟天子以令诸侯"政令皆出于曹氏。在皇权的拥有上来说，汉献帝刘协已经成为一个傀儡。曹操虽然戎马征战四方，但以臣子的身份周旋在各个割据势力之间。

当时天下三分的鼎足之势已成定局，利用汉献帝"挟天子以令诸侯"的战略意义已经不大，面对近在咫尺的皇权诱惑，曹丕终于按捺不住，想要把汉献帝刘协推下宝座，自己坐上去过过皇帝瘾。

汉献帝刘协也知道这一天迟早会到来，在惴惴不安中等待命运的裁决。他既不甘心成为大汉朝的末代皇帝，让祖宗江山沦亡在自己手中，但面对强大的曹丕，他显得孤立无助，又无可奈何，更害怕曹丕会狗急跳墙对他下毒手。

曹丕的亲信华歆等人轮番登门求见，软硬兼施，暗示汉献帝刘协要识时务，应该效法三皇五帝，主动"禅让"，把帝位让给曹丕。汉献帝刘协只得唯唯诺诺，不置可否。反倒是汉献帝刘协的妻子曹皇后勃然大怒，表现得很有血性，几次把曹丕的使者赶出门外。

汉献帝刘协的妻子曹皇后之所以如此硬气，能天不怕地不怕地跟曹丕正面硬碰硬，是有原因的。当年曹操为了更好地笼络控制汉献帝刘协，也为了掩人耳目，表示他与汉献帝刘协关系亲近，把自己的女儿曹节嫁给了汉献帝刘协，史称曹皇后。曹皇后虽是曹操之女，但她自幼知书达理，颇有忠义之心。她对曹操和曹丕挟制皇帝的野心之举非常反感，又和汉献帝刘协产生了深厚感情，实实在在把他当成自己的夫君，俨然成了汉献帝刘协的坚强后盾。

公元220年11月25日，曹丕逼迫汉献帝刘协禅让帝位，汉献帝刘协告祭祖庙，使张音奏玺绶诏册，禅位于曹丕。

令曹丕着急的是，汉献帝刘协手中仍然掌管着全套皇帝玉玺。曹丕数次派使者前去索要，都被妹妹曹节赶了出来。曹丕急得抓耳挠腮。

曹节知道凭一己之力抵抗不过哥哥曹丕，又担心把曹丕逼急了会对汉献帝刘协不利，只得把玉玺拿了出来，当着使者的面扔在地上，并且痛哭流涕地用四个字诅咒曹丕："天不祚尔！"曹丕得知详情后虽然很不高兴，但顾念与曹节的兄妹之情，只得隐忍不发。令人哭笑不得的是，曹皇后诅咒曹丕的这句话，最终却阴差阳错地成为现实。

公元220年12月11日，公卿、列侯、诸将、匈奴单于、四夷朝者数万人，聚集在许昌附近颍阴曲蠡（今河南省漯河市临颍县繁城镇）的繁阳亭，曹丕登上受禅坛，接受玉玺，即皇帝位。曹丕随即进入许都，改年号为黄初，国号为魏，改雒阳为洛阳，大赦天下。曹丕追尊曹操为武皇帝，庙号太祖。

两天后，曹丕封刘协为山阳公，以河内郡山阳县浊鹿城（今河南省焦作市修武县）为都，食邑一万户，位在诸侯王之上，奏事不称臣，受诏不拜，并允许其在封地奉汉正朔和服色，建汉宗庙以奉汉祀。山阳公刘协的四个之前被封为王的皇子降为列侯。当时的曹丕还跟山阳公刘协说了句客气话："天下之珍，当与山阳共之。"

四、限制宗亲手段高

曹丕以帝王的身份登上了历史的舞台，并开始了他七年的执政生涯。在执政期间，曹丕很想成就一番儒家仁政君主的事业。曹丕在政治抱负上，继承乃父曹操统一山河的志向。不过，与乃父曹操不同的是，曹丕始终认为，要想有抱负有作为，就必须限制宗室的权力。

提到曹丕对曹魏宗室的态度，或许很多人首先想到曹丕、曹植。曹植曾经也是曹操看好的继承人的人选，是曹丕的有力对手。结果曹丕最后还是战胜曹植成为魏国世子，然后晋位魏王，即皇帝位。之后曹丕就对曹植展开报复，《世说新语》当中记载了曹丕强迫曹植作《七步诗》，如果作不出来就要将其处死。另外，其中还记载了曹丕用毒枣毒死曹彰（189—223）的故事。《世说新语》中的记载未必能当真，不过曹丕在历史上确实一度想要处死曹植，幸亏曹植有卞太后的庇护才得幸免。

曹丕的严苛态度并非仅仅针对曹植一人，而是针对所有曹魏宗室，只不过曹植尤其严重。曹丕是怎样严苛对待曹魏宗室的呢？有缩减封地、频繁迁徙、严密监视、有名无实等措施。目的就是尽可能降低曹魏宗室在政治上的影响力；断绝他们与朝廷官员、地方豪强以及彼此之间的联系。

缩减封地：最初，曹丕分封曹魏宗室诸侯王还是以郡为范畴。不过在公元224年，曹丕就以"天下损耗"太甚为理由，将郡王的级别降为县王。

频繁迁徙：曹丕统治曹魏的时间并不算长，只有七年而已。而在这七年当中，曹魏各诸侯王迁徙封地相当频繁。究其原因，无外乎避免诸侯王与当地豪强建立太过紧密的联系，从而在地方产生影响力。屡迁封地之后，不仅剥夺了诸侯王在地方立足的条件，也表明了自己的态度，为地方官吏或豪强敲响警钟。

严密监视：对待曹魏宗室，曹丕表现出严重的不信任，设置了监国谒者充当耳目。上文提到曹植险些被曹丕处死，就是因为监国谒者灌均向上奏报曹植"醉酒悖慢，劫胁使者"，曹丕本来想拿这事做文章，但还是顾及卞太后，没有处死曹植，只是贬爵为侯。另外《魏氏春秋》中还记载一件事：曹彰在公元223年入朝时暴毙，各诸侯王心有戚戚。还国时曹植和曹彪（195—251）想要并路同行，以叙离别之情，但是被监国使者妨碍未能实现。

有名无实：诸侯王的作用是屏障中央，拱卫皇室，但是曹魏的诸侯王完全没有这方面的作用，因为他们都有名无实。名义上是郡王或者县王，但本身没有任何能量。以曹植为例，曹植名义上"屏翰皇家，为魏藩辅"，实际上可以调用的军队只有一百多名老弱士兵。其他诸侯王的情况也没有太大差异。这样的屏障藩卫显然是有名无实的。

曹丕限制宗室权力的政策虽然吸取了汉朝诸侯国作乱的教训，却留下隐患，导致宗亲势单力薄，日后无力阻止外臣夺权。

曹丕在治理国家理念方面追求效法上古仁君、贤臣。他对内施政恩威并重，在巩固权力的同时集权在手，制法削藩，打击异己，诏令禁外戚宦官干政。他又与民休养生息，政倾惠民并复兴儒学。意在教化民众，恢复社会生活秩序，促进社会经济与文化的发展。

曹丕称帝之后，坚持大权独揽，设立中书省，其官员改由士人充任，原由尚书郎担任的诏令文书起草之责转由中书省官员担任，机要之权渐移于中书省。还定令妇人不得干政，群臣不得奏事太后，后族之家不任辅政之职，又不得横受茅土之爵。

公元221年，曹丕颁布《日食勿劾太尉诏》，以革除无辜归咎股肱大臣的弊端；公元222年，曹丕颁发《禁诽谤诏》和《百官不得干预郡县诏》，以改变相互诬告与朝臣颐指的世风。

在经济方面，曹丕继续发展屯田制，施行谷帛易市，稳定社会秩序。黄初末年，魏国国库充实，累积巨万，基本解决了战争造成的通货膨胀问题。同时，采取战略防守，恢复生产。除禁令，轻关税，禁止私仇，广议轻刑，与民休养，使北方地区重现安定繁荣局面。曹丕提倡节俭、薄葬，下诏禁止厚葬、淫祀。预作《终制》。

在文化方面，公元220年，曹丕下令恢复太学，建立儒家思想教育机构，传播儒家经典。后又对经学典籍进行收集和整理，鼓励士人学经注经，发展文化事业。公元221年，曹丕下令在人口十万以上的郡国每年察举孝廉一人，如有特别优秀的人才，可以不受户口限制。公元222年，曹丕又颁布《取士勿限年诏》，以打破年龄界限，提出无论老幼只要"儒通经术，吏达文法"都可试用的用人之法。公元223年，曹丕在原来汉室乐舞的基础上制礼作乐，朝堂之上宗庙之中演奏起正世乐、迎灵乐、武颂乐、昭业乐、凤翔舞、灵应舞、武颂舞、大昭舞、大武舞。公元224年，曹丕封孔子后人孔羡为宗圣侯，享食邑百户，重修孔庙，在各地大兴儒学，立太学，置五经课试之法，设立春秋穀梁博士。

曹丕的上述举措，在短期内使封建正统文化复兴。

五、曹丕文武兼备

曹植有才，曹丕也有才。

曹植是个彻头彻尾的文人，曹丕可是文武兼备。

建安时代，曹操、曹植、曹丕，这父子三人都是大诗人。曹操的诗不用说，苍凉激越、悲壮雄浑；曹植的诗，清素简约；曹丕的诗也写得不赖。他的《燕歌行》：

> 秋风萧瑟天气凉，草木摇落露为霜。群燕辞归鹄南翔，念君客游思断肠。慊慊思归恋故乡，君何淹留寄他方？贱妾茕茕守空房，忧来思君不敢忘，不觉泪下沾衣裳。援琴鸣弦发清商，短歌微吟不能长。明月皎皎照我床，星汉西流夜未央。牵牛织女遥相望，尔独何辜限河梁？

一首思妇诗，写得情真意切、缠绵哀婉，算得上千古名篇。秋风萧瑟，草木结霜，群燕南飞，我思君归。清人沈德潜认为："子桓诗有文士气，一变乃父悲壮之习矣。"这话说得恰切。

曹丕还有文艺理论传世，他的《典论·论文》可是中国文学史上不可磨灭的一笔。这是中国最早的文学理论与批评著作，写于曹丕为魏太子时，文中要点有：评价孔融、陈琳、王粲、徐幹、阮瑀、应场、刘桢的文风和得失，"建安七子"的说法来源于此；提出"文以气为主，气之清浊有体，不可力强而致"，认为作家的气质决定作品的风格；肯定文学的历史价值，"盖文章，经国之大业，不朽之盛事"。

鲁迅在《魏晋风度及文章与药及酒之关系》中称"他（曹丕）说诗赋不必寓教训，反对当时那些寓训勉于诗赋的见解，用近代的文学眼光来看，曹丕的一个时代可说是'文学的自觉时代'，或如近代所说是为艺术而艺术的一派"。曹丕是邺下文人集团的实际领袖，对建安文学的精神架构起到关键作用，由此形成的"建安风骨"对后世文学产生了深远影响。

另外，曹丕的武功也好，从小骑马、射箭，功夫相当了得。有一天他和一个叫邓展的将军讨论剑术，邓展说，你说得头头是道，只不过是纸上谈兵罢了。曹丕说，那我们就比试比试嘛，说完顺手抓了一根甘蔗扔过去，然后自己再抓一根，两人对打，啪啪啪几下，就把邓展打倒了。

说起来，曹丕的前半生过得也不咋地，为争太子之位，时时处处夹着尾巴做人，所以看他的诗里面，一个"忧"字占据半壁江山，什么"忧心孔疚，莫我能知"（《短歌行》），什么"忧来思君不敢忘"（《燕歌行》其一），什么"谁能怀忧独不叹"（《燕歌行》其二），什么"嗟尔昔人，何以忘忧"（《善哉行》），什么"忘忧共容与，畅此千秋情"（《于玄武陂作诗》），什么"岂如东山诗，悠悠多忧伤"（《广陵于马上作诗》），什么"忧来无方，人莫之知""人生如寄，多忧何为""载驰载驱，聊以忘忧"……

是早也忧，晚也忧，昏朝晴晦皆是忧，忧什么不知道，但是，忧这种情绪却是实实在在的，而且很难把它跟"为赋新词强说愁"的造作情怀联系起来。看来，他的日子是真的不怎么好过啊！所以才会有终于被立为太子之后的得意忘形，终于当上皇帝之后的口无遮拦，终于能够把曹植踩在脚下时的冷漠寡情。这一切，大约都是长年积忧、一朝得志之后的总爆发。

若曹丕不为帝王，也当是一位才子；若他不逼汉帝逊位，不逼其弟作诗，他也当是一个有情有义的好人。鲁迅曾说："悲剧将人生的有价值的东西毁灭给人看。"曹丕，就是一幅被命运的大手毁灭、被权力与欲望墨污了的白绢。

六、曹魏短命担何责

曹丕在短暂的不到四十年的人生中，一共只做了七年皇帝，却前后三次伐吴。

第一次发生在公元222年，当时，刘备攻吴，孙权因此向曹丕称臣。曹丕封孙权为吴王，并随即要求孙权送太子孙登（209—241）入洛阳做质子。孙权百般抵赖。最终，曹丕决定自己带兵来取，于是分三路大军伐吴。此次出兵，魏国精锐尽出，但并没有多少实际的战果，三路大军尽数败回。

公元224年，曹丕再次伐吴。这次战果更加惨淡，连仗都没打，曹丕就回去了。因为这次来的时机不对。曹丕是一路坐着船，顺着蔡河、颍河、淮河南下的，等到了长江边上的时候，已经是农历九月，但不料此时长江还在发洪水。大浪滔天，曹丕站在江边，只能感慨："魏虽有武骑千群，无所用之，未可图也。"屋漏偏逢连夜雨。曹丕还在船上发愁如何渡江的事，老天爷也来欺负他了：曹丕的龙舟经历了一次飓风，差点被掀翻。这次偶然事件，让曹丕最终决定回国。

公元225年，在吸取了长江涨水的经验和教训后，曹丕决定晚一点再出发，直到农历十月才带着大量船只到达长江边上。然后，他看到了另一种画面：江边已经冻上了。曹丕只能感慨："嗟乎，固天所以隔南北也！"而且这次比上次还要惨。上次只是经历了风浪差点翻船，属于天灾；这次则是在伐吴无望、带兵回国的路上，被吴国人派出的敢死队打劫了一番，连皇帝的仪仗都被抢了去。糟心的事还没完。顺着水路继续往回走的曹丕，走着走着，水没了。无奈之下，曹丕只好把数千船只留给蒋济（188—249），自己带着人从陆路返回洛阳。蒋济最后凿通了水道才得以返回。

公元226年夏，四十岁的曹丕病逝。曹丕的一生，乏善可陈。一方面是因为个人能力所限；另一方面则是短暂的执政生涯以及数次伐吴失利，牵涉和耗费了他的极大精力，让他在其他方面难有作为。那么，问题来了：为什么曹丕非要屡屡伐吴不可呢？

曹丕内心对自己的评价，绝不是一个维持分裂的守成之主，而是一个要一统天下的开创之君。因此他在心里算计的，应当是如何尽快地削平割据，使天下重归一统，这才是他作为一个君临天下的帝王最为关心的事。即如后世司马光所说的那一句话："苟不能使九州合为一统，皆有天子之名而无其实者也。"那么，为什么曹丕只盯着吴国，而不去打蜀国呢？

首先，蜀地易守难攻。蜀国君臣只要闭门自守，魏国即使大军压境，可能也讨不到多少好处；相反，打吴国倒是熟门熟路。赤壁之战以后，曹操晚年曾经几次到过寿春前线，只不过都没有什么战果。

其次，曹操在东吴曾经有过大败。如今曹丕若能一举击败孙权，那么这里面就有一个为父报仇的意思了。

最后，吴国在夷陵之战以后的背盟行为，在曹丕看来是一定得给予处罚的，否则何以服众？

此外，其实曹丕还有另一个方面的考虑。虽然他是开国君主，但其实他只是摘取了父亲的胜利果实。在曹丕继位时，并没有多少自己的班底。朝野上下，几乎全都是父亲留下的老人。在此现状之下，曹丕更需要做出一些功业来证明自己，以向世人宣示：他并不是只能靠父亲庇佑的"官二代"，而是自己也是天纵英才。

曹丕称帝后，投入精力最大的事情，并非治国理政，而是领军征伐巡游。为了出巡方便，曹丕夸张地建了五座都城，即中都洛阳、东都谯县、南都许昌、西都长安、北都邺县。这五座都城转一圈，一年下来什么也不用干了。根据史籍记载计算，曹丕在位时间总共只有六十八个月，而他在中都洛阳之外的时间却有四十四个月之多，在洛阳的时间只有二十四个月。许昌虽然是陪都之一，但是曹丕在这里的时间却累计达到二十四个月。单单从时间上看，在曹丕时代，许昌的地位不亚于洛阳，曹丕治国理军的行动，有超过三分之一是在许昌完成的。而且，许昌因为是曹丕进攻东吴的前沿基地，所以它的权重实际上应该是高于洛阳的。那么，问题来了：在位六十八个月的曹丕，不在许昌的时候，把许昌的事务交给谁打理？

上阵父子兵，打虎亲兄弟。曹操的众多女人一共为他生了二十五个儿子，除去早年战死的和早夭的，在曹丕称帝以后，在世的兄弟尚有十三人，其中包括与曹丕同一个生母的曹植和曹彰。曹植能文，曹彰能武，二人堪为曹丕的左膀右臂，兄弟三人若能齐心，必能光大曹操留下的基业，统一天下也指日可待。但是，曹丕却把二人视为天下最大的敌人，不惜将其置于死地，要不是母亲卞氏在世，恐怕二人早就死于亲哥哥曹丕之手。曹丕在位七年，花精力最大的事情，除了领兵出巡，就是对付兄弟们了。

曹操葬礼刚刚结束，曹丕就以赏赐诸侯王粟万斛、帛千匹外加金银若干的理由，派遣使者打着亲情的幌子巡行各诸侯国，查找诸侯王罪行。继而，曹丕宣布诸侯王全回到封国。回到封国的诸侯王，基本处在曹丕所委派监国的全天候监视之中。

为防止诸侯王在封国培植势力，曹丕就频繁徙封，让兄弟们没有常封之地。曹丕在位七年，曹植就四次改换封地。诸侯王空有其名而无其实，王国只允许有老兵百余人，诸侯游猎不允许超过三十里。曹丕为避免诸侯王之间串通勾结，就想出了一个灭绝人伦天理的毒招儿：藩王之间不得会面交往，藩王不得朝觐。兄弟之间你思我念，过年过节见面叙情，对不住，违禁。在曹丕的打压之下，曹氏兄弟虽名为王侯，但形同囚犯，皆思为布衣而不得。

曹丕不仅防着亲兄弟，还防着亲娘。曹丕决绝地颁发诏书，诰令天下"妇人与政，乱之本也"，自今以后，群臣不得奏事太后。防亲娘更要防亲娘的娘家人，这道诏书同时规定，后族之家非但不能担任辅政之职，而且不得被封为侯。在诏书的最后，曹丕恶狠狠地说："以此诏书传后世，若有背违，天下共诛之。"曹丕如此激烈地禁止外戚干政，当然是吸取了汉代外戚乱政的教训。但是他矫枉过正，在把亲兄弟们关进笼子之后，又把外祖父家的人拒之门外，就错过了一些本可倚赖而又有血缘关系的人。

于是外姓人就得到了重用，而最受曹丕重用的，莫过于司马懿了。

曹丕统兵在外巡游出征，必须找个代理人处理后方军政事务。曹丕选定的代理人是司马懿。这些做法固然有削弱藩王的作用，但曹丕对兄弟过度戒备，导致大权旁落至外姓人手中。

公元222年和公元224年，曹丕两次伐吴，都以司马懿镇守许昌，并改封司马懿为向乡侯。公元225年春，司马懿转任抚军大将军、假节，领兵五千，加给事中、录尚书事，掌管政务。此时的司马懿，不仅手握军事和政务两个方面的重权，而且陡然跃升到权力圈的核心。"吾东，抚军当总西事；吾西，抚军当总东事。"曹丕颁发诏书，强调司马懿的权力，让他为自己分忧。

但是，司马懿深深懂得位高震主的道理，为了表示自己并非贪图权位之人，他坚决推辞曹丕对自己的封拜。曹丕对他的这一表现非常满意，说："吾深以后事为念，故以委卿。曹参虽有战功，而萧何为重。使吾无西顾之忧，不亦可乎！"坐稳了天子之位的曹丕，浑然忘却了曹操临终前曾经告诫他司马懿并非人臣。

曹操弃曹植而选择曹丕，究竟是对还是错？有人认为曹魏最终失败缘于曹操把接班人选错了，如果当初选择曹植情况就不一样，假如曹植当了皇帝就没有司马懿、陈群这些人什么事了，司马氏夺权的一幕肯定不会出现。这样说似乎有一些道理，如果曹植当上皇帝，司马懿不仅掌握不了大权，而且会被曹植首先收拾掉，确实没有后来的魏晋"禅让"了。但如果没有司马懿，曹魏的江山就能坐稳吗？这大概又是一个问题。

司马氏之所以取代曹氏开创了另一个朝代，他们自身的努力只是一小部分原因，更多的原因在于曹氏子孙们自己把江山弄丢了。无论是曹丕还是曹植掌权，关键不是看司马懿能否得势，而是看曹丕和曹植谁的政治素质更高，谁有当一代明君的潜质。事实证明曹丕不具备这样的潜质，但可以肯定地说，曹植更不具备。

司马懿在曹操时代并不突出，真正开始执掌大权是在曹丕时代。曹丕一直非常信任司马懿。曹丕临死前，任命司马懿、曹真、曹休、陈群四人为辅政大臣，并指着司马懿、曹真、陈群对太子曹叡（206—239）说："这三个人都是我大魏的大忠臣，千万不要怀疑他们！"曹丕临死前说的这句话，无疑为司马懿篡权、曹魏亡国埋下了伏笔。

对于司马懿势力的崛起，曹丕要负最大的责任。曹丕与司马懿相识多年，却从未怀疑过他。他把司马懿当作诸葛亮看待，并临终嘱托儿子不要怀疑司马懿，实在是失策。刘备说，诸葛亮的才华十倍于曹丕，确实没有贬低他。曹丕看人的眼光实在不行。

对东汉末年的流弊，曹丕都是亲历见证者。曹丕篡位开国，树立了一个极坏的榜样，导致司马家族如法炮制，也算咎由自取。

第三章

第二位皇帝曹叡：一代明君，毁于托孤

魏明帝曹叡（206—239年在世，226—239年在位），字元仲，三国时期曹魏第二位皇帝，曹丕与甄宓（183—221）之子。

一、隐忍才可承大统

曹叡从小相貌俊美，超凡脱俗，又天生聪慧，博闻强识，过目不忘。祖父曹操对此十分惊异因而倍加喜爱他，常令他伴随左右。在朝会宴席上，也经常叫他与侍中近臣并列。曹操曾经评价道："我的家族基业有了你就可以继承三代了。"曹叡好学多识，尤其留意研究律法。

公元217年，曹操东征孙权，曹叡及妹妹东乡公主离开母亲甄氏，与祖母卞夫人（161—230）、父亲曹丕一起随征江东。公元220年，曹操病逝后，曹丕封曹叡为武德侯，并亲自诏令时任侍中的大儒郑称为曹叡的师傅，教授他经学，以此明志。公元221年，曹叡被封为齐公。后因母亲甄宓获罪，废为平原侯。

此时的曹丕，认为曹叡先前已有不满，便想立徐姬所生的京兆王曹礼为嗣，因此久不立太子，这期间曹叡府中来往的家臣官吏，师长友伴，一律只取品行正直的人充任，互相匡扶，勉励矫正。处理事务小心谨慎，避免遭到责罚。

曹叡与重臣卫臻私交甚好，经常一起讨论朝事和书籍，曹丕也曾旁敲侧击地询问卫臻关于曹叡的情况，卫臻只是称赞他明理而有德行，闭口不言其他。

据裴松之《三国志注》引《魏末传》记载，曹叡一次随曹丕狩猎，见到母子两鹿。曹丕射杀了母鹿，命令曹叡射杀子鹿，曹叡不从，说："陛下已经杀掉了母鹿，臣实在不忍心再杀掉它的孩子。"说完哭泣不已。曹丕于是放下弓箭，深感惊奇，而确定了立曹叡为太子的心意。公元222年春，曹叡又很快被立为平原王。后来曹丕下诏将其过继给郭皇后为子，进一步确定了他嫡长子的地位。

曹叡因其母被赐死而非善终，内心愤愤不平，后来才开始恭敬地侍奉嫡母，每日早晚都往皇后宫中定省问安，郭皇后也因自己无子，对曹叡慈爱有加。

公元226年夏，曹丕病重，立曹叡为皇太子，遗诏曹真、司马懿、陈群、曹休共同辅政。后曹丕驾崩，曹叡即皇帝位，是为魏明帝。

二、初掌权攘外安内

作为第二代国君，曹叡在执政前期，并没有辜负曹丕的期望，他励精图治，不论是用人，还是用兵，都独具慧眼，是当之无愧的明君。

曹叡即位后，追谥生母甄夫人为文昭皇后，封弟弟曹蕤为阳平王。他还派治书侍御史荀禹前去边关慰问戍边将士。

在曹丕指定的四位辅政大臣里，除了陈群，其他三个人都有一个共同特征，那就是他们都善于带兵。而且他们都手握兵权，这对曹叡来说影响非常大。要想真正掌握政权，就必须把这四位辅政大臣给搞定。为此曹叡利用魏蜀吴三国之间的战争，开始频繁调动曹真、曹休和司马懿的工作。让他们前往边境，远离政治中心，这样就有效降低了三人对中央朝政的影响力。而曹休与曹真也在频繁的战事调度中于公元228年和公元231年相继去世。四位辅政大臣仅剩陈群一人未出都城，但并未掌握军权，因而对明帝的权力影响有限。通过以上策略，明帝巧妙地将四位辅政大臣中实力最强的三人调离中央，成功收揽权柄掌握大权。

此后，曹叡一直牢牢掌握魏国最高权力，在内外战争与政策改革上始终是最高决策人，诏令能够有效实行；在其一朝也未出现足以威胁皇权的权臣；甚至一些遭到群臣反对的决策也能独断专行。

曹叡登基不久，就遇到内外敌人的攻击，公元226年秋孙权攻江夏、襄阳；公元227年，孟达反叛；公元231年，鲜卑与蜀汉联手进犯；到公元234年为止，诸葛亮五次进攻曹魏；公元234年，孙权攻合肥。曹叡成功地抵御了这些内外战争。他重用曹真、张郃、司马懿等名将与诸葛亮作战。公元234年诸葛亮去世后，魏蜀边境上的情况有所缓和。公元235年，轲比能被曹叡派遣出的刺客所刺杀，鲜卑"种落离散，互相侵伐，强者远遁，弱者请服"，北疆也得以安定。公元237年，辽东公孙渊反魏，自立为燕王。公元238年，曹叡令司马懿攻辽东，司马懿遂带兵四万，和牛金、胡遵等出征辽东，大破燕军，杀公孙渊，成功收复辽东。

三、大权独揽防宗室

曹丕对曹魏宗室的限制是相当严重的。曹叡即位后，虽然大体上延续了曹丕严格限制曹魏宗室的政策，但是也颁布了一些政令来放松桎梏。曹叡在位时期，对曹魏宗室的政策已经出现风向上的转变。

曹丕对曹魏宗室可以说是严防死守，将诸侯王都限制在封国，禁止他们随意走动交通。公元231年，曹植因为实在太过思念亲友弟兄，委屈不能自已，向曹叡上《求通亲亲表》，希望曹叡能够放松对曹魏宗室的禁锢，至少是在人伦交流上。曹植的请求终于得到曹叡的认可，同年曹叡下令"诸王及宗室公侯各将适子一人朝"。

公元232年，曹叡又改变曹丕以县为国的政令，将各诸侯王又从县王提升到郡王。曹丕时期诸侯王迁徙封地频繁的情况，曹叡即位后也有所缓和，大部分诸侯王还是能够长期留在自己的封国里面。从这些举措可以看出，曹叡在生活方面对各诸侯王有明显的优待。

而在政治方面，曹魏诸侯王虽然仍然是有名无实，没有所在封国的政权和军权，遭到比较严格的限制，但待遇也有所改善。最直接的表现就是曹叡对待燕王曹宇的态度。

燕王曹宇是曹操与环夫人之子，曹冲的同母兄弟，曹叡的叔叔。根据《三国志·魏书·燕王宇传》中记载，曹宇从公元235到237年一直留在朝中，公元238年再次被征召入朝。同年，曹叡病重，首先想到的托孤大臣就是燕王曹宇，而非后来的司马懿。以曹魏宗室作为托孤大臣，这应该可以视为一种明显的信号。当然在曹丕临终前，以曹真、曹休、陈群、司马懿为托孤大臣，曹真和曹休也算是曹魏宗室。但是他们都只是曹操的族子，《魏略》中还记载曹真原本出自秦氏，因为其父秦伯南为救曹操而死才被曹操收为养子。很明显曹真和曹休与曹操之子曹宇之间有本质上的区别。

四、一箭双雕葬献帝

公元234年春，曹叡的姑父、东汉的亡国之君、山阳公刘协逝世。

如果只是一个寻常的郡公逝世，朝廷根本不会重视，但是刘协这个郡公不是一般的郡公，大魏的正统性正是来源于他的禅让。他的身后事自然不能随便处置。

因为禅让之君在新政权逝世是史无前例的事情，曹魏没有前例可依，朝廷上下有一段争论，其议题自然就是山阳公丧礼的等级，在曹叡下发的诏书和祭告高祖曹丕的文中提及当时有司建议只把山阳公的丧礼按诸侯王的等级来操办，但很明显曹叡没有采纳这一建议，而是决定以皇帝之礼为刘协操办。

曹叡身着素服为姑父举哀，并且派遣重臣为使者监护刘协的丧礼，除此之外，曹叡按照天子崩而新帝继应大赦天下的惯例敕令大赦，而后下诏追谥山阳公为汉孝献皇帝。"献"在《谥法》中属于上谥，意为"聪明睿哲，贤德有成"，这"贤德有成"自不必说，而"聪明睿哲"可作两解：其一，从《后汉书》和《三国志》中刘协的经历和评价来看，刘协的确是个聪明睿哲之人，若生于太平之世或可为一代明君；其二，便是赞扬刘协禅位的举措乃是聪明之举，不是说刘协把帝位"献给"曹丕的意思。可见曹魏对刘协的皇帝生涯还是持褒扬态度的。

五个月后，汉献帝刘协葬于禅陵。从春天汉献帝刘协离世至秋天下葬，其间的五个月应该是禅陵修建的时间，众所周知，曹操、曹丕一改汉代"视死如生"的葬俗，大力推行简葬，如曹丕之首阳陵不封不树极尽简约，结合历史记载、禅陵的修建时间和现存的禅陵规模来看，这座陵墓依旧是按照汉朝的陵寝制度来修建的。不仅按照汉陵修建，还按照汉朝皇帝规格设守护陵园的县邑。

在汉献帝刘协下葬当日，曹叡不仅身着麻衣、戴孝冠，还放声痛哭，真情实感也好，虚情假意也罢，曹叡这场戏也是演得很逼真了。从后来的历史来看，曹叡的举措也成了一个新的"模板"，如果把王莽篡位的一系列举措称为"禅让模板"，那么曹魏对汉献帝刘协身后事的处置就可以称为"善后模板"。

那曹叡此举的目的是什么呢？

其一，彰显曹魏美德，收拢民心。曹叡在祭告高祖庙的文中，明确指出他给姑父大办丧礼是"恭述皇考先灵遗意，阐崇弘谥，奉成圣美，以章希世同符之隆，以传亿载不朽之荣"。用意很明显了，就是为了彰显曹魏的美德，让这美名传之万世。其实，曹叡的目的达到了，后世受禅者或其后人在禅让人的身后事上，基本都是依照曹叡的方法施行的，此举也确实起到了收拢民心、彰显德政的效果。

其二，打击蜀汉政权的合法性。曹丕篡汉建魏称帝后，蜀中传言汉献帝刘协已经被害，于是刘备为汉献帝刘协发丧，追谥为孝愍皇帝。次年，刘备登基称帝，在登基诏书中，称曹操"戮杀主后"，说曹丕"窃居神器"，可偏偏没说曹丕弑君之事，可见刘备对汉献帝刘协的境遇是心知肚明的，只不过是刘备需要营造一个"曹丕篡逆，四海无主"的称帝前提。这下可好，魏主曹叡竟然给"死去"十四年的"孝愍皇帝"大办丧礼，蜀汉政权存在的合法性受到了冲击。

不管曹叡是为了博取美名、宣扬正朔，还是为了动摇蜀汉正统性，他都为"禅让"这种通过非暴力手段转移政权的方式，做了一个良好的善后。帝制时代的"禅让模式"基本完善，后来的晋武帝司马炎、宋武帝刘裕、隋文帝杨坚、唐高祖李渊等都是依样画葫芦，只不过除了魏元帝曹奂、周恭帝柴宗训外，其他的"禅让之君"都是不得善终了。

五、生得庙号古来稀

庙号，是中国古代帝王死后在太庙中被供奉时所称呼的名号。顾名思义，皇帝活着的时候是不会有这个称号的。而且，在隋朝以前，庙号还算是一种特殊的"荣誉"，只有那些对江山社稷有大功，值得后世子孙祭祀的帝王才会有庙号，并非像后来的朝代那样"烂大街"，无论是贤君明君还是昏君暴君都能混个庙号。

一般来说，开国创业和有突出贡献的称"祖"，其他有重要贡献的称"宗"。比如东汉时期的皇帝有庙号的才三个，分别是一祖（汉光武帝刘秀庙号"世祖"）、二宗（孝明帝刘庄"显宗"、孝章帝刘炟"肃宗"），足以看出庙号的来之不易。然而，到了曹魏时期，庙号的授予却大不一样，"宗"是看不上的，不称个"祖"都不好意思在历史上混。

公元237年夏，有司上奏："武皇帝拨乱反正，为魏太祖，乐用武始之舞；文皇帝应天受命，为魏高祖，乐用咸熙之舞；帝制作兴治，为魏烈祖，乐用章斌之舞。"曹叡生前就已经得到了"烈祖"的庙号。东晋史学家孙盛对此批评道："夫谥以表行，庙以存容，皆于既没然后著焉，所以原始要终，以示百世也。未有当年而逆制祖宗，未终而豫自尊显。昔华乐以厚敛致讥，周人以豫凶违礼，魏之群司，于是乎失正。"清朝乾隆帝爱新觉罗·弘历亦称"曹叡方在，而先定庙号，可笑无过此者"。

曹操、曹丕的庙号都是死后定的，那曹叡身为活着的皇帝，为什么这么着急给自己定庙号，而且还特别下诏"三祖之庙，万世不毁"呢？

皇位的独一性、排他性极强的特性，在数千年的封建社会一直是以"父子相承"为主流的，只有在万不得已的情况下才会出现"兄终弟及"等其他情况。

曹操的生育能力极强，前后一共生了二十五个儿子；曹丕虽然比不上他老爸，但也生了十个儿子，也还算不错。然而到了曹叡，子嗣情况就相当不容乐观了，前后就生了三个儿子，而且全部夭折。这对于一个帝王来说是相当致命的，曹叡只好收养了曹芳（232—274）作为养子，并后来将其立为太子。

那么问题就来了，曹叡驾崩之后，继位称帝的曹芳会不会追尊自己的亲生父亲为皇考，从而改变皇位的继承统系呢？可以说这个担心并非杞人忧天。

　　除了没有亲生儿子，曹叡另一个担心之处在于，礼法规定后世祭祀的先代帝王数量是有限额的。按照商周以来的传统和儒家的观点，天子宗庙应当是"七庙"（也有例外，比如明朝是"九庙"）。也就是说，祭祀的先皇也只应该始终保持在七位，而随着朝代的沿袭，后面逝世的帝王要入祀太庙，则要按照亲疏关系等因素将以前皇帝的牌位给移除。而东汉儒学大师郑玄（127—200）则进一步提出，应该有三位先皇是永久祭祀，不予移除的，而这个提法也得到了后世的认可。也就是说，如果曹魏传承够久，完全可能出现后面的皇帝将曹叡的牌位移出太庙的情况。这当然是曹叡不想看到的。

　　正因为有着如此的担忧，曹叡才会在生前完成曹魏皇室的祭祀体系。其将曹节、曹腾、曹嵩这三位"老祖宗"和曹操、曹丕两位入祭太庙，又将活着的自己入了太庙，实际上已经完成了"六庙"的构建，再下诏"三祖之庙，万世不毁"，其实是用白纸黑字规定，后世的曹魏帝王就算传得再多，要移除前面的祖先牌位，也不可以将曹叡从太庙中移除，还得世世代代去祭祀他。这番操作也是良苦用心，足以看出曹叡这位帝王对自己身后事的重视，其心虚的一面也是暴露无遗。

　　公元239年1月22日（农历正月初一），曹叡传令以驿马急召司马懿入朝。司马懿匆匆赶到，马上被引入内宫。曹叡拉着他的手嘱咐其与大将军曹爽共同辅佐太子，司马懿痛哭，连连磕头，答应了曹叡的嘱托。当天，曹叡驾崩于洛阳宫嘉福殿。

　　曹叡统治时期，是曹魏政权的全盛时期。综观曹叡之行事，优点是善为军计、明察断狱、比较能容人直谏。曹叡在容受直言、不杀谏臣方面，在古代封建君主中是少见的，这算是他的特色。曹叡的最大缺点是奢淫过度。曹叡的最大失误则是在确定继承人和辅政大臣方面。

　　就在曹叡驾崩二十六年后，曹魏就正式被司马懿的孙子司马炎（236—

290）建立的西晋取而代之。曹叡那番生前的操作，也就很快没有了任何实际意义。而他那句"三祖之庙，万世不毁"，也与秦始皇那句"朕为始皇帝，后世以计数，二世、三世至于万世，传之无穷"一样，注定只能成为历史的笑料罢了。

第四章

曹芳、曹髦和曹奂：傀儡的不同结局

从曹丕篡汉建魏称帝，到曹奂禅位于司马炎，曹魏政权仅经历五帝、四十五年。在五位皇帝当中，除曹丕、曹叡做到乾纲独断以外，剩下的三位少主都是名副其实的傀儡皇帝，没有任何实权。

齐王曹芳（232—274年在世，239—254年在位）被废黜后幽禁于河内，虽然侥幸保全性命，但死后却得了一个"厉"的恶谥；高贵乡公曹髦（241—260年在世，254—260年在位）被公然弑杀后，被追废为庶人，开帝王被臣子公然弑杀的恶例；结局最好者，当属末代皇帝曹奂（246—302年在世，260—266年在位）。

一、齐王曹芳首被废

在三位傀儡皇帝中，又以齐王曹芳在位时间最长，经历的权臣数目也最多。

曹芳，字兰卿，曹操曾孙，任城威王曹彰之孙，任城王曹楷之子。因曹叡的亲生儿子全部夭折，所以曹芳与曹询（231—244）被曹叡收为养子。其中曹询年长曹芳一岁，被封为秦王，而曹芳则被封为齐王。

公元239年1月初，曹叡沉疴在身、大限将至，为曹氏江山安危考虑，准备立叔父、燕王曹宇为大将军，以领军将军夏侯献（夏侯惇族人）、武卫将军曹爽（曹真之子）、屯骑校尉曹肇（曹休之子）、骁骑将军秦朗（曹操养子）为辅，意图借助于宗亲的力量，共同辅佐将来的幼主。

然而，就在该命令将昭告天下之际，与曹肇、夏侯献素来不和的两位重臣孙资、刘放横加阻拦，并成功地说服曹叡罢免曹宇等人官职，改立曹爽为大将军，同太尉司马懿共同辅政。公元239年1月22日（农历正月初一），曹叡驾崩，临终前择立曹芳为接班人。

曹芳即位时年仅七岁，名义上由郭太后临朝，但实际上却由曹爽、司马懿共同执政。

曹芳即位之初颇施善政，不仅立即停止宫室的大规模营建，放免六十岁以上的官府奴婢为自由人，还从内库拨出大量的金银器物以充当军费，对于改变当时民困财乏的现象裨益良多。

作为宗亲和辅臣之首，曹爽起初尚能严守法度、恭谨行事，和皇帝、太后及司马懿关系还算融洽。每有国家大事，曹爽必与司马懿商议，不敢专行，而司马懿亦以曹爽为国家肺腑，以礼让之。只是随着权势、名望的增加，曹爽才开始听从谋士丁谧、邓飏的建议，架空司马懿，软禁郭太后，独揽朝政。

曹爽独掌权柄后，飞扬跋扈、专权自恣，不仅大规模地拔擢私党、侵吞国库，而且还公然带走曹叡的数位才人作为自己的妻妾，并僭越使用天子器物，起居比肩皇帝。为增加名声，曹爽又一意孤行出兵伐蜀，结果劳而无功、国内虚耗。以上种种，令曹芳敢怒不敢言，而被架空的司马懿为求自保，也开始在家装病，但暗地里却在筹划诛杀曹爽的阴谋。

公元249年春，曹爽执政的第十一个年头，利用曹爽党羽悉数出城，随曹芳祭拜魏明帝曹叡的高平陵（在今河南省汝阳县）之机，久废在家的司马懿在洛阳发动兵变，矫郭太后诏旨废黜曹爽，并诓骗曹爽投降。在对方束手就擒后，司马懿下令诛灭曹爽及其党羽三族，同属宗亲的曹家、夏侯家元气大伤，再没实力跟司马家抗衡。而作为主君的曹芳在好不容易摆脱曹爽控制后，再度沦为司马懿手中的傀儡皇帝。

司马懿执政时期，虽然表面上尊奉曹芳，处处以忠臣自居，但其实就独断专行、专权自恣而论，比曹爽有过之而无不及。公元251年，司马懿死后，其子司马师（208—255）把持朝政。

公元254年春，中书令李丰和张皇后的父亲光禄大夫张缉等人图谋废掉司马师，改立夏侯玄（209—254）为大将军。

但司马师听到风声，请李丰来相见。李丰知道事情败露，于是正色说："卿父子怀奸，将倾社稷，惜吾力劣，不能相禽灭耳！"司马师用刀把上的铁环砸死了李丰之后，赐死了张缉，处斩了夏侯玄等人，并诛灭三族，其余的亲属迁到乐浪郡。

此后，司马师逼曹芳废黜张皇后，改立王皇后。曹芳因参与了李丰等人的图谋而不安，司马师则担心后患，秘密图谋废黜曹芳。同年秋，司马师联合公卿中朝大臣上奏郭太后，言及曹芳年长不亲政，沉迷女色，废弃讲学，弃辱儒士，与优人、保林等淫乱作乐，并弹打进谏的管理后宫门户宫女事务的清商令狐景、清商丞庞熙，乃至用烧铁重伤令狐景身体，太后丧母时不尽礼等罪，请依霍光故事废曹芳的帝位，得到郭太后许可。曹芳搬出洛阳，在河内郡另建齐王宫，所有礼仪制度都如同诸侯王的封国。

公元266年初，司马炎篡魏建立晋朝之后，封曹芳为邵陵县公。公元274年，曹芳去世，谥号厉公。

二、曹髦不甘做傀儡

曹髦，字彦士，魏文帝曹丕之孙，东海王曹霖之子。公元244年，被封为高贵乡公。

曹髦从小好学，才慧早成，有祖父曹丕的风范。

公元254年，司马师废掉魏帝曹芳，打算推立曹操之子、彭城王曹据为帝；当时曹髦是魏文帝曹丕在世诸孙中的庶长孙、东海王曹霖的在世庶出长子。郭太后以担忧魏明帝曹叡绝嗣和辈分为理由执意要求，最终立高贵乡公曹髦为皇帝。

年仅十四岁的曹髦，被司马师派人接到洛阳，看到朝中文武百官前来拜迎，曹髦当即下车回拜。太尉见此，马上说："您是主子，不需要回礼。"曹髦一听，严肃地说："我也是臣子，今天奉太后之命前来，我也不知有什么事情，如今见到文武百官，我怎么能够不答拜呢？"话才说完，又有几个官员前来扶他上辇车进宫，曹髦当即拒绝了，表示不坐辇车，直接步行到太极殿拜见郭太后。

郭太后看到曹髦，非常高兴地说："我看你从小就有帝王之相，今天终于灵验了。你想要成为一国之主，就要勤俭节用，讲究仁德。"

此时的曹髦虽然年龄不大，但作为曹魏的宗室，对于朝廷内乱的事还是比较清楚的，尤其是曹氏与司马氏之间的斗争，他也有所耳闻。如今曹氏势力已走下坡路，司马氏的专权他是明白的。他更知道，司马师能够将曹芳废了而改立他为新君，如果有一天司马师不高兴，也可以废了他而另立他人。他可不想当傀儡皇帝，因为只有虚名而没有实权，那是没有什么意义的。想到这儿，他极力向太后推辞，表示不想当这个皇帝，但太后却不同意。无奈之下，曹髦只好登基上位。

曹髦虽无实权，但才慧早成，有志于中兴曹魏，尤其推崇中兴夏朝的少康。曹髦崇尚节俭，经常派侍中到全国各地去考察民情，处理各种冤案，对地方官的执政情况严格考察，看来是想做一番大事业。

正好那一时期，地方一些亲曹势力不满司马师的专权，不断起兵，于是一场场反对司马氏的武装斗争开始了。

公元255年春，镇东大将军毌丘俭、扬州刺史文钦起兵声讨司马氏，大将军司马师督师征讨淮南。经过几番激战，毌丘俭战死，文钦逃往东吴，然而，司马师在这场战争中被文钦之子文鸯（238—291）惊得眼球掉落，病上加病，奄奄一息。

在许昌的司马师自料性命难保，就派人从洛阳叫来了司马昭（211—265），对他说："我估计自己不行了，你接掌我的大将军印。"话未说完，司马师就一命呜呼了。

消息传到宫中，曹髦大喜。他意识到这是个夺权的好机会，于是一面下诏命司马昭留守许昌，让尚书傅嘏（209—255）"率六军还京师"，一面着手筹划宫廷政变。不料，司马昭识破了曹髦的计策，他率领军队回到了洛阳。这样一来，曹髦的计划落了空。为避免引起更严重的祸乱，他只好接受既定事实，被迫封司马昭为大将军。从此，司马昭独掌大权。一次宝贵的翻身机会就这样与曹髦失之交臂。

此后，曹髦曾作《潜龙诗》以自讽，司马昭对此感到厌恶，二人的矛盾逐渐激化。曹髦见自己权力威势日渐削弱，感到不胜愤恨，便准备讨伐司马昭。

曹髦讨伐司马昭的直接原因是难以忍受司马昭擅权、皇权日渐衰微的局面，且担心自己被废黜。其导火索，则可能是曹髦被迫对司马昭进行的封赏和司马昭的矫饰推托。

曹髦曾于公元258年夏封司马昭为晋公、建立晋国并设置相应官府机构，加九锡、升相国，司马昭九次推辞，这件事停了下来，改为在原爵位高都公中增加万户、三县的食邑，无爵位的儿子都封为列侯。

公元260年夏，曹髦被迫再次进行前述封赏，此时距政变爆发仅有一个月。但这一次，司马昭并没有像先前一样"前后九让"、加以推辞。这是司马昭与曹髦之关系彻底破裂的直接诱因。

公元260年6月1日夜，曹髦亲自带冗从仆射李昭、黄门从官焦伯等人夺下皇宫中藏武器的凌云台发放铠甲兵器等物，准备趁机亲自率领他们出宫讨伐司马昭。时值下雨，有司奏请改日行动。

于是，曹髦召见侍中王沈、尚书王经、散骑常侍王业，对他们说："司马昭之心，路人所知也。吾不能坐受废辱，今日当与卿自出讨之。"王经劝阻曹髦说："古时鲁昭公因不能忍受季氏的专权，讨伐失败而出走，丢掉了国家，被天下人所耻笑。如今权柄掌握在司马昭之手已经很久了，朝廷内以及四方之臣都为他效命而不顾逆顺之理，也不是一天了。而且宫中宿卫空缺，兵力十分弱小，陛下凭借什么？而您一旦这样做，不是想要除去疾病却反而使病更厉害了吗？祸患恐怕难以预测，此事应该慎重。"曹髦从怀中拿出黄绢诏书扔在地上说："行之决矣！正使死何惧，况不必死邪！"

曹髦说完，就进内宫禀告郭太后。王沈、王业要王经与他们一起告密，但被王经拒绝。王沈、王业遂奔出宫殿，疾驰禀报司马昭，使得司马昭得以有所防备。

6月2日，曹髦拔出剑登上辇车，率领殿中宿卫和奴仆总共几百人，鼓噪出击。此时，司马昭之弟、屯骑校尉司马伷（227—283）和司马昭心腹、中护军贾充（217—282）均率兵向皇宫进发。司马昭之弟司马幹（232—311）想从阊阖门（曹魏宫城正门）入宫，被时任大将军掾满长武、孙佑等劝阻，改走东掖门；参军王羡也被满长武阻拦。

曹髦在东止车门遭遇入宫的司马伷及其手下，曹髦左右之人怒声呵斥他们，司马伷的兵士被吓得逃走了。曹髦率众继续前进，至皇宫南阙，贾充率听命于司马昭的军队也从外入宫，迎面与曹髦战于南阙之下，曹髦亲自用剑拼杀，并且警告说自己是要有所讨伐的，敢于轻举妄动者将被族诛。贾充的部众停下来不敢交战，甚至想要退却。骑督成倅之弟成济，担任太子舍人，也在贾充麾下，问贾充说："事急矣，当云何？"贾充说："司马公畜养汝等，正为今日。今日之事，无所问也！"成济答道："是。"于是立即抽出长戈上前刺杀曹髦，戈刃刺穿了曹髦的身体而从其后背露出。曹髦死在车下。

司马昭听说曹髦被杀，大惊，自己扑倒在地上，说："天下其谓我何！"太傅司马孚（180—272）闻讯奔跑过去，把曹髦的头枕在自己的腿上，哭得十分悲哀，哭喊着说："杀陛下者，臣之罪也！"

司马昭进入殿中，召集群臣议论善后事宜。尚书左仆射陈泰不来，司马昭让陈泰之舅尚书荀颐去叫他，陈泰不以为意，对荀颐说："舆评拿我跟您相提并论，现在看，您不如我啊。"但子弟们里里外外都逼着陈泰去，陈泰这才不得已流着泪入宫。司马昭将他请到曲室之中谋划，说："玄伯，你将怎样对待我呢？"陈泰说："只有杀掉贾充，才能稍稍谢罪于天下。"司马昭考虑了很久才说："你再想想退一步的办法。"陈泰说："我只有更进一步的办法，不知如何再退。"司马昭就不再说话了。

六月三日，司马昭威逼郭太后下旨，宣布将曹髦废为庶人，就以庶人礼安葬；并且表彰告密的王沈、王业，而要求将与司马昭不同心的王经及其家属逮捕治罪。与此同时，太傅司马孚、大将军司马昭、太尉高柔（174—263）、司徒郑冲上奏，在指责被弑杀的曹髦悖逆不道、自取大祸、为世人和祖宗神灵所不容后，请求太后加恩将其葬礼等级提升为王礼，太后同意。六月十一日，曹髦被葬于洛阳西北三十里瀍涧之滨。

不久，司马昭以"教唆圣上""离间重臣"等借口杀死了曹髦的心腹王经。又因群情激愤，司马昭又诛杀了成济三族，成济兄弟不服罪，光着身子跑到屋顶，大骂司马昭，被军士从下乱箭射杀。

曹髦虽然未获成功，但他确实做到了以百分之百的努力力争百分之几的机会。在政治凌辱和死亡威胁下，曹髦没有软弱、屈辱和退让，而是敢于直面，奋起抗争，视死如归。在中国古代有类似遭遇的皇帝群体中，能这样做的实在不多。他是壮志未竟的皇帝，更是值得尊敬的斗士。他有一身傲骨，有刚烈的血性，为了活出帝王的尊严，为了活出人性的高贵，不惜以生命为代价，与残酷的命运抗争，用壮烈的死亡，赢得了帝王的尊严，赢得了世人的尊重。与其苟且偷生，毋宁高贵赴死。

三、曹奂父祖难分清

曹奂字景明，本名曹璜，是魏武帝曹操的孙子，燕王曹宇之子，跟曹叡是堂兄弟关系，即位前的封爵为常道乡公。曹奂即位之前，曹魏军政大权已经完全操于司马家之手，再加上朝廷对宗室本就禁防甚严，现实的严酷性让曹奂早早地看清了形势，他所期望的不过是守着妻妾儿女，平平安安地过完一生，就像其父曹宇一样。然而让曹奂没有想到的是，他这位最不想"出头"的公爷，最终还是被时局推向了风口浪尖。

公元260年夏，曹髦因不满于权臣司马昭的专横，愤而举兵讨伐，结果被对方公然弑杀。事后，司马昭一方面奏请郭太后追废曹髦为庶人，一方面和公卿大臣商议新君人选，最终决定立曹璜为皇帝。随后，郭太后下诏曹璜改名为曹奂，改元景元。

由于曹奂需要继承曹叡，按规定要降低辈分。也就是说，曹奂以曹叡子嗣的身份继位，而不是兄弟。相应地，曹奂称呼其父曹宇，不再是父亲，而是从祖父。这也是帝王继承制度上的通则，虽然看上去很搞笑，虽然曹奂很不情愿。

曹奂在位五年，虽然名义上是皇帝，但手中连一丁点儿的实权都没有，朝廷上下、各州郡刺守、中外军队中，无不是司马家的党羽。不过，相较于血气方刚的曹髦，曹奂对局势看得很清，也知道根本就没有放手一搏的实力，需要他做的，无非是履行好"本职工作"，为司马家篡魏背书。除此之外，再也没有需要他做的事情。

司马昭早有篡位之心，虽然尽掌魏国军政大权，并通过诛灭政敌和名士的方式，成功地钳制住天下悠悠众口，但自觉人望还不足以服众，便想通过战场上的胜利，来为自己称帝"铺路"。

公元263年，司马昭以钟会（225—264）为主帅，率邓艾、诸葛绪等人伐蜀。当年冬，因各路军频繁报捷，曹奂以司马昭的家乡属于春秋时晋国的缘故，封司马昭为晋公，晋拜相国，并加九锡，使其迈出篡位关键一步。同年底，曹魏灭蜀汉。

公元264年春，曹奂晋封司马昭为晋王。就在司马昭万事俱备，马上要迫使曹奂"禅让"之际，他突患重病而死，终究没能登上帝位。

司马昭虽死，曹奂的处境却并没有改善，司马家该做的事情照做不误，只不过篡位之事最终要由司马炎来完成而已。公元266年初，距离司马昭死去才三个月，曹奂被迫"禅位"给司马炎（236—290年在世，266—290年在位），自此终结曹魏四十五年的国祚。

晋武帝司马炎对待曹奂还算优待，不仅封他为陈留王，食邑万户，将宫室安设在邺城，而且还准许他使用天子旌旗，备五时副车，行魏国正朔，郊祀天地、礼乐制度都仿效魏朝制度，上书不称臣，受诏不拜。在历代亡国之君中，享受的待遇最好。

对于曹魏来说，邺城是个有特殊情结的地方，当年曹操正是在邺城"封公建国"，著名的铜雀台也是建造于此，可谓曹魏的"大本营"，也是曹魏"五都"中的"北都"。

曹奂退位后，在封国又存活了三十七年，于公元302年去世，终年五十八岁。曹奂死后，晋朝特令予以厚葬，并为他上谥号为"元"，后世遂称其为魏元帝。

第五章

独得八斗的曹子建：生存之道真的很难

曹植（192—232），作为三国时期文学造诣最高的人，颇受后世的称赞。东晋南朝著名诗人谢灵运（385—433）的那句"天下才共一石，曹子建独得八斗"便是对他在魏晋南北朝文学史上地位的精准赞誉。作为中国诗歌史第一位大力写作五言诗的人，建安文学的集大成者，曹植不但因其文学上的造诣而与曹操、曹丕被后人合称为"三曹"，还在两晋南北朝时期被推尊到文章典范的地位。

但是，食野菜、披皮毛、饥寒交迫、颠沛流离，这就是一生心系文学，但无奈生在帝王家的曹植，后半生的生活常态。

那么，在如此恶劣的生存环境下，一生心系文学的他，又是如何在残酷的皇权斗争中生存下来的呢？曹植自然有他自己的明哲保身之道。

一、急流勇退第一招

对于曹植来说，第一个生存之道，便是急流勇退。

急流勇退，本意指的是在急流中勇敢地立即退却。其引申含义则是比喻仕途顺利的时候毅然退出官场，或在复杂的斗争中及早抽身。"勇退"的前提，是曾经风光过，曾经辉煌过。对曹植而言，恰恰是因为文才出众，被他的父亲曹操和曹操手下的很多大臣，视为太子候选人的有力竞争者。

曹操有二十五个儿子，但资质相对高一些的却只有曹昂、曹冲、曹丕、曹彰与曹植五个人。这五个人里，随着长子曹昂在张绣（？—207）的叛乱中被杀和神童曹冲十三岁不幸去世，而单纯继承了曹操杰出的军事才能的曹彰，只醉心于征战四方而无心于治国理政和文学创作，曹操继承人的人选就只有曹丕与曹植兄弟二人了。

曹植少年早慧，十多岁的时候，就能诵读《诗经》《论语》及先秦两汉辞赋，诸子百家也曾广泛涉猎。他思路敏捷，谈锋健锐，进见曹操时每被提问常常应声而对，脱口成章。曹操曾经看了曹植写的文章，惊喜地问他："你请人代写的吧？"曹植答道："话说出口就是论，下笔就成文章，只要当面考试就知道了，何必请人代作呢！"再加之性情坦率自然，不讲究庄重的仪容，车马服饰不追求华艳、富丽，这自然很合曹操的口味。渐渐地，曹操开始把爱心转移到曹植身上。

虽然曹植的内心并没有想跟哥哥曹丕竞争曹操继承人之位的想法，但生在帝王之家的曹植，依然想向外界证明自己：我能行。搞文学创作，行；参与行军打仗，行；一边参与行军打仗一边搞文学创作，行。于是乎，就有了十五岁的曹植跟随父亲北征途中写下的名篇佳作《白马篇》，《白马篇》塑造了一个英姿俊爽、扬声边塞，"捐躯赴国难，视死忽如归"的少年豪侠形象。于是，就有了十八岁的曹植在王都邺城的铜雀台建成后，写下的明显要高出曹丕的《临高台》许多的传世佳作《登台赋》。这就难怪曹操更喜欢曹植了。

曹操一旦有了让曹植取代曹丕，作为自己的继承人的想法，便威胁到了曹植的哥哥曹丕自觉已经很稳固的曹操继承人之位了。加之双方拥趸参与其间以从中渔利，使事态越来越恶化。

曹植耳闻目睹了袁绍、刘表（142—208）两个家庭的悲剧，自然知道兄弟阋墙的危害，于是立即做出了决定——急流勇退。

如何做到急流勇退呢？他犯一些不该犯的错误，让大家，尤其是他的父亲曹操觉得，他曹植并没有想象中的那样优秀，从而促使曹操重新考虑继承人的人选——本来就是二选一的事，既然曹植因为犯了错误（其实是刻意地犯错误）而被淘汰（其实是主动退出）了，那么，他就不会影响曹丕的未来了。

犯错误容易，但难的是让人看不出来自己是在故意犯错误。比如说，有一次，曹植在他的父亲给他增加了五千户的食邑之后，立即宴请身边的一干好朋友喝酒。酒宴过后，夜深人静之际，大醉的曹植不但驾车在驰道上飞驰，而且居然在强行闯过已经关闭的司马门之后，绝尘而去。这就是"司马门事件"。

一定会有朋友问，不就是夜深人静之际，驾车在驰道上飞驰，而且闯了一个司马门嘛。事情可没那么简单。要知道，所谓驰道，那是皇帝的专用车道，大臣、百姓，甚至皇亲国戚都是没有权利走的。曹植不但驾车在皇帝的专用车道上飞驰，而且强行闯过已经关闭的司马门。这罪行，在秦汉时期，已经应该是株连九族全家问斩的大罪了。

曹植夜闯司马门，成功地利用了"父亲给他增加了五千户的食邑之后宴请好朋友并大醉"这一特定条件，便达到了让人看不出来自己是在故意犯错误这一目的。因为驾车在皇帝的专用车道上飞驰并夜闯司马门，已经属于株连九族全家问斩的大罪，纵然曹植的父亲曹操处在一人之下万人之上的位置，也只能做到让曹植死罪可免但活罪难饶的这一最好的结果了。一个犯下如此大罪之人，怎么能成为曹操的继承人呢？故而，夜闯司马门之后，彻底失去了曹操的宠信的曹植，以司马门事件为契机，彻底退出了继承人之争。而曹植的哥哥曹丕，则顺理成章地当上了太子。

曹植的这招急流勇退还真的挺管用。如果在日常的工作或生活中，遇到了比较棘手难于处理的问题，其实就可以如此。比如我在登上央视《百家讲坛》之后，便主动放弃了参评市区两级的学科带头人、骨干教师的资格，而我放弃了之后，也就给了我的那些本来也很优秀的同事以更多的机会。与我的情况相反，也有一些人在出名后，或调离原单位，或辞职为自由人，多少都与人际关系出了一些状况有关。

所以，在外界环境极为复杂的环境下，及早抽身，急流勇退，既能使自己明哲保身，也能避免整个团队的分化瓦解。与此同时，必要的时候，学会适当地犯点儿错，比我们费尽口舌地跟别人讲道理要有效得多。

二、旗帜鲜明很重要

当然，仅仅做到急流勇退还完全不够，曹植还需要对这一问题做出旗帜鲜明的表达。

正因为曹植太优秀，他才受到包括名士杨修在内的很多人的支持。由于此前的曹植并未明确表态，是否与哥哥曹丕争夺继承人之位——当然，事实上，是曹植根本就没意识到自己已经莫名其妙地卷入了与哥哥曹丕的继承人之争——所以，在很长的一段时间里，对于支持自己的势力日益发展壮大这一事态，曹植采取的是任由其野蛮生长的态度。在支持曹植成为曹操继承人的阵营当中，尤以继承了曹操杰出的军事才能的、留守长安的曹植的三哥曹彰最为重要。

这让曹丕及其阵营的其他成员感受到了极大的威胁。曹丕的依附者们，或在曹操面前进言"（曹丕）仁孝聪明，宜承正统"，或对曹操直谏"以庶代宗，先世之戒"，或提醒曹操"袁绍以嫡庶不分，复宗灭国"。同时，曹丕又不断显示在政治和个性两方面的成熟。更是在曹操出征临行之际"泣而拜"，以显示其孝心，博得曹操的欢心。

曹丕与曹植兄弟二人各自的依附者们的做法，不但加剧了局势的恶化，而且还给人造成了一种假象——曹植的确是在和自己的亲哥哥曹丕争夺太子之位。

事情就是这样，人在江湖，身不由己。这个世界，不是你说你想放弃便能放弃的。我们还有亲朋好友，还有自己的生活圈子，说话做事，不能只考虑自己的利益，还要考虑那些关心、帮助过我们的亲朋好友的态度。对于曹植来说，尤其需要考虑的，便是他的三哥、留守长安的曹彰的态度。面对着曹彰旗帜鲜明的支持，曹植就需要旗帜鲜明地表达。

曹操临终前，曾在洛阳召见留守长安的曹彰。曹操为什么要把曹彰召回到自己身边呢？曹植并不知道。但曹彰还未到达，曹操便已去世。曹彰到达长安之后，得知父亲已经去世，便马上找到曹植。曹彰告诉曹植说，临终前的曹操还是变了卦，变了卦的曹操还是想立曹植为继承人。此时此刻，曹植还有回头的可能，因为他知道，此时此刻，有手握重兵的三哥曹彰的支持，曹丕便会完败于他。但曹植是怎么跟他三哥说的呢？"不可。不见袁氏兄弟乎！"

曹植非常简单的一句话，便以壮士断腕般的果敢，果断明确地回绝了曹彰。这便让曹彰内心那些以武力拥护曹植即位的想法，彻底胎死腹中。曹植不但避免了祸起萧墙、骨肉相残的悲剧，也让曹彰与他一道拥立曹丕接替了父亲曾经的职位。

这就是曹植的聪明之处。虽然曹植回复曹彰的只是简短的九个字，但这九个字里蕴含着他们曾经耳闻目睹的一场惨剧：袁绍的三子一甥内讧的最终结局便是身首异处、客死异乡。曹植的这简短的九个字，便指出了如果曹彰坚持己见可能面临的结局。

这便是旗帜鲜明地表达的功效之所在。几千年来，中国人似乎已经习惯了"只可意会不可言传"之类的说话方式，但有时候，尤其是大是大非面前，我们还是需要做出旗帜鲜明的表达的。对于今天的我们来说，就是要旗帜鲜明，不能模棱两可。

三、公之于众防悲剧

当然，遇到问题，仅仅做到急流勇退、旗帜鲜明的表达还是远远不够的，曹植还需要把问题放到明面上来，公之于众。

曹丕上位之后，依然觉得曹植对他有威胁。所以，曹丕依然想要对曹植下手。曹丕不但杀了曹植的多位至交好友，还让曹植没完没了地搬家：河北、山东、河南，搬了个遍。曹丕处处为难曹植，对于曹植来说，头顶利剑悬而未斩，曹植如何才能全身而退呢？此时的曹植就需要寻求活命的方法，曹植的解决方法就是：把问题放到明面上来。

这就说到了七步成诗的故事。故事说，曹丕做了皇帝以后，命曹植七步内作诗一首，否则就杀掉他。曹植应声说出了"煮豆持作羹，漉菽以为汁。萁在釜下燃，豆在釜中泣。本自同根生，相煎何太急？"故事的真伪权且放在一边，曹丕想杀掉曹植是确定无疑的。面对着曹丕的杀机，曹植的处世策略便是：一则对曹丕交代自己的心意——我并没有与你争什么的行动，也没有过要与你争什么的想法；二则把兄弟俩的问题昭告天下——你不就是想要杀我吗？"本自同根生，相煎何太急？"这便是告诉了在场的所有大臣，如果我有个什么三长两短的，或是意外身死，那就是曹丕杀的。这便让曹丕很难再对曹植痛下杀手了。

当然，我们也可以进一步设想，如果曹丕仍然放不下，仍然非要杀掉曹植不可的话，会出现什么人间惨剧呢？结果不可预料。至少，袁绍、刘表两个家庭鱼死网破的悲剧还会在曹家重演。蜀汉和东吴也会夹击处于内讧中的曹魏。中国的历史就将改写。

曹丕当然不傻，要想政权稳固，他只能放过曹植。于是，曹植与曹丕之间的关系开始有了改善。公元225年，曹丕远征孙权无功而返途中，专程到曹植的封国见了曹植一面。这一面，兄弟二人谈了很久。临走时，曹丕还特地给曹植增加了500户人口的封邑。这一次，曹植放下了，曹丕也放下了。

中国历史上，与此类似或完全相反的例子还有很多。与此类似的例子，比如清朝早期皇太极死后，多尔衮（1612—1650）与豪格（1609—1648）争权，其结果就是双方妥协，各让一步，由福临（1638—1661）即位为顺治皇帝，最终清军成功入关，由此开始对中国长达二百六十八年的统治。完全相反的例子，比如明朝的第二任皇帝建文帝朱允炆（1377—？ 在世，1398—1402年在位）对几个叔叔横加迫害，最终他的四叔燕王朱棣奋起反抗，最终建文帝朱允炆不知所终，燕王朱棣即位为明朝的第三位皇帝，即明成祖（1360—1424年在世，1402—1424年在位）。

曹植、多尔衮、朱棣，这几个人的故事其实都有一些共同点：面对他人别有用心的陷害——对于曹植来说陷害者是曹丕，对于多尔衮来说陷害者是豪格，对于朱棣来说陷害者是建文帝朱允炆——最好的办法就是让对方站在道德低位。曹植的《七步诗》便一举戳穿了曹丕的阴谋。曹植的做法，便是利用公众力量/集体力量去制约对方，把双方的暗斗变成明争。如此，被戳穿了阴谋的曹丕，因失去了道德高位，而陷入被动局面，从而再无机会对占据了道德高位的曹植下黑手。

曹植生性善良，没有权力野心，但出身决定了他不得不面对王储之争。在那么恶劣的生存环境下，一生心系文学的他，成功地用急流勇退、旗帜鲜明的表达、把问题放到明面上来（公之于众）等多种生存智慧，捍卫自己的利益。

生活在今天的我们，其实也要时常面对"不得不"的境地：不得不读一个好的大学，大学毕业了不得不漂在北上广深等大城市，工作稳定了又不得不相亲，不得不买房……面对"不得不"的境地之时，普通人可能习惯性地消极对待、反抗，真正的聪明人则知道如何破局：仅以工作为例，我们完全可以选择急流勇退，回到自己家乡所在的那个熟悉的城市，找份适合自己的工作；然后旗帜鲜明地告诉亲朋好友，我目前的状况挺好，这是我自己的选择。

四、文学成就永流传

曹植的创作以父亲曹操去世、兄长曹丕称帝的公元220年为界，分前后两期。前期诗歌主要是歌唱他的理想和抱负，洋溢着乐观、浪漫的情调，对前途充满信心；后期的诗歌则主要表达由理想和现实的矛盾所激起的悲愤。他的诗歌，既体现了《诗经》"哀而不伤"的庄雅，又蕴含着《楚辞》窈窕深邃的奇谲；既继承了汉乐府反映现实的笔力，又保留了《古诗十九首》温丽悲远的情调。曹植的诗又有自己鲜明独特的风格，完成了乐府民歌向文人诗的转变。曹植的代表作有《七哀诗》《白马篇》《洛神赋》《赠白马王彪》《门有万里客》等。

《洛神赋》虚构了作者与洛神的邂逅和彼此间的思慕爱恋，洛神形象美丽绝伦，人神之恋缥缈迷离，但由于人神道殊而不能结合，最后抒发了无限的悲伤怅惘之情。全赋辞采华美，描写细腻，想象丰富，情思缱绻，若有寄托。

《洛神赋》可以看作汉代铺排大赋向六朝抒情小赋转化的桥梁，在历史上有着非常广泛而深远的影响。晋代大书法家王献之（344—386）和大画家顾恺之（348—409），都曾将《洛神赋》中洛神的神采风貌形于笔墨，为书苑和画坛增添了不可多得的精品。到了宋元明三朝，一些剧作家又将其搬上了舞台，汪道昆（1525—1593）的《陈思王悲生洛水》就是其中比较著名的一出。至于历代作家以此为题材，见咏于诗词歌赋者，则更是多得难以计数。可见曹植《洛神赋》的艺术魅力是经久不衰的。

《白马篇》以曲折动人的情节描写边塞游侠儿捐躯赴难、奋不顾身的英勇行为，塑造了边疆地区一位武艺高超、渴望为国立功，甚至不惜牺牲生命的游侠少年形象，表达了诗人建功立业的强烈愿望。开头两句以奇警飞动之笔，描绘出驰马奔赴西北战场的英雄身影，以紧急的军情拨动读者心弦；接着以"借问"领起，以铺陈的笔墨补叙英雄的来历；"边城"六句，遥接篇首，具体说明驰赴西北的原因和英勇赴敌的气概；末八句展示英雄捐躯为国、视死如归的崇高精神境界。全诗风格雄放，气氛热烈，语言精美，称得上情调兼胜。诗中的英雄形象，既是诗人的自我写照，又凝聚和闪耀着时代的光辉。

曹植的文学成就和才华对后世产生了深远影响。他不仅在他所处的时代享有盛名，而且在后世的文坛上被广泛传颂。

他的文学作品不仅影响了当时的时代，而且对后世文人产生了重要影响。他辞章的独特风格和诗词的优美表达使得他的作品成为后世文人学习的范本。很多文人在创作时受到了曹植的影响，学习其表达的手法和意境形式。曹植的文学成就和才华在古代文学史上占据了重要地位，并对后世文学创作产生了积极的推动作用。

曹植是中国古代文学史上的一位重要人物，他的文学成就和才华广受赞誉。曹植的文学作品不仅在形式上美丽，而且在情感表达和思想思考方面极具深度。他的作品成为古代文学史上的经典之作，为后世文人树立了学习的榜样。曹植的文学成就与才华在中国文化史上占有重要地位，对文学发展产生了积极影响。

第六章

黄须儿曹彰与以舟量物的天才少年曹冲

作为杰出的军事家和政治家，曹操一共有二十五个儿子。其中，除了与他并称为"三曹"的曹丕、曹植以外，其三子曹彰（189—223）是一位难得的英武之才，其幼子曹冲（196—208）也以"神童"的称号而名声在外，"曹冲称象"的故事更是家喻户晓。

一、边疆柱石黄须儿

曹彰，字子文，与曹丕、曹植是一母同胞的亲兄弟。这三兄弟，也分别继承了曹操的一些优点——曹丕善于把握人心，不仅在文学上有一定造诣，还精通各种政治手段；曹植则是文采斐然，是"建安风骨"的奠基者之一；曹彰虽然不通文墨，但却喜欢行军打仗，擅长韬略，在抵御外族入侵方面可谓功勋卓著。因为须发天生就是黄色，异于常人，因此曹操称这个儿子为"黄须儿"。

曹彰少擅骑射，膂力过人，能手格猛兽，极其骁勇，可惜不喜读诗书，唯好骑射、阴阳家学说和谶纬术数。曹操经常批评他："汝不念读书慕圣道，而好马击剑、阴阳术数，此一夫之用，何足贵也！"非拉着曹彰去读诗书。曹彰不堪其苦，经常抱怨："大丈夫当学卫青、霍去病，将十万骑驰沙漠，驱戎狄，纵横天下，立功建号耳，何能作博士邪？"有一次，曹操把所有儿子叫来询问其志向，曹彰脱口而出："好为将。"曹操又问，那怎么当一个好将军呢？曹彰慨然道："为将者，身被坚执锐，临难不顾，为士卒先；赏必行，罚必信。"

曹彰作为一员猛将，最爱的就是武器装备，他疯狂迷恋各种名贵战马。据《独异志》记载，有次曹彰在街上看到了一匹骏马，马上找到骏马的主人，邀请到府上盛情款待，想要得到此马。那人有些不舍得，曹彰就说："余有美妾可换，唯君所选。"马主人大喜，当即挑选了一个最美的小妾，曹彰立即与之交换，生怕马主人改变主意。

另据东晋王嘉《拾遗记》记载，曹彰擅射箭，能左右开弓；又学剑，可于百步之内，断人须发。当时辽东乐浪郡（今朝鲜一带）献来一只猛虎，纹理斑彩，用铁笼关住。曹操问有谁敢搏虎，勇士们都表示压力山大，曹彰却上前一把抓住虎尾，缠在自己胳膊上，猛虎贴着耳朵不敢出声。后来南越国又献上一头白象，曹彰用手捏住它的鼻子，象乖乖地伏在地上不敢动。后来曹丕即位，铸了一口大钟，悬在文华殿，但又想换一处悬挂，力士们也表示压力山大，曹彰看到，把钟背起来就走。曹丕赞叹道："以王之雄武，吞并巴蜀，如鸱衔腐鼠耳！"

公元218年夏，代郡、上谷乌桓首领能臣氐造反了，曹操于是任曹彰为北中郎将、行骁骑将军，率军北征，以逞其横行沙漠驱逐戎狄之志。曹彰大喜。临出征之前，曹操特意告诫曹彰："居家为父子，受事为君臣，动以王法从事，尔其戒之！"曹彰满脸肃穆："末将领命。"曹操点头微笑："黄须儿孺子可教也。"

曹操喜欢叫曹彰"黄须儿"，因为孙权有一把漂亮的紫髯，曹彰的须发却是黄色的。

安排好北方战事，曹操便启程西征，去与刘备争夺汉中（今陕西省汉中市）。另一边，曹彰率军北征，可刚到达涿郡的易水北岸，就遭到了数千乌桓骑兵伏击。这时曹彰兵马尚未聚齐，手里只有千余步卒，数百骑兵，曹军寡不敌众，又猝然遭袭，一时大乱，不知所措。

在这种情况下，曹彰便使用当年卫青漠北之战所布环形车阵，将辎重车首尾相连围成一圈，再以弓弩手拉满弓守在里面，大车间的缝隙则由疑兵填充。这不愧是步卒对付骑兵的最佳阵法，百试不爽，乌桓骑兵冲了半天冲不进去，纷纷退散。曹彰带着数百骑就追了上去，他身先士卒，疾驰发箭，乌桓骑兵一路应弦而倒者，前后相继不绝。曹彰乘胜逐北，一路追到桑干河以北，离开代郡二百里，远远超过曹操指定的追击范围了。诸将都劝曹彰："我军新涉远地，士马疲顿，又受节度，不得过代。若再深进，违令且轻敌也。"曹彰却道："率师专行，唯利所在，何节度乎？胡走未远，追之必破。从令纵敌，非良将也。"说完翻身上马，号令军中："有谁留后不出，斩！"又下令按照平常标准增加一倍赏赐将士，这样将士们虽然辛苦，但也乐意追击。于是曹军继续往北追，一连追了两天一夜，直追入鲜卑境内，才追到乌桓主力。乌桓人只得去向鲜卑求助，鲜卑首领扶罗韩乃将骑万余来迎，曹彰奋进击讨，大破之，一战斩首俘虏数千人。曹彰乃双倍犒赏从征将士，将士无不大悦。

扶罗韩忙遣使向另一鲜卑首领轲比能求救。轲比能带了数万骑兵到战场边观望强弱，他见曹彰奋力冲杀，所向皆破，便摆下鸿门宴，将能臣氏、扶罗韩两人斩杀，兼并其众，并将二人头颅献于曹彰，请求臣服，曹彰见好就收，随即班师。

辽东乌桓前遭曹操破降，代郡乌桓又经曹彰蹂躏，其族遂微不复振，或同化于汉，或融合于鲜卑，终至消亡。见于史者，唯《新唐书》所载，有一极小部落，居大兴安岭之北。

正在长安指挥各军西征刘备的曹操，听说曹彰大破北虏，非常开心，连道："黄须儿竟大奇也！"命曹彰速来长安会合，帮忙打刘备。而当曹彰星夜兼程赶到长安时，汉中战役已然结束。曹操于是让曹彰代理越骑将军之职，率一支骑兵留驻长安主持对蜀军务；并以曹真为征蜀护军，与都护将军曹洪以重兵共守陈仓（今陕西省宝鸡市）。有三位宗室防守西边，这样曹操才算是放了心。后来诸葛亮屡伐中原，打了一辈子都未能越过陈仓一步。

如果说曹丕是曹操的文治接班人，那么曹彰则很有可能成为曹操的武功接班人。但很可惜，曹丕是不需要一个掌握军权、战功赫赫的诸侯王弟弟来威胁自己地位的，所以他即位后，就立刻让曹彰去自己的封地就国，不再让他参与军事，一代名将就此被结束职业生涯，令人唏嘘。公元223年，曹彰在京都朝见魏文帝曹丕时，在其官邸暴毙，年仅35岁。曹彰薨逝后，魏文帝曹丕下令以诸侯王之最高礼制厚葬。

南朝刘宋刘义庆（403—444）的《世说新语》记载，曹彰之死是因为曹丕害怕曹彰的武勇，用计将曹彰毒杀的。原来曹彰虽是员猛将，却颇喜棋道，曹丕投其所好，和他下棋。棋至中盘，曹丕已见下风，此时他向在旁侍候的丫鬟吩咐道："还不快将枣儿端来。"于是，二人一边下棋，一边吃乌枣，表面看情义融融，其实，狠毒的曹丕早已在一些枣子中下了毒药，并暗自做了记号，自己专拣未带毒的吃。曹彰被蒙在鼓里，不多一会儿，曹彰只觉头重脚轻，眼睛发直，还没来得及说出一句话，便一头栽倒在地。早有人通告给卞太后，但卞太后来了也没能挽救曹彰的性命。

这里《世说新语》属于小说家言，不可当真。

吴人孙盛的《魏氏春秋》给出了另一个解释："初，彰问玺绶，将有异志，故来朝不得见，有此忿惧而暴薨。"

公元220年春，一代枭雄魏王曹操，在六十六岁时于洛阳去世。获此噩耗后，远在长安的鄢陵侯曹彰，快马加鞭赶赴洛阳奔丧。曹彰一见到主持葬礼的谏议大夫贾逵，开口的第一句话就是："贾大夫，父王的印玺，现在在什么地方啊？"贾逵则义正词严地回答道："先王在世时，已经指定了继承人，就是您大哥魏王曹丕，难道君侯你忘记了吗？再说先王的印玺在什么地方，不是君侯您应当询问的。"曹彰没想到会得到贾逵的这种回答，一时间满面羞红，只得连声说着："对不起，对不起。"然后就狼狈不堪地去灵堂为曹操守灵了。

二、以舟量物说曹冲

曹冲，字仓舒，由曹操的小妾环夫人所生。

曹冲幼年时就敏于观察，十分聪慧。曹冲五六岁的时候，智力心思已达到成年人的水平。当时孙权送来一头很大的象，曹操想要知道象的重量，询问部下，都不能拿出办法来。曹冲说："把象赶到大船上面，沿着水面在船舷上画线，把象赶下船后再往船上装石头，装到船下沉到画线位置为止，最后称量船上石头的重量就可以知道象的重量了。"曹操十分高兴，马上施行了这个办法，果然知道了大象的重量。

关于"曹冲称象"这一故事还要补充几点。

一是"以舟量物"的发明权问题。

早在曹冲称象之前大约五百年的时候，就已经有人进行过这种称量方法的实践了。不过，当时称量的不是大象，而是一头大猪。南宋文人吴曾在他的《能改斋漫录》一书的卷二中，引《符子》的记载说，在战国时期，北方有人给燕昭王姬职（？—前279年在世，前311—前279年在位）送了一头大猪，这头大猪的名字叫"养奚若"。燕昭王姬职让人把这头大猪养了起来。十五年之后，这头大猪长得无比肥大，像个圆圆的土丘。燕昭王姬职感到非常惊奇，就让手下人称量一下这头大猪的重量，结果，折断了十杆秤的秤杆，也没有称量出这头大猪的重量。最后，燕昭王姬职命令手下人"浮舟而量之"，才称量出这头大猪的重量是三千钧（每钧是三十斤）。这种方法就是曹冲称象的故事中曹冲使用的称量方法。

著名历史学家陈寅恪经过考证说，古代佛经《杂宝藏经》中也有关于"称象"的故事，其方法和曹冲称象的方法是一样的。《杂宝藏经》是北魏时期所译，然而其中的很多内容此前早就已经辗转流传到了中国。陈寅恪先生就怀疑曹冲称象一事，是由佛经中的故事附会而成的。不过，这只是怀疑，并不能确定。

当然，曹冲称象未必就是附会而来的。曹冲出生于一个书籍很多、学习氛围又十分浓厚的家庭，对燕昭王姬职浮舟量猪和佛教故事中浮舟称象的故事可能有所了解，因此，曹冲可能借鉴了别人的方法而称量出了大象的重量。小小年纪的曹冲从小留心学习知识，并注意在生活中把所学到的知识与实际情况紧密联系起来解决问题的精神，非常值得后人学习和借鉴。

二是中国大象的分布问题。

今天，中国只有云南南部才有少量大象分布，但在古代，大象在中国的分布范围极为广泛。河北省阳原县发现了夏末商初亚洲象的遗齿和遗骨，这是目前世界上已知亚洲象分布的最北记录。距今8000—2500年前，黄河中下游地区年均温比现在高2~3℃，冬季最冷月平均气温比现在高5℃以上，华北地区大部分为亚热带季风气候，加上当时人类生产力水平低下，对自然环境影响微弱，茂盛的植被和遍布的湖沼为野象生存提供了有利条件。所以，上古时期大禹役象的传说，并非毫无根据。

商代，野象在黄河下游分布很多，甲骨文有许多关于象的记载，既有猎象，也有驯养野象，以象牙为原料的手工业很发达，舞蹈中出现了象舞。河南简称"豫"，豫是象形字，就是一人牵象，可见远古时代大象与中原先民关系紧密。但随着生产力水平的提高，人类活动不断增多，对自然开发力度加大，古代黄河下游野象栖息地北界不断南退。到春秋后期黄河流域气候开始变冷，野象南移到淮河下游南北，战国时黄河下游的野象已经非常罕见了。

从公元前500年到公元1050年，大象活动的北界位于秦岭至淮河一线以南的长江流域。当时大象偶尔移动到淮河以北，但一是无法越冬，二是到淮北容易被当地人捕杀。在长江上游的四川盆地，野象在晋以前仍在长江以北生活，唐代以后主要限于川东重庆到綦江一带的江南地区。在长江中游的鄂、湘和赣等地的大象，南北朝以前在长江以北，以后则限于江南。在长江下游地区，从江淮到杭州湾一带，平原、丘陵广大，江河湖泊众多，水草丰美，十分适合大象生活。曹冲称象的故事中，那头大象就来自孙权控制的江南地区。长江下游是长江流域中开发较早的地区，皖南地区的野象从公元550年以后就不见于文献记载了。在钱塘江以南，象的消失较迟一些，公元931年秋，浙江衢州还有捕象的记载。此时野象分布北界的东端，已经南移到温州一带。公元920年至940年，象牙仍是福建的主要贡品之一。

公元1050年后，我国又进入了一个比较寒冷的时期，加上中原地区连年战乱，大量人口涌向南方，中国经济重心南移，长江流域的野象也逐渐消失，退缩到岭南、闽南地区。南宋时福建还有大象危害农业生产，地方政府鼓励猎杀大象的记载。大约宋元之际，大象在福建消失。岭南气候湿热，森林茂密，开发较晚，因此野象一直生活到了十九世纪。当时岭南众多的野象，也给当地人的生活带了不便和危害。如广东东莞一带"每秋有群象食田禾"，当地农民组织起来捕杀野象。岭南地区东部的野象在十二世纪后逐步消失，西部地区的野象栖息的时间较长，到十九世纪三十年代，广西十万大山一带的野象绝迹。由此可见，野象从广泛分布在中原，到今天退缩到云南南部，经历了一个栖息地不断缩小的过程。野象分布范围变化巨大，向南移了十七个纬度，直线距离达两千千米。野象北界的南移，有五六个纬度是气候变冷导致的，其余为人类活动的结果。尤其是两广地区野象的绝迹，主要是受人类活动的影响。

值得一提的是，在大象栖息地退缩的历史中，人象矛盾一直存在。一方面，随着人类生产力水平的提高，开发范围增大，大象的栖息地不断减少；另一方面，大象确实对农田有一定的危害，有时还特别大。《三国演义》第九十回有"杀蛇为羹，煮象为饭"，可见大象在当时是被猎杀的对象。时至今日，如何更好地实现人象和平共处，或许是当代人类应该思考的课题。

再说说天才少年曹冲的故事。当时国家事务繁多，施用刑罚又严又重。曹操的马鞍在仓库里被老鼠啃啮，管理仓库的库吏害怕一定受罚而死，琢磨着反绑双手去自首，但仍然担心不能免于死罪。曹冲对他说："等待三天，然后你再去自首。"曹冲于是拿刀戳穿自己的单衣，就像老鼠咬啮的一样，假装作不乐意，脸上一副发愁的样子。曹操问他为何发愁，曹冲回答说："民间风俗说老鼠咬了衣服不吉利。现在我的单衣被咬了，所以难过。"曹操说："那是瞎说，用不着苦恼。"不久库吏把老鼠咬马鞍的事情向曹操汇报了，曹操笑着说："我儿子的衣服就在身边尚且被咬，何况是挂在柱子上的马鞍呢？"一点也没责备库吏。

曹冲心存仁爱，识见通达，就像这件事情所表现的那样，本应犯罪被杀，却被曹冲暗中帮助分辩事理而得到宽宥的，前后有几十人。曹操几次对众大臣称赞曹冲，有让曹冲继承大业的打算。

公元208年，曹冲十三岁时，得了重病，曹操亲自为他向天祈求保全生命。曹冲死去时，曹操极为哀痛。曹丕宽解安慰曹操，曹操说："这是我的不幸，却是你们的幸运啊。"一说就流下眼泪，为曹冲聘了甄妃族中亡女与他合葬，追赠给他骑都尉的官印绶带，过继宛侯曹据的儿子曹琮做曹冲的后代。

而对于曹冲的"疾病"，人们却有不同看法。有人认为这不过是常见的病，而有人认为这病是被某些人给"折腾"出来的。换句话说，有人认为曹冲是被害死的。

十三岁而亡，无论是什么原因，曹冲都是不幸的。也许曹冲是死于他人之手，也许他是身染重病而亡。但终究是天妒英才，曹冲的离世让人叹息。

第七章

打虎亲兄弟：救火队长曹仁和虎豹骑统领曹纯

俗语云："打虎亲兄弟，上阵父子兵。"英雄辈出的汉末三国时期就有着为数众多的"著名亲兄弟"。他们有的服务于同一阵营，但也有的兄弟身处不同阵营，甚至相互敌对。举例来说，诸葛瑾（174—241）、诸葛亮这对兄弟，就分别在东吴、蜀汉两大政权身居高位，成就了一段佳话。除此之外，马氏五常、司马八达同样大名鼎鼎。而曹操麾下的曹仁（168—223）、曹纯（170—210）兄弟俩，同样是战功赫赫的名将，一抵御关羽，一追击刘备，为曹魏的崛起立下了不朽的战功。

一、千虑一失说曹仁

曹仁，字子孝，沛国谯县（今安徽省亳州市）人。其祖父曹褒为曹腾之兄。

曹操家族兄弟众多，曹操身为长子，光是自家记录在册的弟弟就有二弟曹彬、五弟曹玉以及六弟曹德三位。除此之外，曹操还有两个弟弟没有相关资料记载。除了这几位亲兄弟，曹操还有几位不是一个父亲所生的兄弟，其中名声在外的有曹仁、曹洪、曹纯，但在这诸多曹姓兄弟中，偏偏曹仁走入了曹操最信任者的行列，这就很能说明一个问题：曹操相信曹仁，与血缘没有太大的关系。

1.坦率真诚且坚定

曹仁好弓马骑射，少时不修行检。天下大乱之际，曹仁暗自结集上千青年，游于淮河、泗水之间。听闻曹操举起义旗讨伐董卓，立即带队赶来，自此再也没有离开过曹操的身边。可以说，曹仁对曹操是一颗丹心、一片赤诚。

投奔曹操后，曹仁从无居功自傲的姿态，更从没有过见异思迁的二心。他有的，只是自己对曹操事业的全力支持。他的这份忠诚和纯粹，自然是曹操看重和无法割舍的，所以曹操对曹仁的信任，完全是曹仁用实际行动赢得的。

2.文武攻守皆超群

毫无疑问，坦率、真诚而且坚定地支持曹操，是曹操信任曹仁的基础，但仅仅有上述优点，对于正在打天下的曹操来说，是完全不够的。因此，想要获得曹操的信任，曹仁还需要更加优秀。而这种优秀，对于曹仁来说，表现在以下几个方面。

第一，配合作战有成效。

曹操对曹仁信任至极，对于重大战役，一般是曹操率曹仁亲临现场指挥，曹操负责正面战场，曹仁负责侧面战场。

公元193年，曹操攻打徐州陶谦（132/133—194/195）时，曹仁受命都统骑兵为先锋，与陶谦手下大将吕由大战，并大败吕由。随后曹仁与曹操主力会师，再次大败陶谦军队。曹仁还率骑兵击败了陶谦的后援部队。此后，在曹操征伐吕布时，曹仁担任偏师，也就是策应曹操的主力部队进攻句阳（今山东省菏泽市），夺取句阳，并活捉了吕布手下刘何，有力配合了曹军主力作战。

公元196年，曹操挟天子令诸侯，并定都许昌。曹仁战功显赫，被任命为广阳太守。曹操十分器重其英勇武略，于是不使曹仁守郡，而让他以议郎身份督军。

公元196年，曹仁从曹操征讨张绣。曹仁别攻周围县地，略城虏众达三千余人。曹操军退还之际，张绣派军追击，曹军不利，士卒丧气。危急时刻，曹仁率骑兵杀了过来，他的骑兵以一当十，迅速扭转了战局，使曹军反败为胜，大破了张绣。

公元200年，曹操、袁绍相持于官渡。曹操起初不占上风，一度和袁绍陷入僵局，情势危急。曹仁审时度势向曹操建议，可以去攻打袁绍方面刚刚领兵的刘备，认为这应当是一个突破口。曹操听了曹仁的建议，结果也诚如曹仁所料，他带兵狠狠回击了刘备。这一战打乱了袁绍之前的严密部署，所以这一次曹操赢得的不仅是一场表面上的胜利，也是一次给袁绍的毁灭性的打击。袁绍原先所有的部署，就因为这一环的失利而全线崩溃，曹仁的眼光和胆识由此可见一斑。

大败刘备之后，曹仁再次率军北上协助曹操对付袁绍，打败了袁绍的左翼将领，打乱了袁绍整个战略部署。此后，曹仁又与徐晃等人配合，截了袁绍的粮车，烧毁了袁军的粮仓，为官渡之战的决定性胜利做出了重大贡献。

第二，攻城之战有策略。

公元205年，曹操基本平定黄河以北时，袁绍的外甥高幹在山西长治谋反，曹操亲率大军征讨，并带上曹仁。当时曹操下令："城陷之后，尽坑敌军。"结果连月不下。曹仁向曹操劝谏："围城攻郭，必须向敌军宣示活门，这是为了替其开辟生路。如今主公向敌军宣告城陷必死，那敌人势将坚心死守。而且此城坚固粮多，要攻，则士卒疲伤；要守，则迁延日久。这样屯兵于坚城之下，强攻死守之兵，不是良计。"曹操听从其言，果然城池立降。于是收录曹仁前后军功，封都亭侯。

第三，兵败之后敢杀敌。

公元208年的赤壁之战是曹操与孙刘联军的一次对决，本来曹军占绝对优势，却因犯了低级错误而战败。曹操率军撤退时，他封曹仁为征南将军，留在江陵抵御东吴的进攻。这工作很危险，曹操没有绝对把握和信任，也不会任命曹仁。实际上曹仁干的这工作，就是给曹操"擦屁股"，但擦不干净很危险。

公元209年，周瑜（175—210）率军数万攻打南郡（今湖北省荆州市），其前锋数千人已至，曹仁登城远望，募得三百人，便令部曲将牛金迎军挑战。但吴军甚多，牛金众少，于是被围。曹仁与长史陈矫俱在城上，望见牛金等三百人垂危濒没，左右之众皆失色惊惧。唯曹仁意气奋发，呼左右取马来，陈矫等知曹仁欲下城救牛金，于是一起拉着曹仁说："贼众强盛，势不可当。何不放弃这数百人，而将军却要以身相赴！"曹仁不应，披甲上马，带领其麾下壮士数十骑出城。与吴军距百余步之遥，迫近城沟，陈矫等以为曹仁只是在沟上挡住，为牛金支持作势，谁知曹仁竟渡沟直前，冲入敌围，牛金等乃得解救。但敌围之中有余众尚未尽出，曹仁复又直还突入，将余兵从围中拔出，又杀吴军数人，把吴军击退。陈矫等初见曹仁冲出，皆惶惧无措，直到亲见曹仁还城，不得不叹道："将军真是天人！"三军都佩服他的勇敢，曹操更器重他，转封曹仁为安平亭侯。

第四，守城之战有毅力。

公元211年，征西将军夏侯渊兵出河东，关中诸将皆反。曹操西征关中，曹仁为安西将军，督领诸将据守潼关，曹操派人对潼关诸将说："关西兵精悍，坚壁勿与战。"曹仁坚守潼关至七月，曹操领大军来援。曹仁参加渭南之战，击破了马超（176—222）。

公元216年冬，曹仁从曹操征讨孙权。第二年春，在曹军的进攻下，孙权遣使徐详请降求和。曹操率先返回京城，留下夏侯惇、曹仁、张辽等屯驻于扬州境内的居巢。时隔不久，曹操正式授命曹仁为征南将军，假节，屯驻樊城，担当镇守荆州之重任。

公元219年，关羽攻樊城，曹操派于禁、庞德支援曹仁。由于汉水大涨，关羽引汉水淹于禁，杀了庞德。曹仁失去外援，而且洪水将要把樊城全部淹没。

城外的洪水汪洋一片，城内的粮草也快断绝。绝望之际，曹仁身先士卒，并激励将士们与他一起守城。曹军对曹仁的举动很感动，顽强地与曹仁守着这座孤城。关羽屡次进攻，都没有攻下。直到徐晃的援军到达，曹仁才看到希望，最终关羽退军。

纵观曹仁这一生，他虽然是曹操的堂弟，但曹仁从没有以亲族身份傲气十足。而且在曹操的历次战争中，曹仁的角色实际上就是一个"救火队员"，哪里有难，他去哪里，而且每次都能成功解难，使战局出现转机，也使曹操取得胜利。

3.晚节不保毁英名

俗语云，智者千虑必有一失，曹仁也有失意时。公元220年，曹操去世后，曹丕篡汉建魏，拜曹仁为车骑将军，都督荆、扬、益诸州军事，进封陈侯。第二年，曹丕又拜其为大将军、大司马，总督诸军据守乌江，还屯于合肥。

公元223年，刘备兵败夷陵之后，魏国曹丕又调曹仁、曹真、曹休等三路兵马发动对吴国的进攻。曹仁则负责进攻濡须口（今安徽省含山县）。此时，曹仁拥有步骑数万人，而吴方主帅朱桓（177—238）仅有五千兵马。决定以逸待劳的朱桓偃旗息鼓，伪装示弱，引诱曹仁来攻。曹仁果然中计，派遣其子曹泰突袭濡须口，又派遣将军常雕督领诸葛虔、王双（？—228）等人，早晨乘坐油船另外袭击中洲，中洲正是朱桓部众妻子儿女所在的地方。曹仁亲自率领一万人留在橐皋（今安徽省巢湖市），作为曹泰等人的后援。蒋济对曹仁的做法提出了反对意见："吴军占据西岸，将战船列于上游，如果分兵进攻位于下游的沙洲岛，无异于自取败亡。"但是曹仁没有听从蒋济的良言，自恃兵多，坚持要分兵进攻中洲。吴方主帅朱桓，亲自抵御曹泰，并派遣将军严圭抵御常雕等人。最终，朱桓大破曹泰。在曹泰退兵之后，已经乘油船深入吴军身后的常雕等人进退两难。朱桓回身反扑，与严圭、骆统（193—228）共破常雕等人，魏军此路的主将常雕、副将诸葛虔均被枭首，副将王双被生擒。至此，在此次战役中，直面濡须城的曹泰一路损失已经无法统计。而常雕进攻中洲的五千人损失惨重，临阵战死的将士一千余人，剩下三千余人被俘。魏军只好全面撤退。

濡须之战是曹仁生平的最后一战，综观曹仁在此次战争当中的表现，可以说，一着不慎，便毁了一世英名，有点晚节不保，之后不久便去世了。

二、虎豹骑统领曹纯

曹纯，字子和。十四岁丧父，与一母同胞的兄长曹仁分家居住，后继承其父的家业，颇为殷富，家中僮仆、宾客有上百人之多，但曹纯年纪轻轻便能以纲纪持家，督御仆从，管理偌大家业而不失条理，因此乡里人都认为其很有才干。曹纯崇尚学问，尊敬学问渊博的儒士，因此很多儒士都来投靠他，使曹纯的名声为远近所称颂。公元187年，曹纯年未弱冠即进入朝廷担任黄门侍郎，年仅十八岁。

公元189年，董卓祸乱京师，曹操逃到陈留，二十岁的曹纯于是跟随曹操到襄邑（今河南省睢县）募兵，从此开始了追随曹操征战的戎马生涯。

公元205年，曹纯以议郎的身份做司空曹操的参军，曹操以袁谭负约为名，率军进攻袁谭据守的南皮（今河北省南皮县），此役曹纯督率虎豹骑跟随作战。袁谭不愿坐以待毙，遂出兵迎敌，曹军接战后伤亡甚多，损失很大，因此曹操意图暂缓进攻。曹纯劝道："今日我方千里奔袭以趋敌，如果不能彻底消灭敌人就匆匆退兵的话，必然折损军威；况且我们已经孤军深入，难以持久作战。现在敌人因为暂时的胜利而骄傲大意，我军则因进攻受挫而变得谨慎小心，以谨慎小心的军队对阵骄傲大意的敌人，我们一定可以获得胜利。"曹操听从了他的意见，于是督师加紧进攻，最后袁谭果然被击败。袁谭披头散发，死命打马逃跑，追赶他的虎豹骑士兵料想他不是一般人，加紧追赶。袁谭从马上掉了下来，回过头来说："放我过去，我能够使你富贵。"话音未落，袁谭的头已被曹纯的虎豹骑士兵斩下。

曹纯所督率的虎豹骑，被称为"天下骁锐"，其中有些人更是从百人将里面挑选出来后编入的，曹操一开始甚至不知道应该让谁成为这支精锐骑兵的统帅。曹纯担任虎豹骑督后，以善于安抚存恤将士而甚得虎豹骑部众的拥戴。

公元207年，曹操北征乌桓，在白狼山（今辽宁省凌源市、建昌县一带）与乌桓的数万精锐骑兵相遇。曹操果断下令迎战，任命张辽率领先锋进攻乌桓。曹纯在白狼山之战中，受张辽指挥，并跟随张辽冲击乌桓军阵。乌桓骑兵无法抵挡，被击溃后逃窜。曹军追亡逐北，迫使胡、汉二十万众投降。曹操追录曹纯前后的功劳，封他为高陵亭侯，食邑三百户。

公元208年，曹纯随曹操南征荆州，刘琮被迫纳表请降。其后曹操听说刘备南走，生怕他得到江陵军实。于是，曹操亲率五千精锐骑兵追击，曹纯的虎豹骑也在追兵当中。曹操以日行三百里的速度在长坂坡追上了刘备，刘备军在长坂坡之战溃败。曹纯抓到了刘备的两个女儿并缴获了其辎重，收降了刘备军的离散士兵。之后，曹纯又随曹操占领了江陵，赤壁之战后，跟从曹操返回了谯郡。

公元210年，曹纯去世。当时有司官员向曹操请示选任何人代替曹纯，曹操道："像曹纯这样的人才是无法再次得到的，谁又能与他相比！难道我不能直接担任虎豹骑的统帅吗？"于是，虎豹骑由曹操直领。后来，曹操赞赏曹真的骛勇，使曹真统领虎豹骑。魏文帝曹丕即位后，追谥曹纯为威侯。

　　曹操麾下的曹仁和曹纯兄弟，是三国时期令人瞩目的双璧之才。他们以其卓越的军事才能和顽强的斗志，成为三国时期令人瞩目的英雄。他们的战功成就了曹魏的崛起，也成为后来军事史上的经典之一。

第八章

曹操的从弟曹洪：忠烈为心，爱亲忧国

曹操手下有八虎骑（又称"八虎将"）：独眼将军夏侯惇、虎步关右夏侯渊、有天人之称的曹仁、虎豹骑统领者曹纯、精忠救主的曹洪、千里驹曹休、入为腹心出当爪牙的夏侯尚、抗蜀名将曹真。这八位将领或在曹操创业时立下汗马功劳，或在曹丕、曹叡时期镇守一方，各凭智勇，独当一面，为后人所崇敬。上述八人，夏侯氏家族夏侯惇、夏侯渊和夏侯尚三位是两代人；曹氏家族的曹仁和曹纯亲兄弟二人及曹洪都是曹操的从弟，而另外二人则分别是曹操的养子曹真和族子曹休。

一、为救曹操献白鹄

曹操在起兵的过程中，曾经得到过家族中两位从弟的帮助，他们就是曹仁和曹洪。两人战功显赫，帮助曹操开基创业，一直忠心耿耿，特别是曹洪，他还不顾自身安危，救过曹操的性命。但到了曹丕篡汉建魏称帝之后，曹丕却下令把曹洪抓进了大狱，并扬言杀死曹洪，这到底是怎么一回事呢？

曹操的从弟曹洪，字子廉。生年和早期事迹不详。公元190年，曹洪随曹操起兵讨伐董卓。大军到了荥阳，被董卓的部将徐荣击败。其间曹操失掉坐骑，而董军追袭甚急，曹洪见状跳下马来，把坐骑让给曹操，曹操推辞不受，曹洪说："天下可无洪，不可无君！"这匹马名为"白鹄"。此马奔跑之时，只察觉到耳边有风声，马蹄好像并未践地。到达汴水旁时，曹操无法渡河，曹洪沿着河道搜寻，终于寻到一只渡船，曹操才得以渡河。曹操又拉着曹洪上马共同乘坐，行数百里，到达老家谯县时，马蹄的毛都没有被水沾湿。时人称其为乘风而行，这也是一代神骏啊。有谚语称："凭空虚跃，曹家白鹄。"

此时的曹操缺兵少将。恰好扬州刺史陈温与曹洪是好友，曹洪便领家兵千余人和陈温一起去扬州招募士兵，"得庐江上甲二千人，东到丹杨复得数千人"。曹洪带着这支队伍，与曹操会师。曹操这才得以重整军威。经过这次募兵，曹操的军队恢复到万余人的规模，基本上算是恢复了元气。如果论功行赏的话，曹洪无疑是头号功臣。

二、军中豪右战四方

在此后将近三十年里，曹洪作为曹操最值得信赖的宗族将领，追随他转战大江南北，先后击败并收降兖州黄巾军、讨伐陶谦、迎奉汉献帝至许都、消灭吕布、力挫刘表、击败袁绍、抵御刘备，为曹操消灭群雄、统一中原立下赫赫战功。

其中，比较重要的战功有以下三次。

第一次是公元194年，张邈、陈宫举兖州叛迎吕布。当时正闹饥荒，曹洪在前开路，占据了东平、范县，征集粮食以接济后续部队。曹操在濮阳征讨张邈、吕布，吕布败退，曹操遂占领了东阿（今山东省阳谷县、东阿县交界地区），转而又攻克了济阴（今山东省菏泽市定陶区）、山阳、中牟（今河南省中牟县）、阳武（今河南省原阳县东南）、京（今河南省荥阳市南）、密（今河南省新密市）等十余座县城。曹洪在这些战役中立下了汗马功劳，被任命为鹰扬校尉，迁为扬武中郎将。

第二次是公元200年，在与徐晃共同击破了㶏强（今河南省临颍县）叛军祝臂之后，官渡之战爆发。曹操在许攸的建议下，率轻兵奇袭乌巢，留曹洪、荀攸（157—214）守营垒，袁绍得知消息后，派张郃、高览猛攻曹操大营，在曹洪与荀攸的坚守下，张郃、高览无法攻破。等到曹操火烧乌巢后，张郃与高览烧毁了攻营的器械，到曹营去投降。曹洪生怕中计，不敢接受他们的投降。荀攸说："张郃因为计策不为袁绍采纳，一怒之下来投奔，您有什么可怀疑的！"于是接受了二人的投降。

第三次是公元217—219年曹操与刘备的汉中之战期间。公元217年，刘备遣张飞、马超、吴兰等屯军下辩（今甘肃省成县）；曹洪奉命拒之。曹操并命辛毗与骑都尉曹休参曹洪军事，雍州刺史张既也随曹洪参战。曹操在出征前对曹休说："你虽名为参军，但其实就是这支军队的主帅。"曹洪得知此令后，也把军中事务委托给曹休负责。当时刘备见曹军进至下辩，于是遣张飞屯驻于固山（今甘肃省成县宋坪乡，今称龙泰山，又称神仙梁）一带，声称要切断曹军的后路。曹洪与诸将进行商议后都对是否继续进军犹豫不决，曹休说："刘备的军队如果真的要切断我军后路，就应该隐蔽地行动，暗中设伏。如今却先虚张声势，说明这只是刘备等人的疑兵之计。我军应该趁敌人尚未在下辩集结大军之时，尽快击破吴兰。一旦吴兰被击败，张飞的疑兵就毫无意义了，必定自行退走。"曹洪听从了他的建议，进兵攻打吴兰。公元218年春，曹洪大破吴兰，斩其部将任夔等人。逼退了张飞、马超。之后阴平（今甘肃省文县）氐人强端斩杀吴兰，将他的首级送给曹军。

三、敛财高手被下狱

曹洪除了拥有辉煌的战绩、尊贵的地位，还是一位"敛财高手"。

1.曹洪到底有多贪
在曹操初定山东时，曹洪就有纵容门客犯法的行为。不仅如此，到汉中防御战时，曹洪在战地的生活可以说趋于奢靡、腐败：下辩战后的庆功宴会上，曹洪大摆酒宴，让歌女穿着薄衣踏鼓，在场的人大笑不止。武都（郡治在下辩）太守杨阜严厉斥责曹洪说："男女有别，这是国家的大节，怎么能在大庭广众面前让女人裸露形体！即使夏桀、商纣的败乱，也不及如此。"于是愤然辞出。曹洪马上下令女伎停演，又请杨阜还座。

曹洪凭借着朝廷的赏赐、战场上的掠夺和贪污受贿，再加上原本就富有且善于经营，逐渐积聚起庞大的家私，数目之大令人咋舌。曹操做司空时，曾施行过几年的官员财产公示制度，包括他本人在内，都要接受谯县县令的财产调查。而在每次的调查中，曹洪的家产都位列曹氏家族的榜首，连曹操都自叹不如，"吾家赀那得如子廉耶！"

2.曹洪为什么如此贪

一是曹洪爱财享乐思想的滋长：曹洪的蜕变从曹魏逐步掌握山东时就开始有了苗头，随着北方平定、三足鼎立局面形成，曹魏方面就已经没有大的战事困扰了，于是曹洪就滋生了爱财享乐的念头。

二是曹操的宽宏纵容：曹洪几次不顾性命救曹操，让曹操十分感动，因此曹操对曹洪是非常宽容的。曹操虽然是个奸雄，但也是一个明主，他掌权期间，最讨厌贪污腐败的官吏，所以在他的管理下，官员也都不敢胡作非为，但曹操唯独对曹洪特殊关照。当时有人调查曹洪的家产，发现他比曹操还有钱，于是就跟曹操反映这一情况。他听说了之后不以为意，连追究都没有，就这样放过了曹洪。毕竟曹洪是曹操的救命恩人，曹操手下留情也是可以理解的。

3.曹洪为什么坐大牢

正所谓"富极是招灾本，财多是惹祸因"，庞大的家产虽然让曹洪过上奢侈的生活，却也给他带来一场大祸。

原来，曹洪虽然富有但生性吝啬，即使是亲人都很难从他手中借到一文钱，属于货真价实的"守财奴"。据《魏略》记载，曹丕还是魏王世子时，"尝从洪贷绢百匹"。意思是，曹丕早年向曹洪借一百匹布绢，那时布绢是硬通货，价值不菲，可以直接当货币来用，对于家财万贯的曹洪而言这不过是九牛一毛，谁知曹洪却拒绝了曹丕的要求。颜面尽失的曹丕因此事对他怀恨在心。

公元220年，曹丕篡汉建魏称帝，加封曹洪"为卫将军，迁骠骑将军，进封野王侯，益邑千户，并前二千一百户，位特进"。

公元226年，在称帝后第七个年头，曹丕终于采取报复行动，以曹洪的门客犯法为由，将他抓起来准备处死。

4.贪官为什么不死

一是救过曹操性命：可以说，如果没有曹洪让马，如果没有曹洪找到船只让曹操渡河，整个汉末三国的历史就会改写，而慷慨地将自己的宝马让给从兄的曹洪不会不知道，这一让，可能会将自己的性命搭上。此后曹操和马超作战，被杀得割须弃袍时，也是曹洪相救。

二是助力曹操东山再起：曹操能东山再起，曹洪在其中立下大功。

三是征战四方有功：曹洪作为曹操最可信赖的宗族将领，追随他征战近三十载，先后破兖州黄巾、战陶谦、迎奉献帝、灭吕布、击刘表、败袁绍、抵御刘备，立下赫赫战功。汉中之战期间，曹洪在下辩抵御刘备，阵斩敌将吴兰、任夔，并逼退张飞、马超，一时声威大震。曹洪凭借战功，在曹操当政期间已官至都护将军，封国明亭侯。

四是太后和皇后保护：卞太后指责曹丕，没有曹洪救你父，何来的你，如今你要杀了曹洪，对得起他吗？即便如此，曹丕也不同意释放曹洪。无奈太后只好去威胁郭皇后，如果曹洪死了，你的皇后也别当了。郭皇后一听，立即去为曹洪说情。曹丕只好放了曹洪。

5.贪官何以痛改前非

一是皇帝（曹丕）的压力：曹丕当了皇帝，他首先拿曹洪开刀，一则是因为他贪腐，杀他可以立威；二则是为了报当年不借钱的仇。

二是同事（杨阜）的轻视：杨阜十分不满曹洪的做法，怒斥他和商纣王一样荒淫。虽然曹洪是个粗人，可是他也懂得杨阜的话是为他好，于是立即遣散女伎，重新请回杨阜。

三是文人（司马懿）的不齿：司马懿好学，曹洪自以为才疏，想让司马懿去帮助他，司马懿耻于和曹洪来往，假装拄拐不去。曹洪记恨司马懿，去跟曹操打小报告，曹操征召司马懿，司马懿立刻扔了拐杖去见曹操为其效命。

6.曹洪善终给我们的启示

曹丕因病驾崩，曹洪迎来了"重生"的机会。魏明帝曹叡即位伊始，便任命堂叔祖曹洪为后将军，并改封乐城侯，赐食邑千户、位特进，四年后再度晋升他为骠骑将军，极尽优宠之能事，再没有性命之忧。公元232年，曹洪寿终正寝，谥号为"恭"，在魏帝曹芳在位时又从祀于曹操祖庙，可谓功成名就、千古流芳。

武将出生入死、戎马一生，为的不过是靠刀枪博取富贵、封妻荫子，终究离不开"钱、权、名"三个字，曹洪也是如此。想当年多少武将因为功高震主被杀，唯独曹洪可以安然自得，这全是因为他舍命救曹操。曹操因为他是救命恩人不敢动他，曹丕因为他的后台太多不敢动他，由此可见，曹魏的猛虎中，曹洪这只老虎最大。好在，晚年的曹洪痛改前非，还算是为我们树立了一个比较正面的形象。

第九章

养子与族子：孔明的对手曹真和千里驹曹休

抗蜀名将曹真和千里驹曹休都属于曹操手下八虎骑，两人都被曹操视为亲子，绝对铁杆嫡系，可谓出类拔萃的英豪人物。曹真为曹操族子；曹休为曹操族子，曹洪从子。

一、孔明的对手曹真

曹真，字子丹，沛国谯县（今安徽省亳州市）人。作为曹魏八虎骑之一，能征善战的曹真是曹氏宗亲二代中的领军人物。作为曹操的养子，曹真怎么就成了诸葛亮最大的对手了呢？

1.养父曹操的着力培养

原因：《三国志》记载，曹操起兵讨伐董卓时，曹真的父亲秦邵（曹操的族兄弟），曾为曹操招募兵马，后为豫州牧黄琬杀害，曹操哀曹真少孤，于是收养丧父的曹真。另据裴松之《三国志注》注引鱼豢《魏略》的记载，曹真的父亲姓秦名邵字伯南，素来与曹操相善。袁术部曲与曹操在豫州交战，曹操外出侦察时，遭遇袁术部曲追杀，幸得曹真之父冒名顶替，袁术部曲误以为他就是曹操，遂杀之而去，使曹操躲过一劫。曹操想到秦邵的恩德，便收养了秦真，变易其姓，才改姓曹。曹操有个极其人性化的人生信条，即但凡为曹家事业牺牲的勇士，自己终会妥善收养他们的子女。

情况：曹操在征战期间，经常将曹真带在身边，刻意培养他临战对敌的军事技能，等到他能独当一面的时候，便让他担任虎豹骑（曹操最精锐的特种部队）的将领，以执行突击和远程奔袭的任务。曹真统率虎豹骑，曾参与过讨伐黄巾军、长坂坡之战、汉中之战等战役，在曹操军事生涯的中后期，立下赫赫战功，也因此荣升为中领军，负责统率禁军。

2. 曹真自己的勤学苦练

某次曹氏家族集体出猎，忽然林中蹿出一只斑纹猛虎，跟班的杂役见此情形，大多惊慌失措，四下逃散，唯独曹真处乱不惊，力拔三尺大弓，只听"嗖"的一声，猛虎应声倒地。（"常猎，为虎所逐。顾射虎，应声而倒。"）一旁的曹操见了，感叹时光如梭，不经意间此儿已成栋梁之材，于是破格将其提拔为虎豹骑的将领。

曹真年轻时与同宗曹遵、同乡朱赞一同仕于曹操。曹遵、朱赞去世后，曹真同情他们，上表将自己的食邑分封给他们的儿子，得到准许。曹真每次征伐，都能与将士同甘共苦。军费不足，就用自己家的钱财赏赐士兵，所以士兵都愿为他效力。

公元218年，刘备率倾国之兵攻打汉中，一面与夏侯渊在阳平关（今陕西省勉县武侯镇）对峙，一面派马超、张飞走祁山道（天水市—陇南市的礼县—西和县—成县—徽县—汉中市略阳县接入陈仓道—勉县金牛道），招降沿路氐、羌，进而图谋陇右。

曹操以曹洪为帅，带曹氏第二代英才曹真、曹休击败马超、张飞，此战虽然风头被曹休抢走，但曹真也颇有战功，获得了中领军的要职。在夏侯渊战死、曹操援军到达之前，曹真以征蜀护军的身份，一度担任汉中战场的前敌总指挥，率徐晃等击败蜀将高详，稳住汉中阵线，避免在曹操到来之前全线崩盘。

公元220年，升任西线主帅的曹真率张郃、张既、郭淮等名将进击凉州的卢水胡，前后斩首五万级，获战俘、牛羊无数，西域之路自汉末以来断绝数十年，至此得以复通，凉州商贸大兴，日益繁荣。

公元222年，从西线回来的曹真又马不停蹄地参加三路伐吴之战，与夏侯尚一起统率中路军攻打江陵。曹真绕道江陵城南，派张郃击破吴将孙盛的一万兵马，占据江陵中洲，得以将江陵城团团包围。此后，夏侯尚负责打援，击退诸葛瑾的援军，曹真则率军挖土山、凿地道、建楼橹，日夜攻城，若非吴将朱然（182—249）守御有方，江陵城几乎易手，东吴的荆州也将不保。

3.曹丕和曹叡的全力支持

在曹丕一朝，曹真已成为曹魏军事方面地位很高的将领，而且自身能力也在不断提高，从几次战果来看，已经算是水平很高的一员猛将。在曹叡一朝，曹真真正成了魏国军事方面的一把手。

4.曹叡与诸葛亮的交手情况

第一次是在公元228年。当年，诸葛亮进行第一次北伐。他让赵云、邓芝设疑兵吸引曹真重兵，自己率大军攻祁山。陇右的南安（今甘肃省陇西县）、天水（今甘肃省甘谷县）和安定（今陕西省扶风县）三郡反魏附蜀，关中震动。面对各种不利因素，曹真知难而进，在箕谷（在今陕西省太白县塘口街，位于五丈原和马尾河谷之间，谷形如簸箕，故称"箕谷"）将赵云击败。在曹真的牵制下，曹魏名将张郃大破马谡（190—228）于街亭。两战皆败，诸葛亮的主力部队立即陷入困境。为避免被曹真和张郃两面夹攻，诸葛亮被迫撤军。曹真乘胜追击，顺利收复南安、天水和安定三郡。

战后，曹真预判诸葛亮必将很快再来，而且必将攻取军事要塞陈仓，为未雨绸缪计，果断命令将军郝昭驻守陈仓。当年冬天，诸葛亮果然率军再来，经散关（在今陕西省宝鸡市渭滨区）围攻陈仓。由于曹魏早有准备，蜀军围攻二十余日竟无法克取。此时，曹真派遣将军费曜率军驰援，明帝也派张郃赶来迎敌，诸葛亮闻讯后，只能退军至汉中，至此二次北伐失败。

为了展示魏国实力以及转守为攻，曹真于公元230年提出三路伐蜀计划。

七月大军出发，而在此之前曹真已晋升为大司马，成为魏军最高军事首脑。这项攻蜀计划野心勃勃，一旦实施起来，极可能提前三十余年灭蜀。然而由于暴雨连绵、蜀道艰险，大军出发仅仅两个月后便半途而废。当年九月，三路大军受诏撤军，曹真无奈返回洛阳。

虽然曹真没有完成伐蜀大业，但他两次挫败诸葛亮北伐，一次主动进攻，在跟诸葛亮的较量中取得完胜，较之专以"龟缩大法"对付诸葛亮的司马懿，不知道要强上多少倍！能和天下奇才诸葛亮打得有来有回，而不是一味采取守势，实属难得。

5.曹真给我们的启示

公元231年，曹真去世，获谥为元侯，由长子曹爽继承爵位。魏明帝曹叡追思曹真之功，下诏说："大司马蹈履忠节，佐命二祖，内不恃亲戚之宠，外不骄白屋之士，可谓能封盈守位，劳谦其德者也。"

公元243年秋，魏帝曹芳下诏在太祖曹操的宗庙祭祀曹真等二十位对魏朝功勋卓著的大臣。

曹操念及曹真生父的恩德，曹真感激曹操的照顾，终其一生对曹魏忠心耿耿。曹真虽然本姓非"曹"，但当之无愧为曹魏的顶梁柱，更是曹魏宗室将领中难得没有"坏毛病"的人。

二、曹家千里驹曹休

曹休，字文烈，沛国谯县（今安徽省亳州市）人。曹休是曹操的族子、曹洪的亲侄。曹休的祖父曹鼎是曹嵩的堂兄弟。

公元190年，天下大乱，曹氏宗族各自散落，离开乡里。当时，曹休十余岁，丧父后，他与一门客抬着父亲灵枢，临时租借了一块坟地将父亲安葬。然后携老母，渡江到吴地避难，被吴郡太守收留。曹休在太守官邸里，见到壁上挂着昔日太守即其祖父曹鼎的画像，遂拜于地上涕泣不已，当时同坐的人都对曹休感到赞许和惋惜。

当时，因为曹操正在举义兵，"为天下除暴乱"，曹休于是变易姓名从千里之外的吴地途经荆州北归中原，乃见到曹操。曹操当时对左右的人说："此吾家千里驹也。"于是，曹操让他与曹丕共同食住，待若亲子。后来，曹休经常跟随曹操四处征伐，曾在"天下骁锐"的虎豹骑中担任宿卫之职。

公元218年，刘备率领诸将起兵攻汉中，另派遣将军吴兰攻击下辩。曹休遂被任命为骑都尉，与议郎辛毗一起担任主帅曹洪的参军，且和偏将军曹真、雍州刺史张既等随曹洪进军征讨。曹操在出征前对曹休说："你虽名为参军，但其实就是这支军队的主帅。"曹洪得知此令后，就把军中事务委托给曹休负责。

当曹军进至下辩时，刘备便遣张飞屯驻于固山一带，声称要切断曹军的后路。曹休识破他们是虚张声势，果断出击，最终击破吴兰，张飞退走。

公元219年，刘备军于定军山斩杀曹军统帅夏侯渊。曹操遂亲征汉中，但刘备坚守险要，曹军难以攻克，逃亡的士兵越来越多，不久后曹操只得命令各路军队陆续退出汉中，曹休随军退至长安后，被授予中领军一职。

公元220年，曹丕称帝，曹休升任领军将军，追录前后功勋，封东阳亭侯。大将军夏侯惇去世后，曹丕任命曹休为镇南将军，假节、都督诸军事，接替夏侯惇屯驻汝南郡召陵县（今河南省漯河市召陵区），负责抵御孙权。曹休赴任前，曹丕车驾亲临，还下了銮舆与曹休执手送别。当时孙权派遣将领屯驻历阳（今安徽省和县历阳镇），曹休到任后，立即率军将之击破，又另遣兵渡江偷袭，烧掉吴军设在芜湖的军营数千。于是迁为征东将军，兼领扬州刺史，进封安阳乡侯。

后来，曹休之母去世，曹休本是至孝之人，因此悲痛不已，守孝期间饮食不进。曹丕知道后命令侍中强行脱下他的丧服，诏令其饮食酒肉。曹休受诏后不得已进行饮食，但形体却越发憔悴。之后向曹丕告假请求回故乡谯县葬母，曹丕又遣越骑校尉薛乔奉诏来劝慰其不要过度忧哀，于是让曹休归家治丧。曹休只一宿便完成了葬礼，然后马上回到岗位。

公元222年，曹丕亲征，兵分三路讨伐孙权，任命曹休为征东大将军，假黄钺，督前将军张辽、镇东将军臧霸、豫州刺史贾逵、兖州刺史王凌（172—251）等诸州郡二十余军从东线出击洞浦（今安徽省和县）。另有上军大将军曹真从西线进攻江陵，大将军曹仁从中线出击濡须口。

在东线战场，东吴派遣已经假节的前将军吕范指挥五军，以东吴水军抵抗曹休。曹休当时壮志满怀，渴望建立功勋，于是上表说："臣愿率领精锐之师即刻渡江，大军虎步踏平江南，从敌人那里夺取粮草补给，则一定可以取得胜利。如果臣殒命疆场，请陛下不要挂念。"但臧霸等人不愿孤军犯险，曹丕也没有准许，因此计划搁置。

一天夜里，暴风吹断了吕范船队的缆绳，被吹散的吴军船只纷纷漂到长江北岸。魏军趁机出战，斩杀吴军数千，俘获大量的舟船，取得大捷。于是，曹丕下令曹休的军队立即渡江，但东吴的救援船队很快开至，收拢了散卒后退还江南。曹休命令臧霸率领万余人乘轻船五百追击，攻袭徐陵，杀略吴军数千人。随后，吴将全琮（？—249）、徐盛率军反击臧霸，击退魏军，追斩臧霸的部将尹卢，杀获数百。由于当时三路大军中除曹休取得大捷外，曹仁在濡须口惨败，曹真则在江陵未取得实际战果，因此曹丕下令撤军。曹休被拜为扬州牧，屯驻东南边境防止东吴进犯。

公元226年，曹丕驾崩，曹休与镇军大将军陈群、中军大将军曹真、抚军大将军司马懿四人受遗诏辅政。魏明帝曹叡即位后，曹休进封长平侯。当时吴将审德屯驻皖城（今安徽省潜山市），曹休将其击破，斩杀了审德，收降了吴将韩综、翟丹等人。遂增邑四百，并前二千五百户，迁大司马，成为曹魏军队的最高统帅，都督扬州如故。

公元228年，东吴的鄱阳太守周鲂按照吴王孙权的主意，佯称得罪了吴王，要弃吴投魏。曹休接受了周鲂的诈降，率领骑兵、步兵共计十万往皖县去接应周鲂。魏明帝曹叡另外派遣贾逵督前将军满宠等四支军队由西阳（今安徽省涡阳县）直攻东关（东吴设立在今安徽省含山县濡须山上的一处要塞），司马懿领兵进攻江陵（今湖北省荆州市）。尚书蒋济向魏明帝曹叡表示驻守于上游的吴将朱然可能会从曹休后方袭击，而吴军亦随时可能东进切断曹休退路，建议派兵救援曹休。

魏明帝曹叡诏司马懿停止进军，让贾逵东进与曹休合兵一处。琅邪太守孙礼也劝谏曹休不可孤军深入，但曹休立功心切，没有听从。遂进至石亭（今安徽省桐城市），在那里遭遇到陆逊（183—245）等部共约九万人的突然袭击，曹休没有防备，交战不利后便慌忙退兵。曹休之前的行军路线背靠湖泊、旁依大江，在退却时行军受阻而十分缓慢。吴军在其后紧追不舍，魏军无心应战，被斩杀万余，丢弃军械车马无数。曹休突围至夹石（今安徽桐城市大关镇），但此处退路已被孙权阻断。曹军士卒前无退路、后有追兵，惶恐之下陆续叛逃，曹休的人马几乎已经溃不成军。此时，贾逵所部的援军经过倍道兼行的挺进后及时出现在夹石，吴军以为魏国救援大军已经来到，于是迅速撤离战场。贾逵其后又拿出粮食和军资供应曹休的军队，才使曹休免于全军覆灭。

石亭之战以吴军大胜而告终。虽然没能歼灭魏军主力，吴军还是阵斩、俘虏了魏军一万多人，缴获了数以万计的牲畜、车辆，以及数不胜数的各种物资器械。经此一战，魏国有二十年没敢再进攻吴国。

石亭之战的胜负，与双方统帅、将领、谋臣的表现关系甚大。

在魏国方面，曹休对战败负有直接责任。他之所以轻率地深入险地，受骗上当只是一部分原因，更多的还是因为轻敌、大意，过度低估了吴军的战斗力。而在有充分准备的情况下，以十万对敌九万却落于下风，撤退过程中又丧失了对军队的掌控，体现出曹休在将帅素养方面存在短板（至少与陆逊等一流高手比还是有明显差距）。

不过，如要追究战争失败的根本原因，魏明帝曹叡也难辞其咎。正是他的决策失误，导致曹休军成了深入孤军。而且在后来，当需要派军紧急援救时，曹叡又犹豫不决、坐失时机。幸亏有贾逵在前线主动作为。换个角度看，贾逵、满宠、蒋济的表现也说明魏国毕竟还是人才济济，随时能有人出来力挽危局。

在吴国方面，孙权决策果断，一如既往地显示出巨大的魄力。此战胜利是其周密策划的结果。而陆逊在此战中再度率领吴军主力取得了辉煌胜利，显示出了极其高超的战场指挥水平。

另外，还有两个人在幕后发挥了重要作用。一个是周鲂，他的诈降是石亭之战的导火索，虽然该计策本身没起到多大的作用，却"歪打正着"，意外地搅乱了魏国的伐吴计划，使吴国免遭被端掉后方大本营的危险。另一个则是司马懿，其实他才是让曹休军进入皖城走廊冒险的始作俑者。而在满宠、蒋济连番警告、贾逵紧急营救的时候，司马懿却默不作声地执行了曹叡让其停止进攻的命令，他真的看不出曹叡的决策失误和曹休处境的危险吗？还是有着自己更深的图谋呢？

其后，曹休惭恨不已，因此痈发于背。公元228年冬，曹休去世。

公元243年秋，魏帝曹芳下诏在太祖曹操的宗庙祭祀已故大司马曹休等二十位对魏朝功勋卓著的大臣。

第十章

曹操的养子：美男子秦朗与美男子何晏

曹操的人生中有一大爱好，喜欢将别人的老婆据为己有，甚至这些别人的老婆还带着别人的孩子，曹操也并不介意，就比如何晏的母亲尹氏和秦朗的母亲杜氏，历史上可考证的曹操继子有两个，便是何晏（？—249）和秦朗（生卒年不明）。另外，他还有一个养子曹真，但与前二位不同的是，这个曹真正儿八经是曹操家族中的孩子。同在别人屋檐下的何晏和秦朗表现出了截然不同的性格。

一、平步青云的秦朗

秦朗，字元明，小字阿苏（一作阿鳝），并州云中（今山西省忻州市）人，秦朗是秦宜禄和杜氏所生的儿子。

公元198年冬，曹操率军救援刘备、征讨吕布，将吕布围困在下邳城中。吕布派遣秦宜禄出城向袁术求救，袁术把东汉的宗室女子嫁给了他，而他的前妻杜夫人则留在了下邳（今江苏省睢宁县古邳镇）。此时，关羽禀告曹操说："吕布让秦宜禄去求救，我请求迎娶秦宜禄的妻子杜氏。"曹操答应了关羽。到了城破之时，关羽又屡次向曹操请求，曹操怀疑杜氏颇有姿色，城破后，抢先派人把她迎接过来查看，发现果有姿色，便自己把杜氏留下了，关羽由此心中不安。秦朗于是成为曹操的养子，随母亲住在曹府。

杜氏是无奈的，在这战乱时期，自己的丈夫还活着，自己还带着孩子，就成了别人的妾。而最尴尬的是秦朗，父亲还在，又没和母亲离婚，自己无缘无故就多了一个爹。秦宜禄也是没有办法，毕竟谁有兵谁说了算，不过秦宜禄也是一个人才，他并没有大发雷霆，还是在吕布败亡后投靠了曹操，鞍前马后为曹操效力，曹操对秦宜禄也挺好，让他担任豫州沛国铚县（今安徽省濉溪县）的县长。

公元199年，众叛亲离的袁术将僭越的帝号归于袁绍，袁绍欣然接纳，袁术因此往北到青州投奔袁绍之子袁谭，要取道下邳。曹操便派遣刘备、朱灵去到下邳截击。袁术不得过，只好返回寿春。这年夏，袁术到江亭，吐血而死。袁术南归后，朱灵便领兵回去了。刘备便在下邳杀了徐州刺史车胄，留关羽据守下邳，代行太守的权力，自己返回小沛（今江苏省沛县），公开反曹。张飞跟随刘备走小沛，途中路过铚县，张飞便对秦宜禄说："人家霸占了你的妻子，你还要给人家做县长，岂有这般窝囊的事！你愿意跟我走吗？"秦宜禄跟着走了几里地便后悔了，想要回去，张飞就把他杀了。

当时尹夫人所带来的孩子何晏也一同收养在曹府，与行事无所忌惮的何晏不同，秦朗言行谨慎低调。曹操也很喜欢秦朗，曾经对宾客说："世上有人像我这样疼爱继子的吗？"

秦朗长大后四处游历，经历曹操、曹丕之时代一直都没有任官。直至公元227年，曹叡即位后，秦朗被召命为骁骑将军、给事中，并且经常伴随曹叡出行。

当时曹叡喜好举发人的罪行，甚至有数个罪犯因小过失就要被处死，秦朗见这些事都没有谏止曹叡，而且又未曾为朝廷推荐一个贤才，但曹叡正是喜欢秦朗低调的这一点，每次询问、召见他，曹叡大多叫他的小名"阿苏"，又多次赏赐秦朗，更为他在京城建了一座大府第。其他人都知道就算去贿赂秦朗，为人低调的秦朗也不会在皇帝面前为他们说好话，但仍然因为他是皇帝亲近之人而经常去贿赂他，以至秦朗的财富比得上公爵、侯爵。

担任骁骑将军时的秦朗曾与担任常侍的高堂隆一起，与担任给事中的马钧在朝堂上争论，谈及指南车一物，秦朗和高堂隆都认为自古没有指南车，都是记载者的虚妄之言，而马钧则认为指南车自古有之，只是现在人们不去研究，在自己看来制造指南车并不是什么难事，高堂隆和秦朗则以马钧的名与字来嘲笑马钧说，现在连指南车的具体构造轻重都不知道，如何做？马钧则认为与其去争论这些，不如现在试制一下便有分晓，于是高堂隆和秦朗二人将此事禀告给魏明帝曹叡，曹叡令马钧制造指南车，结果果然造了出来，于是天下佩服马钧的巧工。

公元233年，原本臣服于曹魏的鲜卑大人步度根和一直与曹魏作对的鲜卑大人轲比能勾结，并州刺史毕轨发现后上表讨伐，但最终战败，反而令步度根与轲比能更为齐心，合力侵袭曹魏边郡。

曹叡于是派秦朗率领中央的部队讨伐他们。最终秦朗击败鲜卑军，轲比能和步度根败走漠北。同年冬，原本在并州军队战败后叛离曹魏的步度根部将戴胡阿狼泥亦到并州投降，秦朗于是撤军。

公元234年，蜀汉丞相诸葛亮率军十余万出斜谷，深沟高垒于郿县之渭水南面，曹叡深感忧患，便将秦朗由骁骑将军转为征蜀护军并派遣他督领总数两万的步兵和骑兵前往前线支援与诸葛亮对峙的大都督司马懿并受司马懿节度。两军对垒一百多天后诸葛亮病逝，蜀汉诸将撤退。

公元239年1月初，曹叡患病严重，准备拜曹宇为大将军，与夏侯献、曹爽、曹肇及秦朗一同辅政，嘱咐后事。此时，与曹肇、夏侯献素来不和的两位重臣孙资、刘放横加阻拦，并成功地说服明帝罢免曹宇等人官职，改立曹爽为大将军，同太尉司马懿共同辅政。而秦朗等人皆被免官，亦不得进入宫省，秦朗等流泪而出。公元239年1月22日，曹叡驾崩，临终前择立曹芳为接班人。

自此之后，秦朗便事迹不详、结局不明，宛若人间蒸发一般。

　　秦朗还有同母异父的两个弟弟和一个妹妹，分别是沛王曹林和中山王曹衮，以及嫁给何晏的金乡公主。

二、玄学鼻祖说何晏

　　何晏，字平叔，南阳郡宛县（今河南省南阳市）人，东汉大将军何进之孙（《魏略》认为他可能是何进弟弟何苗之孙）。何进当年被袁绍忽悠着杀宦官，最后跟宦官同归于尽，让袁绍、董卓得了便宜。何进的儿媳尹氏带着独子何晏流落在外。曹操任司空（197—208）时，娶其母尹氏，何晏也成为曹操的养子。

　　这时的何晏还不到七岁，但是聪明过人，曹操读兵法不懂的地方他都能帮忙解析，曹操想让他改姓曹氏，何晏却画了个方框坐在里面，对人说这是何家的房子，表示不想改姓，曹操只好作罢。可见何晏虽然年幼，但知道自己是汉朝的姻戚，是掌握大权的何进之孙，所以以贵种自居，性格高傲，即使面对手握大权的曹操，也不愿意改换家门，有失孝道。虽然如此，曹操对何晏仍然十分欣赏，把女儿金乡公主嫁给他，让他成了自己的女婿。

　　也正是因为如此，何晏在曹家才无所顾忌，所穿的服饰与世子相类似，所以曹丕非常厌恶他，每次都不叫他的姓名或字，曾经称他为"假子"。曹丕在位时期，何晏没有任官。魏明帝曹叡继位后，何晏与并州刺史毕轨及名士邓飏、李胜、丁谧等认为自己是高才，互相标榜，想用舆论影响朝廷，结果被魏明帝曹叡称为"浮华"，全部罢官，终魏明帝曹叡一朝不予重用，史称"太和浮华案"。

　　政治上没前途，何晏把目光转向了自己的容貌和思想。

　　何晏容貌俊美，而且喜欢修饰打扮，面容细腻洁白，无与伦比。因此魏明帝曹叡疑心他脸上搽了一层厚厚的白粉。一次，在夏天之时，魏明帝曹叡着人把他找来，赏赐他热汤面吃。不一会儿，他便大汗淋漓，只好用自己穿的衣服擦汗。可他擦完汗后，脸色显得更白了，魏明帝曹叡这才相信他没有搽粉。后人把"傅粉何郎"作为典故，用来形容人面容白净漂亮，甚至也用来形容一些洁白的物品。如唐代诗人刘禹锡（772—842）在《题于家公主旧宅》一诗中，就有"何郎独在无恩泽，不似当初傅粉时"。同是唐代诗人的宋璟（663—737）在《梅花赋》中也有"俨如傅粉，是谓何郎"的语句。

何晏容貌俊美，与他服用了"五石散"有关。

"五石散"是以钟乳、紫石英、白石英、赤石脂、硫黄五种石头为主要原料调制而成的。现代人一看就知道这不啻毒药。可是在那时，"五石散"被认为是成仙的灵丹妙药。服用"五石散"之后，人的身体会发热，故而要披头散发，着装上要宽袍大袖，以便散热，这形成了魏晋时代贵族男子们最时髦的装束打扮。据传说，"五石散"还具有使人神清气爽、体力强盛的神奇功效。

何晏本来是自己吃着玩儿的，但是架不住名人效应，一时间贵族人士争先仿效。服用的人越来越多，吃出事的也不少，比如名士裴秀（224—271）、晋哀帝司马丕（341—365年在世，361—365年在位）等，都是吃"五石散"死的。服用"五石散"的风气一直到唐代才断绝，害人匪浅。孙思邈（541/581—682）就曾呼吁，见了此药的方子赶快烧掉，千万别留给后人。

何晏与夏侯玄、王弼（227—249）等倡导玄学，竞事清谈，遂开一时风气，为魏晋玄学的创始者之一。与王弼等祖述老庄，立论以为天地万物皆以无为本，"无也者，开物成务，无往不存者也"。他认为"道"或"无"能够创造一切，"无"是最根本的，"有"靠"无"才能存在，由此建立起"以无为本"，"贵无"而"贱有"的唯心主义本体论学说。还认为圣人无喜怒哀乐，圣人无累于物，也不复应物，因此主"圣人无情"说，即认为圣人可完全不受外物影响，而是以"无为"为体。在思想上重"自然"而轻"名教"，与其仗势专权的实际行为多相乖违，故当时的名士傅嘏说他是"言远而情近，好辩而无诚，所谓利口覆邦国之人也"。

公元239年1月22日，曹叡驾崩，曹芳即位。当时由大将军曹爽与太尉司马懿辅政，曹爽一向与何晏等人亲近友好，等到他掌权辅政，也因为何晏的才能，便马上举荐提升何晏等人成为自己的心腹。何晏等都共同推戴曹爽，认为大权不能托付给别人。

当时的谤书称"台中有三狗，二狗崖柴不可当，一狗凭默作疽囊"。三狗就是指何晏、邓飏和丁谧，默就是曹爽的小字。意思就是说三狗都想咬人，而丁谧最为凶恶。丁谧替曹爽出谋划策，让曹爽禀告曹芳发布诏书，改任司马懿为太傅，表面上用虚名尊崇司马懿，实际上打算让尚书主事，上奏先由曹爽过目，以便控制轻重缓急，曹爽听从其计，便命司马懿任太傅。

何晏先被授任散骑侍郎，不久后，曹爽转任吏部尚书卢毓为尚书仆射，而让何晏取而代之为吏部尚书、侍中，何晏之前因驸马身份而被赐爵列侯。何晏等依仗曹爽势力用事，迎合的人升官晋职，违抗的人罢黜斥退，朝廷内外都看风向行事，不敢违抗他们的意旨。何晏又割洛阳和野王（今河南省沁阳市）典农的数百顷桑田和汤沐地（本义指入浴的地方，借用来指称帝王之家的私人领地）作为自己的产业，并窃取官物，向其他州郡要求索取，官员都不敢抗逆。

黄门侍郎傅嘏对曹爽的兄弟曹羲说："何晏外表文静而内心浮躁，巧取好利，不求务本，我恐怕他一定先诱惑你们兄弟，仁人志士将远远离去，而朝政将要荒废了。"何晏等于是对傅嘏心怀不满，因细微小事免去他的官职。

公元247年，曹爽采纳何晏等的计谋，把郭太后迁居到永宁宫，并开始独揽朝政大权。而司马懿在这种形势中已无法掌握权力，又怕在朝会再受逼害，因而在同年夏开始称病回避。当时曹芳喜好宠信亲近的小人，在后园游乐饮宴。何晏和散骑常侍、谏议大夫孔乂先后上疏劝谏曹芳，但曹芳都没有听从他们的意见。

公元249年2月5日，司马懿乘曹爽兄弟陪同曹芳拜谒魏明帝高平陵时，发动政变，封闭洛阳城并占据曹爽和曹羲的军营。曹爽最终向司马懿投降，交出权力。

据《魏氏春秋》记载：高平陵政变发生后，司马懿让何晏参与治理曹爽等人的案子。何晏彻底查办曹爽的党羽，想要以此获免。司马懿说："参与的共有八族。"何晏排除了丁、邓等七姓。司马懿说："还没完。"何晏穷困急迫，才说："难道是说我吗？"司马懿说："对。"于是收押何晏。2月9日，司马懿以谋逆罪将何晏与曹爽等一同诛灭三族。

何晏不但是一代儒宗，也是魏晋玄学的创始人之一，是当之无愧的文化巨擘，而且颇有名臣风范。可惜，何晏被卷入了权谋的旋涡中，最终未能逃脱清算的命运。何晏死得有些冤，但是他所开创的魏晋玄学，以及服用"五石散"倒是被后人继承并发扬，这种风气一直流传了三百多年。

第十一章

夏侯氏家族的三代人：成也姻亲败也姻亲

曹氏、夏侯氏家族是曹操开创霸业的中流砥柱，是曹魏政权的核心力量。但是，曹操、曹丕、曹叡以及曹芳时期的宗室政策截然不同，缺乏连贯性，导致了皇族零落，被司马氏窃取政权。曹氏、夏侯氏家族的浮沉反映了曹魏政权的兴衰。

一、姻亲代代追随紧

曹操在起兵后，其麾下逐步划分为两大集团：一是颍汝文官集团，如荀彧（163—212）、荀攸、郭嘉（170—207）、陈群、钟繇（151—230）等，互为姻亲，掌管政治；二是谯沛武将集团，以曹氏、夏侯氏为核心，皆为曹操乡党亲戚，掌管军事，控制着曹操最核心的军事力量。

自古以来，曹操的姓氏一直困扰着历史学者。是姓曹，还是姓夏侯？这不是一个文字游戏，而是一段跌宕起伏的历史。有历史学者言，曹操本姓夏侯，其父是夏侯家过继给曹家的。虽然听起来像是无稽之谈，但这一说法却有出处。

最早的记载出自吴国人的《曹瞒传》和南朝人刘义庆的《世说新语》。裴松之《三国志注》引用了这一说法，指出曹操的父亲是夏侯惇的叔父，因此曹操和夏侯惇是堂兄弟。

但被誉为"良史"的陈寿的《三国志·武帝纪》里的记载却非常模糊：

"太祖武皇帝，沛国谯人也，姓曹，讳操，字孟德，汉相国参之后。桓帝世，曹腾为中常侍大长秋，封费亭侯。养子嵩嗣，官至太尉，莫能审其生出本末。嵩生太祖。"《三国志·武帝纪》里的这段话告诉我们，曹操是汉朝曹参的后代，他的祖父是被封为费亭侯的中常侍曹腾，曹操的父亲曹嵩是曹腾的养子，最终官至太尉。然而，关于曹嵩的出生始末，连陈寿也无法确定。

陈寿撰写的《三国志》之所以在《二十四史》中属于篇幅最小的一本，那是因为陈寿对于无法确认的事情绝不乱作解读，这也体现了他对治史工作的严谨和敬业。

曹嵩是大宦官曹腾从夏侯家抱养过继的儿子，这种言论千年来未曾断绝，直到2013年被复旦大学研究专题组推翻，他们明确证明：曹氏与夏侯氏二者的父系来源相异。

既然曹操的姓氏并非夏侯，那么问题来了：为什么曹操对夏侯家族如此亲近呢？

原因很简单：如果仔细读过《三国志》及裴松之《三国志注》，便可明确得知曹氏、夏侯氏并无血缘关系。夏侯氏之所以"亲就肺腑，贵重于时"，恰好是因为与曹氏"世为婚姻"。

曹氏为沛国谯县大宗，夏侯氏并为谯县强宗。两家世代交好，曹操原配丁氏，其妹嫁夏侯渊。曹操与夏侯渊，按今天的说法是"连襟"。

曹氏自宦官曹腾以来，门第兴盛，多在朝廷和郡县做大官。由于曹腾深受大将军梁冀和汉桓帝信任，养子曹嵩做过太尉；弟弟曹褒官至颍川太守，曹褒儿子曹炽（145—183）官至侍中、长水校尉；另一个堂侄曹鼎官至尚书令。

曹氏一门，传至曹操，实际是权宦和官僚勾结在一起，形成的畸形产物。曹操仕途之顺利，包括被人传为美谈的杖毙权宦蹇硕叔父，哪是什么铁面无私，纯粹是阉党间党同伐异——背后倚仗宗族势力，完全是权贵二代间的事儿。若没有曹腾及曹嵩兄弟辈的庇护，早年的愣头青曹操早被阉党们捏死了。

反观夏侯氏，虽然家大业大，但毕竟祖上没人做过官，只算得一方地主，不列宦籍（官员单独列在其他户口册上）。曹氏虽然是依靠曹腾当宦官发迹，但是在士大夫中口碑不错，在家乡也不骄横。为了求得势力的发展，夏侯氏逐渐向曹氏靠拢。

夏侯氏能与曹氏联姻，必是地方强宗。汉末门阀之间很少跨阶级通婚，娶亲必选宗族地位相匹者。司马懿出身司隶校尉河内，同郡山氏也为河内旺族。司马懿正妻张春华（189—247）的生母便出自河内山氏。结果司马懿见到丈母娘的侄孙子山涛（205—283），竟然嘲弄道："你们家是小门小户啊！"

司马氏与山氏同出河内，差距并没有司马懿说的那般大；只是司马懿权势熏天，自觉高人一等后的戏谑之语。但侧面也反映了东汉末期门阀通婚标准之森严。

夏侯渊和曹操是连襟，二人同娶丁氏姐妹。曹操年轻时犯了大罪，夏侯渊二话不说就替曹操蹲监狱、吃牢饭。曹操之父曹嵩是巨贪，花钱把连襟赎了出来。

曹家权势通天，加之宗族强盛，曹操竟然有刑狱之灾，一定是闯了滔天大祸，可能是非常严重的刑事案件，今已无可考证。而夏侯渊敢直接替曹操蹲监狱、吃牢饭，应该是做好了舍命的准备。

夏侯渊的从兄弟夏侯惇，是曹操起兵之初，士众离散（还剩不到五百人）、兖州之叛时（旧将皆投吕布，曹操仅剩三城）不离不弃，追随始终的勋贵。曹氏起兵之初，夏侯氏的态度最为坚定，几乎与曹氏等同。很难想象这是单纯的朋友关系。

可见，曹氏和夏侯氏在曹操之前应该就有通婚关系，即陈寿所谓"曹氏、夏侯氏，世为婚姻"。两族应该是世代通婚，不仅限于曹操发迹之后。

按《三国志》记载，曹氏和夏侯氏的姻亲关系如下：曹操与夏侯渊为连襟，同娶丁氏姐妹；夏侯渊从子夏侯尚娶曹真姊妹，生夏侯玄；夏侯惇子夏侯楙娶曹操女清河公主；夏侯渊子夏侯衡娶曹操之弟海阳哀侯（失其名，疑为曹德）之女。

所有上述这些，仅仅是《三国志》有记载的，未录入史册的必然更多。曹氏与夏侯氏婚姻关系极为密切，侧面也反映出曹氏与夏侯氏父系来源不同，否则曹操应该会很担心子代基因问题。

在此解释一下，两汉常见的"从兄弟"与"族兄弟"含义。从即同祖，族即同曾祖。如同父，就是亲兄弟。仍以曹家和夏侯家为例加以说明：曹仁和曹洪不是亲兄弟，是从兄弟；曹仁亲兄弟是曹纯；夏侯渊和夏侯惇不是亲兄弟，是族兄弟，血缘更远；夏侯尚生父（失其名）与夏侯渊是从兄弟，夏侯尚与夏侯惇血缘愈加疏远。

二、因祸得福夏侯惇

公元190年，关东各路诸侯建立讨董联军，在陈留起兵的曹操当时行（临时代理）奋武将军，夏侯惇、夏侯渊率先来投。夏侯惇任曹操麾下的司马。这个地位是高于曹仁、曹洪（曹操、曹仁和曹洪互为堂兄弟）和夏侯渊的"别部司马"之职的。曹操在汴水战败，又是夏侯惇陪着他一起到扬州募兵。后曹操为兖州牧，立即任命已经升为折冲校尉的夏侯惇兼任自己先前担任的东郡太守。

公元194年，曹操征陶谦，以夏侯惇负责兖州的留守军事，镇守濮阳。当时张邈、陈宫叛迎吕布，而曹操的家眷都在鄄城（今山东省鄄城县），荀彧提前勒兵设备，并召夏侯惇前来。夏侯惇率军队轻装前往救援，正好与吕布的军队相遇，双方交战。吕布军退回，于是吕布趁机进入濮阳，突袭获得夏侯惇军队的军用物资。夏侯惇到达鄄城的当夜，与荀彧诛杀数十个谋叛的人，众心才得以稳定。

吕布又派将领诈降，那些诈降的人趁机劫持夏侯惇，向他索要宝货，夏侯惇的士兵非常震惊惶恐。夏侯惇的部将韩浩指挥军队驻扎在夏侯惇军营门外，命令士兵诸将按兵不动，各个军营才安定下来。韩浩随即召集士兵准备攻击劫持者。劫持者害怕得连连叩头，说："我们只求给些钱财，让我们回去吧！"韩浩痛斥劫持者的行为，将他们全部杀了。夏侯惇免于一死。曹操听说了这件事，对韩浩说："你的做法可以作为万世之法。"于是发布法令，今后如有劫持人质的，连人质一同消灭，不要顾忌人质，因此以后再也没发生过劫持人质事件。

曹操随后率军攻打吕布，双方相持一百多天。夏侯惇跟随曹操征讨吕布，却被流矢射伤左目，从此被人称为"盲夏侯"。但夏侯惇极重外表，每每照镜看到自己盲了眼都会十分愤恨，将镜子推倒在地，不喜欢被人叫"盲夏侯"。

这时发生大旱，又有蝗虫为害，不仅曹操的军用粮食得不到补充，老百姓更是陷入以人肉充饥的局面，社会景象极度凄惨。吕布、曹操被迫各自引军退去。

作为曹操麾下地位最高的将军，时任陈留、济阴太守，加建武将军，封高阳乡侯的夏侯惇不仅亲自主持开垦稻田的工作，更是身先士卒，亲身"上阵"，率领将士与老百姓一起背负黄土，阻断太寿水，引水灌田。稻田种成，不仅解决了军需问题，还解决了百姓的吃饭问题，干了一件利国利民的大事。

公元195年，大败吕布收复兖州的曹操大肆封赏功臣时，没有军功的夏侯惇，靠着农业生产上的大功获得的增邑有一千八百户之多。

夏侯惇在陈留太守任上，曾推举卫臻为计吏（汉代州郡负责掌管簿籍并负责上计的官员），并命令带着夫人出席宴会，卫臻认为这是末世才有的败俗之举，不合正礼。夏侯惇愤怒，把卫臻抓了起来，但没多久又把他放了。

公元198年，吕布派遣中郎将高顺和北地太守张辽进攻刘备。夏侯惇受命援救刘备，但被高顺等人击败。沛城最终被攻破，刘备妻子再次被掳，刘备单身逃走投奔袁绍。此后，夏侯惇转任河南尹。

公元200年，与袁绍进行官渡之战时，曹操又让以建武将军兼任河南尹的夏侯惇镇守后方。曹操平定河北，夏侯惇负责后勤保障。

公元202年，刘表派刘备向北进攻叶县（今河南省叶县）。夏侯惇受命前去抵挡，驻军于博望（今河南省方城县）的刘备火烧自营退却，夏侯惇不听李典劝告，与于禁追击刘备，留李典守后。最后，夏侯惇被刘备伏兵所败，幸而李典来救，刘备才撤退。

公元204年，北方平定后，曹操迁夏侯惇为伏波将军，并且授予便宜行事不拘科制的权力。曹操把自己的女儿嫁给了夏侯惇的次子夏侯楙，这样曹操与夏侯惇成了儿女亲家，地位更有保障了。

由于夏侯惇的后勤工作干得非常出色，曹操不断增加他的封邑户数，公元207年达二千五百户。魏国建立后，各将领都授予魏的官号，只有夏侯惇仍授汉朝官职，便上书自陈，希望曹丕封他魏官。曹丕说："我听说君臣之间关系，最高的是君主以臣子为老师，其次是君主以臣子为朋友。臣子是贵德之人，区区一个魏国之臣，足以让您屈尊担任吗？"可夏侯惇依然强烈请求，最终曹丕答应了他，拜其为魏前将军。

公元216年，曹操东征孙权归来后，以夏侯惇董督二十六军（总管随从东征的二十六位将军的部队）。公元219年，曹操救援荆州，驻军摩陂（今河南省郏县），与夏侯惇出则同车，卧则同席，诸将无人可比。曹操病故之后，夏侯惇没过多久也离开了人世，魏文帝曹丕穿上素服到邺城东城门发表，追封他为忠侯，夏侯惇一家都获得优厚待遇。

夏侯惇从征过、留守过、耕种过、督军过，其经历可以说是曹魏诸将中最为丰富的。虽然夏侯惇经历得多，但并不精专，且不说与非宗亲的曹魏优秀将领相比，较之于同辈的宗亲将领，夏侯渊坐镇西陲，曹仁镇守襄樊，他们的功绩似乎都远胜夏侯惇。然而，夏侯惇最终在曹魏的地位却比任何人都要高，受到统治者的"特见亲重"，这是因为其符合曹魏最高统治者的要求。

一方面，夏侯惇虽然没有功劳但颇具苦劳。夏侯惇见证并参与了曹氏的艰难创业，经历丰富，在很多岗位上待过，而其他的宗亲将领和优秀的外姓将领都极少有这样的履历。此外，撇开外姓将领，在宗亲将领之中，曹魏的统治者大抵认为，宗亲将领的苦劳比功劳重要。所以，夏侯惇能够位居宗亲将领之冠。另一方面，夏侯惇为人清俭，能够作为统治者的道德榜样，尤其是在曹魏政权初定的背景下，相比于曹洪的奢靡，夏侯惇不治产业的行为对曹魏正面的政治宣传有着积极的作用。

三、夏侯渊死定军山

在个人的道德品质上，曾经替曹操蹲过大牢的夏侯渊是一个非常仗义的人。

东汉朝廷腐败，灾乱四起，民不聊生，连夏侯家这样的名门之后都不免出现粮食匮乏的境况。夏侯渊有一个弟弟早亡，只留下了一个年幼的女儿在世。然而以夏侯渊的储蓄，养活不起更多的孩子，于是夏侯渊选择舍弃掉自己年纪最小的儿子，用以养活自己的侄女。

夏侯渊此举是非常令人感动的。在古代重男轻女的大环境下，夏侯渊能做出这样的选择是非常难得的，尤其夏侯渊舍弃的男孩儿还是自己的亲生骨肉。然而戏剧性的是，官渡之战时，刘备带着张飞绕到许昌以南侵扰曹操后方，已经长成大姑娘的夏侯渊侄女，被张飞抢走娶做妻子。

在战略战术上，夏侯渊则是一位非常有争议的军事将领。

衡量武将能力的高低，最直接有力的标准便是战绩。读《三国志·夏侯渊传》不难看出，夏侯渊确实是一位战功显赫的大将，其在凉州境内，所向无敌，以秋风扫落叶之势平定了西凉各少数民族部落，并为曹操争取到了非常多的人力物力，曹操也因此称赞夏侯渊是"虎步关右"，军中将士则因为夏侯渊擅长奔袭作战而流传出"典军校尉夏侯渊，三日五百，六日一千"的谚语。但之后夏侯渊于汉中战败被杀，军中又称夏侯渊为"白地将军"。"白地"即没有种任何东西的土地，借喻夏侯渊脑子是空的，是一位有勇无谋、难堪大用的武将。曹操也在事后说夏侯渊不擅长用兵。

实际上，夏侯渊用兵虽然以速度闻名，但他在平定凉州的过程中，也用过诸如"声东击西"的计谋，来达到以少胜多的战果。然而即使这样，夏侯渊的用兵能力还是没能得到军中将士以及曹操本人的肯定，这是让人匪夷所思的。我们将夏侯渊的战绩细细捋一遍，便可以发现，夏侯渊从来都没有打败过正儿八经的部队。

作为曹操的族亲，夏侯渊与夏侯惇、曹仁等都是在曹操起兵时就跟随曹操了。但是在曹操与吕布、袁术、张绣、刘备等诸侯争雄的过程中，根本就看不到夏侯渊的身影，甚至在官渡和袁绍之间的生死存亡之战，都未曾见到过夏侯渊有什么出色的表现。可以看到，夏侯渊在曹操每一场至关重要的大战中，寸功未立！

公元207年，曹操又加封了很多有功之臣，五子良将以及李典、曹纯、阎柔、田畴（169/170—214/216）等二十多人都获封侯爵，而被加封的二十多人里却没有夏侯渊，可见当时的夏侯渊有多么悲惨。直到公元212年，夏侯渊才因为战功获封博昌亭侯。但是夏侯渊的战功，打的都是一些诸如黄巾余党、各地山贼等不入流的杂牌军。在真正的强敌面前，夏侯渊可以说是从无胜绩。比如公元211年，曹操不顾高柔的反对，派遣夏侯渊会合钟繇，征讨汉中张鲁。马超以为曹操攻打张鲁是一个借口，实际想袭击关中军阀，于是劝说以韩遂为首的关中诸侯反攻曹操，曹操担心夏侯渊、钟繇抵敌不住，便又派来号称"天人"的曹仁前来支援。然而夏侯渊在钟繇、曹仁的配合下，还是被马超、韩遂打得溃败而走，接连丢掉长安和潼关。夏侯渊的军事能力，可见一斑。

而后曹操亲自出马，抢占有利地形，然后施以离间计，才将马超等西凉诸侯击溃。

韩遂、马超退走后，曹操留夏侯渊驻守长安，并将徐晃、张郃、朱灵等将配给夏侯渊，这时候的夏侯渊发挥自己的速度特长，开始席卷凉州。当初参与联盟反攻曹操的梁兴、杨秋以及盟主韩遂都被夏侯渊击败。

虽然夏侯渊的战功都是实打实的，但是韩遂的西凉军阀，其主力部队大多已在潼关之战被消灭。所以，清剿西凉军阀残党，其实也没有什么可太值得骄傲的，尤其再次面对真正会打仗的，夏侯渊还是没能占到便宜。

马超是西凉诸侯中一个耀眼的存在，他的军事智慧在之前反攻曹操时就有所体现。当时易守难攻的潼关被以韩遂为首的联盟军所占领，曹操为避免强攻潼关造成太大的损伤，以徐晃为前锋，从潼关北渡黄河，再渡渭水，试图绕道潼关后面夹击联军。这一想法被马超看穿，马超于是建议盟主韩遂，在渭水北岸扎下一支军马，将曹军挡在渭北，曹操的计策无法实施，就还得强攻潼关。只是可惜这个建议被韩遂否决。

同样是败军之将，马超与韩遂等人的区别还是非常大的，所以夏侯渊在攻打韩遂等时非常顺利，但是在遇上马超时却还是难以取胜。

兵败后的马超逃往上邽（今甘肃省天水市），不久后卷土重来，在张鲁的帮助下聚拢了万余兵力，将冀城（今甘肃省甘谷县）包围。马超攻城时间长达八个月，但是镇守长安以速度闻名的夏侯渊却迟迟不来。

等到夏侯渊的救兵快到时，马超已经攻破冀城，并迅速组织兵力主动迎战夏侯渊，结果夏侯渊迅速被击败。又恰逢汧氐杨千万响应马超，夏侯渊只好撤军。

一个马超尚且对付不了，再配备上张飞、赵云、黄忠这样的当世猛将，夏侯渊就更招架不住了，所以在刘备倾全国之力来攻打汉中时，即便有张郃、徐晃、曹休等诸多名将辅佐，还是无法挽救夏侯渊的败局。

作为一名武将，夏侯渊的优秀在于对阵少数民族以及强盗山贼这些杂牌军时，往往能够速战速决，从不拖泥带水；但是在正规军面前，他从来都没有发挥的余地，而他轻急的个性也致使他命殒疆场。夏侯渊战死后，曹操说夏侯渊"本非能用兵也"，大概是对自己用夏侯渊镇守汉中的决定非常懊悔。

刘备的谋士法正在劝刘备进攻汉中时，就曾说夏侯渊、张郃的才能是敌不过刘备麾下的武将的。可见对于夏侯渊的才能，无论是自己人还是敌人，都不看好。

四、夏侯霸降蜀伐魏

夏侯霸（生卒年不详）是夏侯渊的次子。夏侯渊死于公元219年的汉中之战，所以夏侯霸在早先必定对蜀汉恨之入骨。曹魏也懂得照顾或者利用夏侯霸这种情绪。在曹真发动的伐蜀的军事活动中，夏侯霸充当先锋与蜀汉军队短兵相接（后来因为大雨，这场战争没有扩大势头）；后来夏侯霸还成为征蜀护军，活跃于曹魏与蜀汉的西线战场。

虽然夏侯霸非常痛恨蜀汉，也有多次与蜀汉交战的记录。但是最后他还是投降蜀汉，原因则是曹魏内部的政局的剧变。在少帝曹芳时期，曹爽与司马懿共同辅政。司马懿发动高平陵政变除掉曹爽控制政权，而后又以郭淮代替曹爽一派的雍州、凉州都督夏侯玄。曹氏、夏侯氏遭受打击，郭淮又与夏侯霸不和，夏侯霸因此投降蜀汉。

夏侯霸是明智的，司马家后来对夏侯玄夷三族，把夏侯家的男丁几乎杀了个遍，被杀的有三千人之多。几乎只有夏侯霸逃出生天，千里闯单骑投奔蜀汉，见到了姜维（202—264）。

蜀汉当然欢迎夏侯霸的投靠，他毕竟是夏侯渊的儿子，可以作为招纳曹魏降人的招牌。刘禅（207—271）封夏侯霸为车骑将军，夏侯霸也跟随姜维一同对曹魏进行征伐，立场与之前已经截然相反。此时，姜维已经进行了四次北伐，几乎每次都无功而返。而此时的蜀汉，早已是蜀中无大将、廖化做先锋了。夏侯霸的到来无疑给了蜀汉朝廷一剂强心针。

蜀汉给夏侯霸的温暖还不止于此，夏侯霸见到了自己童年的玩伴，快五十年没见的堂妹——张飞的妻子夏侯氏。

从此，夏侯霸一心忠于大汉，在蜀汉得到重用，跟随姜维数次北伐，给司马家掌握的曹魏带来了不小的麻烦。尤其在姜维第八次北伐时，夏侯霸协助姜维，出狄道（今甘肃省临洮县），杀魏军数万人，缴获了大量辎重和人口。姜维第十次北伐后，夏侯霸在史书中再无身影，夏侯霸应该是在七十岁前后去世了。

五、夏侯楙与夏侯尚

曹魏之元勋夏侯惇非常有名望，但他的儿子夏侯楙的声名就不是很好了。

夏侯楙（生卒年不详）与曹丕的关系比较亲密，在曹丕的影响下，夏侯楙娶了曹操的女儿清河公主。曹丕成为皇帝之后，让夏侯楙做关中都督，镇守一方重镇。不过夏侯楙并没有军事上的才能，只喜欢敛财，也遭到了蜀汉的轻视。

在诸葛亮准备进行第一次北伐的时候，丞相司马魏延提出一条建议，就是著名的"子午谷奇谋"：魏延率领一万军队兵出子午谷，十日左右攻克长安；诸葛亮率领大军进入关中封锁关隘，关中、陇右、河西可一举而定。那么魏延何以放出万人攻取长安的豪言呢？就是以夏侯楙为突破口。魏延认为夏侯楙"怯而无谋"，自己的五千先锋（共一万人，五千可战，五千运粮）进入关中，夏侯楙必定弃城而逃。讲道理这个设想实在有些理想化，诸葛亮也没有采用"子午谷奇谋"，而是计划攻取陇右。在诸葛亮一伐时，魏明帝曹叡亲自到关中坐镇，也削夺了夏侯楙的兵权。

夏侯尚是夏侯渊的从子，与曹丕关系很近。在曹操在世时期，夏侯尚有过与曹彰、田豫平定代郡乌桓叛乱的经历。曹丕即位后，夏侯尚成为荆州刺史，都督南方军事。夏侯尚攻取上庸、西陵、房陵三郡，夺取刘备集团一个进攻襄阳的路线；而后又参与三路伐吴，率军进攻江陵，给江陵守将朱然以及诸葛瑾等援军非常大的压力。

夏侯尚的妻子为曹氏宗女，但夏侯尚却非常宠爱一个妾室，超过了曹氏。曹丕为了保证曹氏的地位，派人杀死夏侯尚的妾室。没想到夏侯尚用情至深，以致"发病恍惚"的程度，没过多久就去世了。夏侯尚的英年早逝标志着曹魏的军权的松动。

六、玄学领袖夏侯玄

夏侯玄（209—254），字太初，正始名士之一。父亲夏侯尚，魏文帝时期战功卓著，封昌陵乡侯，去世后，加谥号为悼侯。夏侯玄承袭爵位，家族显赫，少年得意，曾做过黄门侍郎和散骑侍郎，接近皇帝和中枢。

夏侯玄年轻时，特立独行，对于不喜欢的人就是不喜欢。曾让陈骞（201/212—281/292）热脸贴冷屁股。对魏明帝曹叡毛皇后的弟弟毛曾也爱搭不理，脸上露出不高兴的样子。后被魏明帝曹叡降为羽林监。

公元240年，曹爽辅政。夏侯玄再度被起用，成为正始改制的实际领袖，后升迁为掌管禁卫军和武官选举的中护军。夏侯玄主持的正始改制，贯彻的是一种复古的政治思想：任用官员，选择人才，省除重复官职，改革衣服制度以及精简机构等。但他的政治抱负还没来得及实现，又被曹爽任为征西将军，假节都督雍、凉诸军事。

公元249年，司马氏发动高平陵政变，曹爽被杀，夏侯玄受牵连遭贬黜，被调回京城任大鸿胪，几年后转任太常。之后，中书令李丰与外戚张缉密谋想让夏侯玄辅政，但计划被告发，被司马师所杀。夏侯玄等人也被逮捕送到廷尉。朝廷召集公卿朝臣合议，认为"夏侯氏世代为朝廷大臣，都身居高位，却包藏祸心，密谋造反，危害国家"。皇帝下诏，夏侯玄等人全都处死并诛灭三族，其他亲属流放乐浪郡。

夏侯玄被杀时，脸不变色，举止如常，从容赴死。后人称其"风度气量博大宏达"。

七、成败全都因姻亲

曹操在创业时期，夏侯氏、曹氏的人物是一支比较重要的力量。一方面他们贡献出比较多的力量，帮助曹操渡过难关；另一方面由于夏侯氏与曹氏世代姻亲，关系非常亲密，所以也比较受曹操的信任。

曹丕称帝后，极力抑制亲族，同时重用疏宗、世族的策略巩固政权。

所谓亲族，包括曹彰、曹植等近支皇族及后族外戚势力，他们具备了挑战皇权的合法性，曹彰的猝死以及曹植被贬谪，均与曹丕争夺储君之位备受压抑密不可分。曹魏时期的皇亲虽为王侯，实同囚犯，没有任何实权，受到当地官员的监视，定期迁徙。

所谓疏宗，指的是以曹真、曹休、夏侯尚为代表的第二代将领，他们在夏侯惇、曹仁相继谢世后成为曹丕统治的基础，曹真镇守关中，曹休镇守扬州，夏侯尚镇守荆州，曹魏三大战区的最高军事权力均被曹氏、夏侯家族控制。

魏明帝曹叡在位时，曹真、曹休相继早逝，宗亲集团一时之间后继无人，司马懿承担了抵御外敌入侵的重任，其势力迅速膨胀，染指关中、荆州两大战区，曹叡深感忧虑，他的政策却又自相矛盾。

曹爽等魏国宗室当权后，与司马懿等老臣的权力之争日趋激烈。曹爽重用被打压的贵族子弟，夏侯玄、夏侯霸统领关中，试图夺取司马懿控制的势力范围。

高平陵政变后，司马懿屠杀了曹爽、何晏等曹魏宗亲实权派，遭曹魏疏远的宗亲被一扫而空。公元254年，中书令李丰与外戚张缉密谋诛杀大将军司马师，以夏侯玄代替他主政。但密谋泄露，夏侯玄被司马师杀害，夷灭三族，夏侯家族就此衰落。

第十二章

曹丕的女人：甄宓的魅力与郭女王的逆袭

公元220年3月15日，一代枭雄曹操病逝，其长子曹丕继任魏王、丞相。同年12月11日，曹丕自导自演了一出"禅让"的政治闹剧，结束了汉朝400年的统治，建立曹魏。曹丕称帝后很长时间没有确立皇后，当时有资格竞争皇后位置的，只有两个人：甄宓（183—221）、郭女王（184—235）。

一、美女甄宓的魅力

甄宓这个名字是后世流传的，《三国志》上并没有记载甄宓的本名，我们姑且称她为甄宓好了。后世穿凿附会曹植《洛神赋》里的洛神写的就是她，李商隐（约813—约858）的无题诗中，曾有一句"宓妃留枕魏王才"，说的也是曹植与甄宓，但他二人实际上并不可能有恋情。曹丕娶甄宓的时候十八岁，甄宓二十三岁，曹植十三岁，更何况曹植虽然狂放不羁，但绝对不会做出有违伦常的事情。

甄家是中山无极人（今河北省无极县），是冀州的大户人家，世世代代都有高官。先祖甄邯。甄邯的岳父博山侯孔光（前65—5）是孔子第十四世孙，太师孔霸之子，官至大将军、丞相、太傅、太师，为四朝辅政大臣，德行高洁，通晓经学，位极人臣，被太皇太后王政君（前71—13）、汉成帝刘骜（前51—前7年在世，前33—前7年在位）和汉哀帝刘欣（前25—前1年在世，前7—前1年在位）所尊崇，后来以天下名儒的身份被任命为汉平帝刘衎（前9—公元6年在世，前1—公元6年在位）的老师。甄邯和族中子弟因此入朝为官，因为才能而得到权臣王莽的倚重。甄邯的哥哥甄丰由地方官员擢升为皇宫内侍大臣，而后更是官至大司空，爵受广阳侯、广新公。甄邯官拜大司马，爵受承阳侯、承新公，而后又出任大汉太保，执掌天下兵权；甄丰的儿子甄寻任侍中、京兆尹；甄心为光禄勋，有"四甄"之称，成为朝中新贵，威震朝野，无极甄氏也从此一跃成为中山国内的豪强望族，世代袭二千石俸禄的郡守级官职。

进入东汉以后，中山甄氏仍然世代担任二千石的高官，其家族也十分豪富。正因中山甄氏门第之高，所以才能与四世三公的汝南袁氏通婚，甄宓也才能成为袁熙的妻子、袁绍的儿媳。据《三国志·魏书·后妃传》记载，甄宓的父亲甄逸（156—186）曾任上蔡令，母亲张氏是常山人，生有三男五女，长男甄豫早逝，次男甄俨年少举孝廉为郎，被辟为大将军掾，担任曲梁令，三男甄尧也举孝廉；甄宓另有四位姐姐，分别名姜、脱、道、荣。唯独没有甄宓的名字。因为曹植《洛神赋》被好事者传为是写给甄宓的爱情篇章，故此她一般被称为"甄宓"或"甄洛"，有时又称为甄妃。

1. 甄宓的魅力体现在美貌上

人人都说貂蝉美，但《三国志》里根本就没有貂蝉其人；人人都说二乔美，但史书上也只是寥寥数语，一笔带过。而甄皇后的美却是有凭有据的，这凭据就是曹植专为她作的《洛神赋》："其形也，翩若惊鸿，婉若游龙，荣曜秋菊，华茂春松。髣髴兮若轻云之蔽月，飘飘兮若流风之回雪。远而望之，皎若太阳升朝霞；迫而察之，灼若芙蕖出渌波，秾纤得衷，修短合度。肩若削成，腰如约素。延颈秀项，皓质呈露……云髻峨峨，修眉联娟，丹唇外朗，皓齿内鲜，明眸善睐，靥辅承权……"

因为当时甄宓已经去世了，所以曹植只能采取暗写的方式，拿着想象中的洛水之神宓妃当幌子，描述出甄皇后的美丽，以抒发对这位美人的倾慕。曹植如此，曹丕、曹操也是如此。怎么讲？曹操早在官渡大战之前，就听说袁熙有个漂亮媳妇，在灭袁之前，曹操就盘算着怎么把甄宓弄到手。可惜他的儿子曹丕也有这个想法，而且年轻，功夫了得，下手更快。曹军刚攻下邺城，曹丕就带着一干兵马闯到袁家府邸。当时袁熙不在身边，甄宓和婆婆刘氏留下来。婆媳俩没处躲，战战兢兢，看到曹丕带兵冲进来，甄宓就趴在婆婆膝盖上哭，哭得既动听又动人，曹丕一下就心软了。他上前说："刘夫人云何如此？令新妇举头！"婆婆刘氏只好捧着媳妇的脸让曹丕看，不看则已，一看便大呼天神下凡。据《世说新语》记载：曹公之屠邺也，令疾召甄，左右白："五官中郎已将去。"公曰："今年破贼正为奴。"鉴于曹丕已经先下手为强的现实，曹操也不好跟儿子抢女人，只得为曹丕迎娶了甄宓。按唐朝著名学者，《文选》学奠基人李善（630—689）的《文选注》，曹植也对甄宓迷恋不已，千古名篇《洛神赋》可能就是曹植为追念甄宓而作。

2.甄宓的魅力体现在见识上

据说，甄宓还是一个婴儿时，每次睡觉时，家人总是仿佛看见半空中有人将玉衣盖在她的身上，全家人都非常吃惊，认为是异象。后来有个著名的相士刘良给甄宓看相时，大惊失色道："此女贵乃不可言。"甄宓九岁时就非常喜欢读书，博闻强识，只要看过的篇目就能够立刻领悟，还多次用她哥哥的笔砚写字，哥哥笑她说："汝当习女工。用书为学，当作女博士邪？"甄宓回答："闻古者贤女，未有不学前世成败，以为己诫。不知书，何由见之？"

因为善于汲取前人教训，甄宓自小就有超越长者的见解。

东汉末年战乱频繁，洛阳官员士族百姓都流离失所，为糊口活命纷纷卖掉家中值钱的东西。当时甄家有大量的谷物储备，趁机收购了很多金银宝物。甄宓当时才十几岁，看到这种情形便对母亲说："乱世求宝，并非善策，匹夫无罪，怀璧其罪，这就是所谓因财丧身。现在众多百姓都在饥饿之中，不如以家里的谷物赈济四方乡邻，这才算是一种惠及众人的德行。"全家人都认为她说得有道理，于是将家中的粮食全部无偿分发给邻里乡亲。

3.甄宓的魅力体现在慈孝上

除了富于见识，甄宓也天性慈孝，对长辈家人极重孝悌友爱之情。

甄宓十四岁时，二哥甄俨去世，甄宓非常悲伤，对待寡嫂态度敬爱谦和，时时处处帮助她打理家事，还尽心照顾甄俨留下来的孩子，对他们极其疼爱。甄宓的母亲性格严厉，常常用严格的规矩要求儿媳妇，甄宓几次劝母亲："二哥不幸早终，二嫂年纪轻轻就守寡，还要照顾留下的孩子，虽然她是儿媳妇，但应该爱护她像自己的女儿。"母亲听了甄宓的话感动得流泪，之后便让甄宓与二嫂时常走动，起居都在一起，关系十分亲密。

后来甄宓嫁给袁绍的次子袁熙。公元199年，袁绍打败公孙瓒，任命袁熙为幽州刺史，甄宓则留在邺城侍奉婆婆刘氏。

公元204年，冀州邺城被曹操攻破，甄宓被曹操之子曹丕所纳。当时有一说法：曹操攻下邺，曹丕先进袁府，看到有个少妇披头散发，脸上很脏，躲在刘夫人身后哭泣，曹丕问她是谁，刘夫人回答："是袁熙的妻子。"然后曹丕帮她把发髻挽起，用手巾擦拭面庞，发现她姿色绝伦。之后，刘夫人对甄宓说："现在不用担心被杀了！"于是曹丕便纳甄宓，十分宠爱她。

还有一说：刘夫人和甄宓共坐大堂上。曹丕进入袁府中，见到刘夫人和甄宓，甄宓因为害怕，把头伏在刘夫人膝上，刘夫人让人把自己的手绑起来。曹丕问："刘夫人为什么要这样？让你的儿媳妇把头抬起来。"刘夫人让她抬起头来，曹丕看见她美貌非凡，便心悦于她。曹操听闻了曹丕的心思，就为他迎娶了甄宓。

甄宓嫁给曹丕后，擅宠数年，生下儿子曹叡和女儿东乡公主。

4.甄宓的魅力体现在修养上

甄宓劝勉曹丕妾侍中有宠的努力上进，对无宠的也安慰开导，并常常在闲宴上劝曹丕说："古时黄帝子孙繁盛，是因为妻妾多的缘故。所以夫君也应该多纳贤淑美好的女子，才能使子嗣旺盛。"曹丕听了心中很嘉许她。之后曹丕要驱逐任氏，甄宓请求曹丕说："任氏是乡党名族，不论品德、美色，我都比不上，为什么要遣她走？"曹丕说："任氏性子急躁，不温柔，之前她怨恨我不是一次了，所以遣她走。"甄宓哭着坚持请求说："我受你的敬重之恩，所有人都知道，肯定会猜测任氏被驱逐是因为我的缘故。往上公婆会说我自私，往下则会受到专宠之罪，希望你能重新考虑！"曹丕不听，还是坚持遣走了任氏。

公元208年，曹操的爱子曹冲去世，曹操追赠其为骑都尉，并聘甄宓家族中的亡女为妃，与曹冲冥婚合葬，过继曹据之子曹琮为后。

甄宓知道自己的身世畸零，有很严重的缺陷，容易受人攻击，她不但是曹家仇人之媳，而且是再嫁之妇，几乎没有资格跟曹丕其他小妾竞争，唯一支持自己的是自身的美貌。可是，哪个小妾不美如天仙呢？除了美貌之外，必须再寻觅更强大的后台。于是，她在曹丕的母亲卞夫人身上下功夫。

公元211年，曹操率军西征，进击凉州（今甘肃省武威县）马超，卞夫人随行。曹丕和甄宓留下来镇守邺城（今河北省临漳县）。卞夫人中途害病，在孟津（今河南省孟津县）休养。甄宓得知这一消息，立即要求亲自前往侍奉汤药。邺城距孟津直线三百七十公里，中间又隔一条黄河，军情惨急，当然不允许她去。史书说她"日夜泣涕"，痛不欲生。这可苦了左右侍候她的人，后来听说卞夫人病好了，急急禀报，甄宓拒不相信，说："夫人在家，故疾每动，辄历时，今疾便差，何速也？此欲慰我意耳！"直到卞夫人写信回来，她才转悲为喜。

公元212年，曹操大军班师，甄宓迎接卞夫人，还没有看见人，只望见了轿子，就流下眼泪。她的孝心和诚恳，使卞夫人左右的人都深深感动。卞夫人也流着泪说："新妇谓吾前病如昔时困邪？吾时小小耳，十余日即差，不当视我颜色乎！"然后感叹说，"此真孝妇也。"

曹丕曾经宴请诸位文学属官，命夫人甄宓出拜，当时同坐的有吴质和刘桢，其他宾客都对甄宓低头行礼，只有刘桢不拜，反而平视甄宓。曹操听说后，严厉地处罚了刘桢，刚开始将他判决为死刑，后来免去死刑发配为苦役磨石，吴质也受到牵连被贬为朝歌（今河南省淇县）长，后来又迁为元城（今河北省大名县）令。

当然，在曹魏郎中鱼豢私撰的《魏略》中有非常多近乎夸张的记载，故而真实性饱受怀疑。但如此连篇累牍的记载，其贤德不会完全没影，在后宫中的谦让不妒和深得婆婆卞氏欢心应该是有的。

公元216年，曹操再率大军南下，进击孙权，包括卞夫人、曹丕、孙儿曹叡、孙女东乡公主（那时候还不是公主）在内的一家大小都随军出发，偏偏甄宓有病，只好独自留在邺城。公元217年，曹操大军班师，卞夫人看见甄宓皮肤又白又嫩，容光焕发，诧曰："你后与二子别久，下流之情，不可为念，而后颜色更盛，何也？"甄宓笑着说："（叡）等自随夫人，我当何忧！"卞夫人听后，当然舒服。

甄宓不仅人品好，而且精诗文。这与曹丕的文采风流相得益彰，估计也是引起曹植恋慕的原因之一。甄宓被曹丕得手后，很快明媒正娶，成了曹丕的正妻。

5.贤德背后是无趣

裴松之《三国志注》引王沈《魏书》记载：甄宓从小就不喜欢跟人愉快地玩耍。甄宓八岁时，门外有人表演花样骑术，姊妹们都上阁楼观看，唯有甄宓无动于衷。姐姐们奇怪地问她，甄宓回答："此岂女人之所观邪？"生活中如此无趣，必然不能一直抓住曹丕的心。我们这就说到郭女王了。

二、郭女王成功逆袭

郭女王，安平郡广宗县（今河北省广宗县）人。

117

　　郭女王原本出身于一个幸福的家庭，父亲郭永，官至南郡太守，母亲董氏。家庭环境好有利于学习，兄弟姐妹五个一起过日子不孤单，这是客观因素。从个人条件看，她从小就异常聪明，做事很有主见，说话不同凡响，其父认为这个女儿有女中之王的风度，将来肯定有所作为，于是给她取字号"女王"，熟悉她的人就称其为"郭女王"。

　　天有不测风云，人有旦夕祸福。时为南郡太守的父亲，还有母亲董氏及兄弟姐妹，在东汉末年的战乱中不是死去了就是跑散了。豆蔻年华的郭氏无依无靠，被迫到官宦铜鞮侯家去做婢女。董卓毒杀了何太后，废掉汉少帝刘辩、拥立汉献帝刘协后独揽大权，各方割据势力联合起来讨伐董卓。曹操棋高一着，先行进入洛阳将汉献帝刘协挟持，掌握了朝廷所有的实权，从此大幅提升了存在感和话语权。夺天下之势似乎不可阻挡。不少权贵和割据势力纷纷前来巴结曹府。那时曹操的大儿子曹昂已经战死了，二儿子曹丕成为事实上的长子，当然也算重点巴结对象。郭女王在此时被铜鞮侯作为礼物送给了曹丕。

　　此时的曹丕早已成家立业，正室夫人甄宓姿色秀逸端庄美丽，能文擅赋，婆媳之间相处得也很好。郭女王作为一个婢女，小心伺候好主人，少受些责难就不错了。但问题在于：曹丕偏偏就爱上了这么一位出身卑微且比自己大三岁的女子。

　　曹丕之所以喜爱郭女王，主要是基于以下三方面的原因。

　　第一，郭女王非常聪明。

　　俗话说得好，尺有所短，寸有所长。甄宓虽然姿色秀逸端庄美丽，能文擅赋，似乎占据了全部优势，但在曹府这种炙手可热的官宦之家，有个先天不足难以弥补的短板，就是虽可作超过一流水平的内当家，但对外嘛，跑腿打杂的水平也够不上。

　　无巧不成书，有书才有故事。郭女王具有非凡的策划本领。天生聪明的她，原本出生在官宦之家，小小年纪不仅能记住官场上那些耳闻目睹的奥秘，长大后遇到需要时，还能作为借鉴举一反三想出更好的办法。她在这方面的确算天才。

众所周知，曹丕和曹植两兄弟，为当王位继承人，展开了血腥的争夺。曹植的《七步诗》就是那段时间咏诵出来的。卞氏作为两兄弟的亲生母亲，严守中立不偏不倚。当然两兄弟也不好在老爹面前争宠，只是各自背地里下功夫。郭女王知晓有关情况后，经常给曹丕出谋划策，不少点子让陷入迷惘的曹丕眼前一亮，就像《三国志·卷五》所记："后有智数，时时有所献纳。文帝定为嗣，后有谋焉。"于是乎，曹丕渐渐地萌生了对郭女王的宠爱之情。

公元220年，曹操病逝，曹丕继承王位，直接封郭女王为夫人。郭女王的地位越来越高，甄宓日渐受冷落。此时的曹丕打算直接取代汉朝，自己建国当皇帝。只有心动没有行动肯定不行，他要继续带兵出征，去洛阳找汉献帝刘协索要象征皇权的玺绶，于是乎，曹丕就带上了具有军师水平的郭女王同行。将曾经宠爱的甄宓留在了邺城。

篡汉建魏称帝后，曹丕身边更不缺美女了，不少朝臣纷纷将自己的女儿或侄女献进宫，就连被贬为山阳公的汉献帝刘协，也将自己的女儿送来了。此时，郭女王的聪明才智发挥了作用。可以这样说，美女再多也只能用于享乐，不能用于处理政事。处理政事离不开屡出奇计、屡建奇功的她，因此郭女王的地位十分稳固。

这里我们可以看出，虽然甄宓德容言工外加子嗣样样占优，但郭女王有智慧，懂权谋心机，历来宫斗中最后胜出的都不是最漂亮、子嗣排名靠前的，而是最有心机的，所以美貌终会逝去，智慧永远流传。

第二，郭女王的性格非常温柔和顺，而且懂得许多为人妻、为国母的道理。

郭女王对曹丕的母亲卞太后非常孝顺，每天有事儿没事儿就去讨老太太的欢心。她不争宠，其他的妃嫔犯了错误，她甚至会主动替她们向曹丕请罪，请求曹丕先责罚自己这个不称职的皇后；而且，她特别节俭，不事华贵。"后自在东宫，及即尊位，虽有异宠，心愈恭肃，供养永寿官，以孝闻。是时柴贵人亦有宠，后教训奖导之。后宫诸贵人时有过失，常弥覆之，有谴让，辄为帝言其本末，帝或大有所怒，至为之顿首请罪，是以六宫无怨。性俭约，不好音乐，常慕汉明德马后之为人。"

第三，郭女王约束自己家的亲戚，不给亲戚们恃宠而骄，甚至干权乱政的机会，经常敲打自己不老实的亲戚们。

郭女王兄弟早逝，让堂兄郭表继嗣为她父亲郭永之子，拜为奉车都尉。她的外亲刘斐要与他国（或指吴、蜀）通婚，她听闻此事，告诫说："诸位亲戚遇婚嫁之事，都应该与乡里门户相对者联姻，不得借权势强与他方人家通婚。"她的外甥孟武还乡后求娶小妾，被她阻止。于是下达敕文："当今由于战乱，妇女不多，应尽可能地将她们配给前方将士为妻。有权势的人家不能聘娶为妾。各位亲戚在这件事上都应谨慎，不要自取其咎，遭受刑罚。"郭女王又常告诫郭表、孟武等人说："汉朝皇后的家族，很少有保全的，都因为骄横奢侈，不能不谨慎！"在曹丕东征时，郭表准备堵住河水捕鱼，郭女王知道这事后也立马给制止住了："水当通运漕，又少材木，奴客不在目前，当复私取官竹木作梁遏。今奉车所不足者，岂鱼乎？"看来，郭氏时刻保持清醒的头脑。

郭女王有这么多优秀的品质，想不吸引曹丕的关注都不可能。

三、甄宓因何终被杀

公元220年冬，曹丕登基称帝后，多时不立皇后。

当时最有实力夺得后位的有两人，年长曹丕五岁的正妻甄氏和年长曹丕三岁的宠妃郭女王。甄氏封号夫人，有文采，生有子女。郭女王封号贵嫔，有谋略，无子女。

此时，郭女王和曹丕一起居于洛阳，但甄氏却远在邺城。古代社会交通闭塞艰难，消息传播非常困难。分居两地，意味着感情疏离，更代表如有情况却无法在丈夫面前分辩。甄氏貌美，更善于修饰打扮。在她所居住的宫室里，有一条口含赤珠的绿色灵蛇。甄氏每天都留意观察这条蛇，从它盘曲卷绕的姿态中学习新奇的发式。因此她的发型每天都有不同，被称为"灵蛇髻"。然而，再新奇美妙的发型和姿态，也得有人愿意欣赏才能体现出价值。而如今，那个最应该来欣赏的人，却已经绝情不顾了。甄氏多文才，熟知后宫典故，自然明白自己处境恶劣，但苦于远在异地，到不了丈夫面前，无可奈何，于是寄情思于笔墨，写下了她唯一传世的作品《塘上行》：

> 蒲生我池中，其叶何离离。傍能行仁义，莫若妾自知。众口铄黄金，使君生别离。念君去我时，独愁常苦悲。想见君颜色，感结伤心脾。念君常苦悲，夜夜不能寐。莫以豪贤故，弃捐素所爱。莫以鱼肉贱，弃捐葱与薤。莫以麻枲贱，弃捐菅与蒯。出亦复苦愁，入亦复苦愁。边地多悲风，树木何修修。从君独致乐，延年寿千秋。

曹丕也是一个非常好的诗人，照理他应该看得出这首诗中所表现出来的妻子对他的爱怨之情。注意首先是爱，其次才是埋怨，一个正常人看到这样的诗句应该会回忆起夫妻间的美好时刻，从而唤起旧情。

然而，谁也没有想到，曹丕读诗后勃然大怒，公元221年8月4日，曹丕由洛阳派使者前往甄宓独居的邺城旧宫，逼她服下了毒酒。甚至，无辜的甄宓在冤死后，尸体被"被发覆面，以糠塞口"（把头发披散起来，遮住脸，用米糠塞入口中）下葬在邺城。此时，甄宓年仅四十岁，曹丕三十五岁。

《三国志》记载，甄宓之死以及郭女王受宠。曹丕问擅长解梦的周宣

说："我梦见宫殿上两片瓦掉下来，化为双鸳鸯。这是什么征兆呢？"周宣
说："后宫恐怕会有人暴死。"曹丕说："我是骗你的。"周宣说："做梦这件
事，是意念中的事，如果能形之于言，便可以占卜凶吉。"话还未说完，黄
门令来报告说，后宫中有人彼此残杀。过了不久，曹丕又问周宣："我昨天
梦见一股青烟拔地升天。"周宣说："天下恐怕会有一位贵女子冤死。"当时，
曹丕已派人送去赐死甄宓的诏书，听了周宣的话很是后悔，于是派人去追赶
使者，可惜已经来不及了。

在甄宓冤死九个月后，曹丕正式提出册立郭女王为皇后，并将甄宓的儿
子曹叡交予郭后抚养。公元226年夏，四十岁的曹丕崩于洛阳嘉福殿，临终
时，他将后宫中自淑媛、昭仪以下的所有姬妾都遣归娘家另嫁，并且最终决
定册立曹叡为继承人。由于甄宓之死事出非常，曹丕本不愿意立曹叡为储君，
而属意其他姬妾所生的儿子。曹丕有十个儿子，除了曹叡，还有曹协、曹蕤、
曹鉴、曹霖、曹礼、曹邕、曹贡、曹俨、曹啬。然而儿子们多数早死。曹丕
只得让甄宓之子即位。魏明帝曹叡即位后，追封生母甄宓为"文昭皇后"，
并立寝庙祭祀。甄宓最终得到了"皇后"的封号。

曹丕赐死甄宓，在曹丕的个人的恶背后，还有深厚的社会背景。

东汉取开国功臣邓禹、窦融、梁统等人的后人当皇后，这些家族地位崇
高，势力强大，成为外戚后把持了皇权。曹魏吸取这个教训，祖孙三代在选
后上可以说是有意"立贱"，有意不选世家大族，以免外戚过于强大。

曹操的正妻卞夫人，出身于歌舞伎之家，出身十分低微。卞氏先给曹操
做妾，正妻丁夫人出走后才被扶正，生了曹丕、曹彰、曹植、曹熊，后来成
为魏国第一个皇太后。曹丕杀了甄宓以后，立郭女王为皇后。郭家虽然世代
当县吏，比纯粹的寒门略强，但也强得不多，郭女王的父亲虽做过南郡太守，
但郭家在汉末乱世中没落了，郭女王还要寄居在别人家过活，与中山甄氏完
全没法比。曹叡的毛皇后的父亲毛嘉是虞部的车工，跟曹操的正妻卞夫人的

出身不相上下，比郭女王还不如。曹叡让满朝文武到毛家吃饭，毛嘉礼仪失当，为群臣所笑。曹叡又让大名士夏侯玄跟毛皇后之弟毛曾共坐一席，夏侯玄公然拒绝，可见毛家地位之低。所以曹叡的妃子虞氏未能晋位皇后，大怒之下，指着太婆婆卞皇后的鼻子大骂："曹氏自好立贱……殆必由此亡国丧祀矣！"

甄宓未能立后，乃至被曹丕所杀，与曹家忌惮世家大族也不无关系。

到西晋，士族势力进一步加强，他们把自己的观念和趣味强加于全社会，连皇家也是士族的成员，对门当户对等士族观念全盘接受。为免"立贱"被士族鄙视和耻笑，晋武帝司马炎下令后世子孙不得立贱，自己选了弘农杨氏的杨艳、杨芷为皇后，给儿子司马衷选了平阳贾氏的贾南风为皇后。虽然弘农杨氏正在衰落，平阳贾氏底蕴不足，都不能算第一流的士族，但比曹家那些皇后毕竟尊贵多了。而两家的外戚杨骏、贾谧（以及皇后贾南风）等也借助家族势力，肆无忌惮地弄权，最终导致西晋中央陷入混乱，催生了八王之乱。这意味着下降中的皇权对上升中的士族不再有太大优势，一旦皇权集团出现问题（如皇帝晋惠帝），士族就要代行皇权，建立门阀政治了。

四、女王贤后传佳话

郭女王成为皇后之后，在史料中留下了许多"传为佳话"的"贤后逸事"。

公元224年，曹丕率师东征，郭女王留在许昌永始台。当时大雨连降百余日，城楼多有倒塌损坏。有关的官员奏请皇后移居他处，她说："昔年楚昭王出游，王后贞姜留在渐台。长江汹涌而来的时候，使者接王后转移，但急切中忘了带上楚昭王的信符，贞姜坚持不走，以至于在洪水中丧生也在所不惜。如今皇上御驾远征，我在后方还没有遇到贞姜那样的危急情况，又何必要转移呢？"群臣不敢再提请皇后迁居的话。

公元225年，曹丕再次督师东征，行至广陵郡，郭女王留在曹丕故乡谯县的行宫。当时，郭表留守在行宫负责警卫，想要堵水捉鱼，皇后制止说："这河水是通着运送军粮的河道的，你筑坝截水又需木材，自己的奴客不在眼前，只好私自挪用公家的竹木来筑水坝。如今奉车都尉所缺少的东西，难道是鱼吗？"

公元226年春，曹洪因门客犯法被连累入狱。从前曹洪家富却生性吝啬，曹丕少年时曾向他借绢百匹，但被拒绝，因而有怨在心，欲借此事将曹洪处死。群臣前去求情，皆不能奏效。卞太后对郭女王说："假如曹洪今日死，我明日便命令皇帝废去皇后。"于是郭女王多次向曹丕哭泣请求，才使曹洪以剥官削爵免于一死。

公元226年夏，曹叡继位，尊奉郭女王为皇太后，宫室称永安宫。

《魏略》记载，起初，郭女王没有子嗣，曹丕将曹叡过继给她。曹叡因其生母被诛，内心不平，后来不得已，才敬谨侍奉皇后，且夕定省问安。郭女王被立为太后以后，对于不是自己亲生儿子的魏明帝曹叡，一向照顾有加，而曹叡对郭女王也非常孝顺。郭女王这个人非常坚持原则，对于自己丈夫曹丕的很多想法，她非常理解和支持，即使在曹丕去世之后，她也时常劝说曹叡，不要改变父皇那些正确的决策。比如说，曹丕生前力主薄葬，郭女王的姐姐去世以后，曹叡希望厚葬自己的姨母，郭女王坚决反对。她劝说皇帝："自汉末天下大乱以来，王侯公卿的陵墓无不被盗掘，皆因厚葬。今安葬亡人最好以先帝首阳陵的薄葬为法。"

公元235年3月14日，郭女王逝于许昌宫。

关于郭女王之死，史上有不同记载。

《汉晋春秋》记载，曹叡在登基之前便早已知晓生母甄宓的死因以及生母"被发覆面，以糠塞口"下葬的惨景，故对郭女王一直怀恨在心。登基后便寻找时机，随后逼死了郭女王，为母报仇。以与自己生母甄氏相同的下葬方式下葬了郭女王。

《魏略》记载，郭女王死后，后宫的李夫人将甄宓的死因告诉了曹叡，并告知了曹叡甄宓死时被发覆面的惨状。曹叡痛哭流涕感念生母，便也要郭女王被发覆面下葬来泄恨。

虽然郭女王死因不明，但该有的礼数曹叡是知道的。曹叡先是按照曹丕终制营造皇后陵墓，将郭女王葬在了首阳陵西。接着曹叡亲笔为这位嫡母写了哀册文，其中有："昔二女妃虞，帝道以彰，三母嫔周，圣善弥光，既多受祉，享国延长。哀哀慈妣，兴化闺房，龙飞紫极，作合圣皇，不虞中年，暴罹灾殃。"这样的话，用舜的二妃娥皇、女英，周代的三位贤后来比喻自己的这位嫡母，可见在魏明帝心中，他的这位嫡母是一位贤后，而非他的杀母仇人。

曹叡的这篇哀册文，可以算得上为郭女王正名了。

甄宓也好，郭女王也罢，不管真真假假、是是非非，她们的故事都已经扎根在很多中国人的心里。现在大家都开玩笑，说这是一个看脸的时代，好像一个人只要长得好看，就什么事都能办得到。所以很多人都整容去了。不过，我相信，甄宓和郭女王的故事，一定能够为我们提供一些借鉴，希望各位美女以后可以内外兼修，拥有一个幸福的人生。

第十三章

才冠汉末三国的荀彧，因何死于食盒

在汉末三国那个乱世，如果说还能有哪一位因有"经天纬地"之才而与诸葛亮相提并论的话，那绝对非"留香荀令"而闻名于世的美男子荀彧（163—212）莫属了。刘备无诸葛，无以白手起家，与曹孙鼎足三分；曹操无荀彧，亦不复为北方之雄。

一、荀令留香去吊丧

提起荀彧（字文若），人们一定会想起"留香荀令"这个典故。

荀彧担任过十几年的尚书令，所以人们尊称他为"荀令君"。除了后面还要谈的"经天纬地"才能，荀彧还在中国汉末三国的历史上，继战国中后期屈原（前340—前278）的弟子宋玉（前298—前222）之后，再度开创了一个审美新时代——换句话说，荀彧绝对是个美男子。史书中的"为人伟美"，碑文上的"瑰姿奇表"，都是夸他的仪容魁伟。就连一向看不起人的祢衡（173—198）也被迫承认荀彧的那张帅气的脸"文若可借面吊丧"。至于史书上那些个与荀彧齐名的美男子，诸如"傅粉何郎"的何晏、"掷果盈车"的潘安（247—300），其实都是比荀彧晚了两三代的人。但"荀令留香"说的却不是荀彧的美貌，而是说荀彧无论走到哪里，都会随身携带着自家的熏香。据东晋著名史学家习凿齿（317—384）《襄阳耆旧记》记载，荀彧去别人家做客，即便他离开了，曾经坐过的地方也能保持好几天香气，就像余音绕梁一样。而他家甚至在厕所里也是常备着香炉。所以，后世文人，但凡提到荀彧，必定要与香相连。

比如王维的《春日直门下省早朝》中有"遥闻侍中佩，暗识令君香"；白居易的《奉和裴令公新成午桥庄绿野堂即事》中有"花妒谢家妓，兰偷荀令香"；刘禹锡的《和令狐相公郡斋对紫薇花》中有"香闻荀令宅，艳入孝王家"；李商隐的《酬崔八早梅有赠兼示之作》中有"谢郎衣袖初翻雪，荀令熏炉更换香"；温庭筠的《中书令裴公挽歌词二首》中有"国香荀令去，楼月庾公来"；黄庭坚的《观王主簿家酴醾》中有"露湿何郎试汤饼，日烘荀令炷炉香"；周邦彦的《侧犯·大石》中有"满身香、犹是旧荀令"。

我们说荀彧有"经天纬地"之才，能与诸葛亮相提并论。这里就要先抛出一个问题：前面曾经讲到，琅邪诸葛氏家族择主的一大特点便是"鸡蛋不能放到一个篮子里"，而荀彧所属的颍阴（今河南省许昌市）荀氏家族择主则恰恰完全相反。诸葛亮的才能，虽然也有来源于原生家庭的部分，但更多的则是来源于自身后天的努力：在纷繁复杂的乱世中，向生活要经验，跟师长学智慧，正如孔夫子所说"三人行，必有我师焉"。而荀彧的"经天纬地"之才，则主要来源于原生家庭。

这就要说到荀彧所属的颍阴荀氏家族了。

二、八龙五荀美名扬

魏晋时期，整个中原世族最有影响力的，要数颍阴荀氏。颍阴所在的颍川郡（今河南省禹州市），在汉末三国时代，可谓人才辈出，其中比较出名的有司马徽、郭嘉、徐庶、钟繇、钟会、陈群等人，而在颍川的诸多名人中，尤以颍阴荀氏最为有名。

颍阴荀氏的祖上为战国时期儒家学说的集大成者荀子（前313—前238）。

荀子本人是著名的思想家、哲学家、教育家，儒家学派的代表人物，先秦时代百家争鸣的集大成者。荀子的学生韩非子则是深受秦王嬴政敬重的法家思想的集大成者，荀子的另一个学生李斯则是秦始皇手下的丞相。作为荀子的后代，颍阴荀氏自然是儒法皆通的。作为东汉魏晋时期的典型士族之一，颍阴荀氏经历了从东汉末年形成世家大族再变成魏晋高门的整个时期，在晋室南渡后式微，并最终湮灭于南朝。从东汉到隋朝，史书记载颍阴荀氏百余人从政，不同程度地参与了曹魏、西晋、东晋的建立和发展；联姻的不是皇室就是高阀望族，是当之无愧的高门士族。颍阴荀氏家族发展的奠基人荀淑（83—149），是荀子的十一世孙，品行高洁，学识渊博，"莅事明理，号称神君"。荀淑的八个儿子，荀俭、荀绲、荀靖、荀焘、荀汪、荀爽（128—190）、荀肃、荀旉，并有才名，人称"荀氏八龙"。在"荀氏八龙"中，最为闻名的是六龙荀爽。而我们本讲的主角荀彧则是二龙荀绲之子，荀彧的侄子荀攸则是荀淑哥哥的重孙子。颍阴荀氏还有"五荀"之说。五荀是指荀淑、荀靖、荀爽、荀彧、荀颙。除了前面介绍过的荀淑、荀爽，三龙荀靖是荀彧的三叔，荀颙则是荀彧的第六子。

那出生于颍阴荀氏的荀彧，到底有哪些"经天纬地"的才能呢？荀彧的抉择与颍阴荀氏"非要把鸡蛋放到一个篮子里"又有什么关系呢？

三、两次抽身挫陈宫

出生于公元163年、比曹操小了八岁的荀彧出身名门，少时便被誉为"王佐之才"。荀彧举孝廉出身，任掌皇帝所用纸墨笔砚及封泥等物品的守宫令。董卓执政后，荀彧先是弃官归乡，后又规劝乡邻离开作为四战之地（四面平坦，无险可守，容易受攻击的地方）的家乡颍川。但荀彧的乡邻多怀恋故土，不愿离去。当时，担任冀州牧的颍川人韩馥已经派人来到家乡接荀彧及其乡邻前往冀州避难，但却无人相随。荀彧只得独自带着本宗族的人前往冀州。果不其然，荀彧带着本宗族的人离开不久，颍川一带便陷入长期战乱中。从即将陷入长期战乱的家乡颍川抽身前往冀州，这可谓荀彧才能的初次显露吧。

不过，荀彧前往的冀州也同样不消停。荀彧刚到冀州，邀请他前来的韩馥便被袁绍所败，冀州为袁绍所得。此时，荀彧的族兄荀谌任袁绍的首席谋士，与荀彧同郡的辛评、郭图等人也都在袁绍手下任职。虽然有族兄荀谌的举荐，袁绍也待荀彧为上宾。但荀彧却始终认为，跟当时名不见经传的奋武将军曹操相比，袁绍不是那种能干成大事的人。所以，荀彧很快便在世人不解的目光和叹息中，放弃了势倾天下的袁绍，转而投靠了相较之下几乎一无所有的曹操。从势倾天下的袁绍那里，抽身转而扶保几乎一无所有的曹操，这不但是荀彧才能的再次展示，而且也是荀彧一生最正确的一次抉择。

能在一个人最势盛的时候预见到他的败亡，不管他是董卓也好，还是袁绍也罢；更能在一个人籍籍无名的时候预见到他未来的辉煌，进而通过自己的努力，一点一点帮他打下天下进而称王称霸，这便是“经天纬地”之才的荀彧。

荀彧的这次抉择，在汉末三国的历史上，唯有诸葛亮放弃南据五岭、北控汉川数千里疆域，十余万甲兵的荆州牧刘表而投靠几乎一无所有的刘备堪相媲美。当然，与诸葛亮扶保刘备之后带来了庞统（179—214）、马良（187—222）、马谡（190—228）、向朗（167—247）等很多人才一样，荀彧也先后向曹操推荐了荀攸、钟繇、郭嘉、陈群、司马懿等诸多人才。

《三国演义》中，诸葛亮扶保刘备之后的那三把火中，火烧博望其实发生在诸葛亮出山前，与诸葛亮无关；火烧新野在历史上根本就不存在；而火烧赤壁的主要功劳应当记在东吴的周瑜及黄盖身上，诸葛亮充其量只是起到了参谋的作用而已。但荀彧扶保曹操之后，通过两次与陈宫斗法，设计击败吕布，充分展示了自己杰出的军事才华。

公元194年，曹操东征徐州牧陶谦，张邈、陈宫趁机在兖州反曹，暗中迎接吕布。时荀彧和寿张令程昱（141—220）守卫兖州治所鄄城（今山东省鄄城县），吕布到后，张邈派人告诉荀彧："吕将军来助曹使君击陶谦，宜亟供其军食。"众人疑惑，唯荀彧知其计，立即命令军队加强防守，并急召东郡太守夏侯惇。而兖州诸城皆响应张邈，投靠吕布阵营。当时曹操率大军出征，留守的兵力很少，而且很多人都与张邈、陈宫勾结。夏侯惇到后，乘夜诛杀谋反者数十人，军心乃安。

陈宫一计不成，又生一计，乃煽动豫州刺史郭贡率众数万来攻，众人皆惊恐万分，唯有荀彧镇定自若，郭贡请荀彧出城相见，荀彧凛然无惧，欲只身赴会。夏侯惇担忧不已，劝道："君，一州镇也，往必危，不可。"荀彧却说："贡与邈等，分非素结也，今来速，计必未定；及其未定说之，纵不为用，可使中立，若先疑之，彼将怒而成计。"言罢，即只身出城会见郭贡，郭贡见荀彧谈笑从容，没有半分惧色，认为鄄城易守难攻，便引兵而去。《三国演义》中，关羽单刀赴会的故事妇孺皆知，但那是小说家言，历史上并不存在。可荀彧一个手无寸铁的文弱儒生，于数万敌军之中只身会见郭贡，不但神色自若，全身而退，更保全了鄄城，这才真的是"智者无惑，勇者无惧"呢。

连输两阵的陈宫，再不敢与荀彧斗法。不久后，曹操回师濮阳，击败吕布。此时，陶谦已死，曹操打算趁机夺取徐州，再回军消灭吕布。荀彧劝阻说："昔高祖保关中，光武据河内，皆深根固本以制天下，进足以胜敌，退足以坚守，故虽有困败而终济大业。将军本以兖州首事，平山东之难，百姓无不归心悦服。且河、济，天下之要地也，今虽残坏，犹易以自保，是亦将军之关中、河内也，不可以不先定。今……若分兵东击陈宫，宫必不敢西顾，以其闲勒兵收熟麦，约食畜谷，一举而布可破也……若舍布而东，多留兵则不足用，少留兵则民皆保城，不得樵采。布乘虚寇暴，民心益危，唯鄄城、范、卫可全，其余非己之有，是无兖州也。若徐州不定，将军当安所归乎？且陶谦虽死，徐州未易亡也。彼惩往年之败，将惧而结亲，相为表里。今东方皆以收麦，必坚壁清野以待将军。将军攻之不拔，略之无获，不出十日，则十万之众未战而自困耳。前讨徐州，威罚实行，其子弟念父兄之耻，必人自为守，无降心，就能破之，尚不可有也。夫事固有弃此取彼者，以大易小可也，以安易危可也，权一时之势，不患本之不固可也。今三者莫利，愿将军熟虑之。"曹操采纳了荀彧的意见，放弃进攻徐州的企图。抓紧战机，收割熟麦，储存粮秣，积蓄实力。不久，曹操大败吕布，吕布连夜弃营撤往徐州。曹操乘胜攻取定陶城，并分别派出部队收复兖州各县，兖州遂平。此战的获胜，对曹操以后统一北方、成就大业具有重要的意义，荀彧功不可没。

当然，与陈宫斗法，设计击败吕布，对于荀彧来说，也只是牛刀小试而已。

四、运筹帷幄破袁绍

公元196年秋，汉献帝刘协从长安返回洛阳。在要不要奉迎天子的问题上，曹军内部发生了争执。多数人不同意迎接献帝。荀彧则对曹操说："昔汉高祖东伐为义帝缟素而天下归心。自天子播越，将军首倡义兵，徒以山东扰乱，未能远赴关右，然犹分遣将帅，蒙险通使，虽御难于外，乃心无不在王室，是将军匡天下之素志也……诚因此时，奉主上以从民望，大顺也；秉至公以服雄杰，大略也；扶弘义以致英俊，大德也。天下虽有逆节，必不能为累，明矣。韩暹、杨奉其敢为害！若不时定，四方生心，后虽虑之，无及。"曹操认为荀彧之言有理，遂亲率大军进抵洛阳，奉迎献帝迁都于许。曹操被封为大将军、武平侯，荀彧也升为汉侍中，守尚书令。曹操由此奠定了"挟天子以令诸侯"的战略优势，并为其此后统一战争的顺利实施奠定了基础。

公元199年秋，连续击败张绣和吕布的曹操北渡黄河，击斩依附袁绍的眭固，进而控制了河内郡。这在袁绍看来，是赤裸裸的挑衅，于是袁绍统精兵十万，战马万匹，企图南下进攻许。围绕着是否抗袁的问题，在曹操集团内部又展开了一场辩论。名士孔融以"绍地广兵强；田丰、许攸，智计之士也，为之谋；审配、逢纪，尽忠之臣也，任其事；颜良、文丑，勇冠三军，统其兵"为由，反对与袁绍抗争。而从袁绍阵营出来对袁绍集团内部非常了解的荀彧则认为，"绍兵虽多而法不整。田丰刚而犯上，许攸贪而不治。审配专而无谋，逢纪果而自用，此二人留知后事，若攸家犯其法，必不能纵也，不纵，攸必为变。颜良、文丑，一夫之勇耳，可一战而禽也"。正是荀彧的一席话，坚定了曹操战胜袁绍的信心。

公元200年，官渡之战爆发。荀彧主要负责后勤补给工作。这年秋，曹军军粮将尽，士卒疲惫，曹操写信给荀彧，准备退守许都。荀彧回信说："今军食虽少，未若楚、汉在荥阳、成皋间也。是时刘、项莫肯先退，先退者势屈也。公以十分居一之众，画地而守之，扼其喉而不得进，已半年矣。情见势竭，必将有变，此用奇之时，不可失也。"曹操采纳荀彧的建议，继续坚守待机。不久，家人犯法入狱的许攸投奔曹操，献计偷袭乌巢。曹操以奇兵袭乌巢后，一举歼灭袁军七万余人，袁绍从此一蹶不振。曹操由此奠定了统一中国北方的基础。而"审配以许攸家不法，收其妻子，攸怒叛绍；颜良、文丑临阵授首；田丰以谏见诛"等，和荀彧所预见的完全一样。

公元203年，曹操上表，封荀彧为万岁亭（在今河南省新郑市）侯。时任尚书令的荀彧看到曹操表文后，便把表压了下来。因此，曹操又写信给他说："与君共事以来，立朝廷，君之相为匡弼，君之相为举人，君之相为建计，君之相为密谋，亦以多矣。夫功未必皆野战也，愿君勿让。"荀彧这才接受万岁亭侯的封爵。受封万岁亭侯，这是荀彧人生的高光时刻。此后的荀彧与曹操之间，便产生了分歧。

五、才冠三国死食盒

东汉时期，天下分为十三州（算上司隶为十四州），九州的分法盛行于商周时期。公元204年，曹操攻下邺城后，有人建议恢复古制将天下分为九州，这样担任冀州牧的曹操所实际拥有的领土就会更大一点。但荀彧却认为，天下尚未平定而妄议古制，会使得曹操树敌太多，不利于统一天下，目前的主要任务，还是应以扫平北方袁绍的残余势力，南征刘表为先，"天下大定，乃议古制，此社稷长久之利也"。

虽然此时的汉献帝刘协真的没有实权，但在古代"师出有名"的传统下，曹操的手下人等忽略汉献帝刘协去妄议古制，便是给了反曹势力一个非常有利的讨伐理由，这些反曹势力再把那些利益受到曹操侵害的人联合起来对付曹操，曹操的处境将非常不乐观。荀彧的这番话绝对是为了曹操好，但可惜的是，荀彧的想法没有被曹操完全理解。曹操虽然表面遵从了荀彧的建议，但是心里非常不乐意。此时的曹操与荀彧之间的关系，已经出现了裂痕。荀彧的侄子荀攸极有卓识，为人又极为低调，丝毫不比荀彧差。正是因为如此，曹操在彻底平定河北后，便开始着手用荀攸替代荀彧的工作。其中的第一步便是于公元207年任命荀彧的侄子荀攸为中军师。

中军师的"中"字，其实就是中央的意思。此时的曹操手下，有师官四人，即中军师荀攸、前军师钟繇、左军师凉茂、右军师毛玠，中军师为四军师之首。此后荀攸的主要职责便是掌管刑罚。与此同时，原来由荀彧所主持的军国大事以及人才选拔，荀攸也参与进来。虽说曹操此举似乎是有意让荀攸来替代荀彧居中持重，但无论如何，本来荀彧一个人能干的事，却要由两个人来干，不得不说这是一种人才上的浪费。

曹操随后又"欲表或为三公，或使荀攸深让，至于十数"。"三公"即太尉（司马）、司徒、司空，属于位高而权不重的职位。尚书令虽然位低于三公，却是国家政务中枢的一把手，因此，如果荀彧从尚书令迁升为太尉或者司徒，虽然地位上升了，但是离开尚书台后，权力就大大缩水了。而荀彧一旦离开，尚书令一职空缺，曹操马上就可以让中军师荀攸补进来。但是，荀彧没能领会曹操的深层用意，而三公的地位又极其尊崇，为人谦逊的荀彧始终不敢登上三公之位，乃至十几次让荀攸向曹操转达自己的态度，曹操不得已，就此作罢。有意思的是，曹操之后干脆废掉了三公之位，自己也不当司空了，转任丞相，似乎也是在和荀彧怄气。

荀彧一生留下最大的谜团就是他的死因。话说曹操一统北方，官至丞相，"挟天子以令诸侯"，是到了加封爵位的时候了。

公元212年，曹操欲晋爵国公、加封九锡（九锡是古代帝王对大臣的九种赏赐，有车马、衣服、乐器、武士、弓矢等，这是对大臣的最高礼遇）。荀彧竟然第一个反对，而且态度坚定。荀彧上表曹操："本兴义兵以匡朝宁国，秉忠贞之诚，守退让之实；君子爱人以德，不宜如此。"荀彧的这段柔中带刚的话，着实让曹操难堪。荀彧是曹操最为敬重、倚重的老臣，荀彧的反对不仅朝野震惊，就连曹操本人都完全没想到。被曹操记恨的荀彧由此远离了曹操集团核心。

同年，远征孙权的曹操，让一直"居中持重"、很少随军出征的荀彧到前线劳军。荀彧到达以后，曹操趁机把他留在军中。关于荀彧的死有两个版本，《三国志》说是荀彧被排挤后留在寿春（扬州州治、九江郡治所在地，今安徽省寿县），抑郁成疾而终；裴松之《三国志注》引《魏氏春秋》记载：曹操送给荀彧一个食盒，荀彧打开一看是空的，于是便服毒自尽，享年五十。就在荀彧去世的第二年，曹操终于如愿加九锡，晋魏公。从此可以名正言顺地独揽大权，为实现自己的梦想，前进了一大步。

荀彧这样一个心存汉室的名门之后，却能多年以来尽力辅佐曹操，这本身就充满了矛盾性。当年荀彧用"晋文纳周襄王而诸侯景从"这样的典故去劝说曹操，想让曹操效仿晋文公姬重耳（前697/671—前628年在世，前636—前628年在位），但同时也表明在荀彧心中早就将汉献帝刘协和手无权柄的周襄王姬郑（？—前619年在世，前651—前619年在位）画上了等号。

从荀彧的所作所为来看，他对曹操把持朝政"挟天子以令诸侯"是支持认可的，但当曹操显露出上位的心思，荀彧却旗帜鲜明地反对了。荀彧可以认同曹操成为霍光那样的权臣，而绝不认同其成为王莽那样的篡逆。

但问题在于权臣和篡逆之间并没有明确的边界，很多权臣最后没有称帝并非其内心没有想法，而是由于很多主客观因素的限制；而篡逆者也必然是先从权臣的位子上开始过渡的。以荀彧的才智不可能看不出其中的门道，因此，荀彧最后与曹操分道扬镳，直至不明不白地死去，便是其矛盾一生的必然归宿。

第十四章

荀攸："愚不可及"是"大智若愚"的最高境界

说起颍阴荀氏"非要把鸡蛋放到一个篮子里"，那必须要讲到荀彧的侄子荀攸（157—214）。

虽说比曹操小两岁的荀攸（字公达）是荀彧的侄子，但却比荀彧大了六岁。跟荀彧曾经先后在董卓、袁绍和曹操手下工作不同，经荀彧推荐之后，荀攸一生只服务于曹操一个人。无论荀彧到底是怎么死的，都与荀彧不满于曹操企图加九锡晋魏公一事有关。而对于荀攸深为佩服的曹操评价他说："公达外愚内智，外怯内勇，外弱内强，不伐善，无施劳，智可及，愚不可及，虽颜子、甯武不能过也"。

一、大智若愚有智慧

曹操对荀攸的评价是"智可及，愚不可及"，这到底是什么意思呢？颜子也就是孔子的弟子颜回（前521—前490），甯武子是春秋时期卫国的大夫甯武子，颜子和甯武子两人都是极为有才却又非常谦虚（"愚"）的人。孔子评甯武："邦有道，则知；邦无道，则愚。"意思是，在国家政治清明的时候，甯武子就会把自己的聪明才智都展现出来；在国家政治昏暗的时候，甯武子就装傻充愣。曹操对荀攸的评价，说的是荀攸的智慧与郭嘉、贾诩等人比肩，但荀攸装傻的本事，却是连颜回、甯武子都比不上——"愚不可及"。

问题在于：对甯武子来说，"邦无道，则愚"；曹操所说的荀攸"愚不可及"是因为曹操所统治的国家也同样属于"邦无道"吗？当然不是。荀攸装傻是对别人装傻，但私下里对曹操还是倾力辅佐的。曹操口中的"愚不可及"，其实就是"大智若愚"的意思。"愚不可及"是曹操对荀攸的评价，"大智若愚"是历史对荀攸的评价。

"大智若愚"，首先就得有"智慧"。荀攸的智慧，早在年少时就已经显山露水了。

荀攸的爷爷荀昙，官至广陵太守。荀攸的父亲荀彝，曾经做过州从事。很早就失去了父母的荀攸，只能跟着爷爷荀昙生活。七八岁的时候，荀攸曾被喝醉酒的叔父荀衢误伤了耳朵。醉酒的荀衢自然是无心之失，酒醒后也早将此事忘在脑后。可他却发现一个奇怪的现象，自己的侄儿一向和自己亲近，可最近却总是躲着自己。原来，荀攸为了让自己的叔叔没有心理负担，干脆提也不提此事。就连平时玩耍，也尽量躲着叔叔，不让他看到自己耳朵的伤，以免叔叔自责。看来没有爹妈的孩子早熟啊。

荀攸十三岁时，爷爷荀昙去世。不久后，曾在荀昙手下工作的一个故吏张权居然来到荀家，请求为荀昙守墓。正在全家人手足无措之际，十三岁的荀攸疑惑地对叔叔荀衢说："此吏有非常之色，殆将有奸！"荀衢便找到张权询问。结果正如荀攸所料，张权是因杀人之后逃亡在外，想以守墓的方式来此隐姓埋名避难。荀攸的洞察力因此闻名。

二、力挽狂澜非热血

洞察力如此高超，工作自然是不难找的。公元189年，大将军何进为巩固自身地位，博征智谋之士充实朝堂，征辟海内名士二十余人，荀攸也名列其中，拜黄门侍郎。

没承想，大将军何进的一系列的错误操作，最终不但导致了以大将军何进为首的外戚集团与十常侍为首的宦官集团同归于尽，还将擅权乱政的董卓引入洛阳。

在董卓乱政的三年里，洛阳周围二百里内尽成瓦砾，有志之士纷纷想要铲除董卓及其党羽，荀攸也是其中之一。此时的荀攸与议郎郑泰、长史何颙、侍中种辑、越骑校尉伍琼等人商议说："董卓无道，甚于桀纣，天下皆怨之，虽资强兵，实一匹夫耳。今直刺杀之以谢百姓，然后据肴、函，辅王命，以号令天下，此桓文之举也。"此等壮志豪情，家国情怀，颇有当年张良刺杀秦皇的气魄。

正当他们摩拳擦掌之时，不知道是谁走漏了消息。参与密谋的几个人纷纷夺路而逃，荀攸和何颙被捕入狱。何颙在狱中没顶住压力，自杀身亡。荀攸淡然处之，该吃吃，该睡睡，说话做事居然和平时没啥区别。恰好赶上董卓被杀，得以免罪的荀攸弃官回家，后来又被官府征召，考试名列优等，升迁为任城（今山东省微山县）相，但是荀攸没有赴任。

此时的荀攸知道，纵然自己有挽狂澜于既倒的雄心和壮志，也不能只靠一腔热血。此后的荀攸，终于开始学会如何保护自己。

此时的荀攸认为蜀地险固且百姓安居乐业，便申请任蜀郡太守。毕竟是朝里有人好做官，朝廷批准了荀攸的申请。但由于"蜀道之难，难于上青天"，荀攸被迫在荆州滞留。好在天无绝人之路。恰好，已经"挟天子以令诸侯"的曹操从荀彧口中得知荀攸的才华，便写信盛邀荀攸加盟自己的阵营："方今天下大乱，智士劳心之时也，而顾观变蜀汉，不已久乎！"荀攸欣然允诺，曹操喜出望外地对荀彧和钟繇说："公达，非常人也，吾得与之计事，天下当何忧哉！"从此，荀攸成了曹操的军师，但凡行军打仗，荀攸必在曹操身边出谋划策。

三、以术谋世得安宁

在曹操帐下，荀攸很快便充分展示了自己的才华。

曹操起家于"四战之地"的中原地区，周围有吕布、刘备、张绣、刘表、孙策、袁绍、袁术等多股势力。他们的实力不比曹操差，甚至还要强于曹操，曹操既要避免被围歼，还要往大了发展，那么什么时候该打谁不该打谁，就上升为一种学问。

公元198年春，荀攸随曹操征讨张绣。荀攸看出当时的形势对曹操很不利，就对曹操说："绣与刘表相恃为强，然绣以游军仰食于表，表不能供也，势必离。不如缓军以待之，可诱而致也；若急之，其势必相救。"但曹操没有听从荀攸的劝告，出兵对张绣作战。刘表果然发兵相救，曹军失利。此时的曹操对荀攸说："不用君言至是。"于是设下奇兵再次和张绣、刘表联军大战，大破之。随后，在荀攸的建议下，曹操自宛征讨吕布。吕布固守城池，曹兵连续作战，疲惫不堪，在曹操打算下令撤军时，荀攸与郭嘉说："吕布勇而无谋，今三战皆北，其锐气衰矣。三军以将为主，主衰则军无奋意。夫陈宫有智而迟，今及布气之未复，宫谋之未定，进急攻之，布可拔也。"曹操随即引沂水、泗水灌进城去，攻破了下邳，生擒吕布。

公元200年，袁绍派大将颜良围攻白马（今河南省滑县），企图进而一举占领许都。面对气势汹汹的颜良，荀攸认为不可正面硬碰硬，而应声东击西，以解白马之围："公到延津，若将渡兵向其后者，绍必西应之，然后轻兵袭白马，掩其不备，颜良可擒也。"袁绍果然上当，分兵延津（今河南省延津县），曹操趁机袭击白马，斩杀颜良。袁绍立即命文丑率五六千精兵追杀曹操，然而此时曹操仅有押送粮草辎重的六百骑兵，诸将见敌众我寡，都感到很害怕，劝曹操退守大营，荀攸知道敌人的弱点，"此所以擒敌，奈何去之"。曹操心领神会，命令士卒故意丢弃辎重，袁军果然上前哄抢，被曹操一举击溃，文丑也死于乱军中。

颜良、文丑被杀后，袁军实力大减、士气大衰。荀攸随后又献计派徐晃击败为袁绍押粮草的韩猛；建议曹操听从许攸之谋，斩杀了淳于琼；劝说曹洪接受张郃、高览的投降。

公元202年，袁绍病死之后，他的两个儿子袁谭、袁尚内讧，袁谭不敌袁尚，向曹操乞降。此时的曹操，便开始纠结到底是应该先攻刘表还是应该先攻袁尚。部将们大多认为刘表强，应先攻之，袁谭、袁尚不足为虑。荀攸则与众不同地提出："天下方有事，而刘表坐保江、汉之间，其无四方志可知矣。袁氏据四州之地，带甲十万，绍以宽厚得众，借使二子和睦以守其成业，则天下之难未息也。今兄弟遘恶，此势不两全。若有所并则力专，力专则难图也。及其乱而取之，天下定矣，此时不可失也。"曹操最终听从了荀攸的建议，答应与袁谭结亲，随即派兵击败袁尚。这以后袁谭背叛，荀攸又随从曹操在南皮斩杀袁谭。由此肃清了袁氏势力，彻底平定北方。

四、事了拂衣藏功名

平定北方后，曹操立即为他向汉献帝刘协请求封赏："军师荀攸，自初佐臣，无征不从，前后克敌，皆攸之谋也。"荀攸最终被封为陵树亭侯，"荀军师"之名响彻天下。

荀攸得到封赏，可喜可贺。前来庆贺的小舅子辛韬私下里问荀攸是如何帮助曹操平定河北的，荀攸则告诉辛韬说："佐治（袁谭的使者辛毗，字佐治）为袁谭乞降，王师自往平之，吾何知焉？"此后，家族内外再也没人向荀攸问及军国大事了。

荀攸就是这样低调内敛的一个人，在任何情况下，都不炫耀自己的长处，都不夸大自己的功劳。也正是因为如此，曹操才会说他"智可及，愚不可及，虽颜子、宁武不能过也"。即便有人能够在才智上和他比肩，但在德行上却远远没有人能望其项背。也正是因为如此，曹操才会告诫太子曹丕说："荀公达，人之师表也，汝当尽礼敬之。"

公元207年，曹操论功行赏，将荀彧排为第一，荀攸次之。如果说荀彧是坐镇后方的萧何（？—前193），那荀攸便是运筹帷幄的张良（？—前186）。在曹操统一北方的过程中，荀攸是其智谋团的首席谋士。然而，他却只管付出，不求名利，心怀锦绣，貌若不足，以致很少有人知道他的功劳。

五、最了不起的才华

公元212年，曹操欲晋爵国公、加封九锡。荀彧竟然第一个反对，而且态度坚定。同年，远征孙权的曹操，让一直"居中持重"、很少随军出征的荀彧到前线劳军。荀彧到达后不久便去世了。

此时的荀攸知道，只凭一个颍川荀氏家族已经阻止不了曹操，钟繇、董昭、陈群、司马懿等人及其背后的家族都已经选择支持曹操。荀攸如果继续选择抗争之路，不但不能阻止曹操，反而有可能给家族带来灭顶之灾。所以荀攸迅速表明立场，支持曹操晋爵魏公。

公元213年，汉献帝刘协册封曹操为魏公，加九锡、建魏国，荀攸还担任了尚书令一职。然而仅一年后，荀攸跟从曹操征孙权，在路上去世，"攸从征孙权，道薨。太祖言则流涕"。

若论军事才能，还有贾诩、程昱等能与荀攸匹敌；但若论人品，却没有人比荀攸更适合居中持重。荀彧去世了有荀攸接替，但荀攸去世了，却没人能够接替。而这，恰恰是曹操"言则流涕"的原因。

荀攸在世时，与钟繇交好。他生前设奇策共十二计，只有钟繇知道。荀攸去世后，钟繇曾计划整理出这十二奇计，然而还没有完成就去世了。而这十二奇计也随之彻底消失在历史的长河里。裴松之因此评道："攸亡后十六年，钟繇乃卒，撰攸奇策，亦有何难？而年造八十，犹云未就，遂使攸从征机策之谋不传于世，惜哉！"

第十五章

鬼才郭嘉：天生郭奉孝，豪杰冠群英

前面讲诸葛亮出场时通过"隆中对"一鸣惊人，鲁肃（172—217）用"吴中对策"打动了孙权，下面我们要讲的这个谋士，也有一个奠定他著名谋士"江湖地位"的理论——"十胜十败"论，而这个谋士就是曹操早期军事智囊团的核心人物——郭嘉（170—207）。

郭嘉去世的时候只有三十八岁，在曹操身边只有十一年。但就在这十一年中，曹操打的所有重要战役，如战吕布、破袁绍、讨二袁（袁谭、袁尚）、征乌桓等，都有郭嘉的身影。

郭嘉去世的时候，曹操心痛啊，"哀哉奉孝！惜哉奉孝！痛哉奉孝！"曾有人说，魏失郭嘉，相当于蜀失庞统、吴失周瑜。

赤壁之战打了败仗之后，曹操说，"郭奉孝在，不使孤至此"。足见郭嘉这位谋士在一代枭雄曹操心目中的地位。

曹操评价郭嘉说："使孤成大业者，必此人也。""唯奉孝为能知孤意。"曹操有那么多谋士，他为什么还要这样说呢？郭嘉和别的谋士有什么不一样的地方？曹操为什么如此看重郭嘉呢？郭嘉又是怎么选择了曹操呢？

一、慧眼识主选曹操

郭嘉，字奉孝，颍川阳翟（今河南省禹州市）人。颍川是三国时期最大的人才库。当时为各路英豪出谋划策的谋士，十之六七出于此地。少年时代的郭嘉就展露出非凡的智慧，他喜欢与长者交谈，往往有独到的见解，常使长者们自愧不如。光阴荏苒，饱读诗书的郭嘉转眼长大成人。他长得清瘦俊朗，又有一双清澈的眼睛。郭嘉自信而清高，喜欢无拘无束，交友非常挑剔，只与心目中的仁人志士来往。但他待朋友非常真诚、热情，喜欢通宵达旦地饮酒畅谈。

郭嘉原本是效力于袁绍的。二十一岁时，在朋友田丰的鼓动下，郭嘉投奔到袁绍帐下。袁绍对郭嘉等人极为敬重，厚礼待之。但数十日一过，郭嘉便看出袁绍不懂得用人之道，非成大事之人。

郭嘉是在袁绍最风光的时候离开他的，这不仅要有极大的勇气，更要有超常的眼光。在《三国志》中有一段郭嘉和郭图的谈话，郭嘉很清楚地说明了离开袁绍的原因。"初，北见袁绍，谓绍谋臣辛评、郭图曰：'夫智者审于量主，故百举百全而功名可立也。袁公徒欲效周公之下士，而未知用人之机。多端寡要，好谋无决，欲与共济天下大难，定霸王之业，难矣！'于是遂去之。"

就这样，郭嘉一直赋闲了六年。公元196年，曹操颇为器重的一位谋士戏志才去世。伤心之余，曹操写信给荀彧，让他给推荐一位可以接替戏志才的谋士。荀彧就将好友郭嘉推荐给了曹操。曹操大喜，十里相迎将郭嘉接入自己的营帐，共论天下大事。这次会面的重要性绝不亚于后来的"隆中对"。郭嘉比曹操小十五岁，但对曹操的宏国伟志似乎了如指掌。当曹操就天下形势向郭嘉问计时，郭嘉一语道破要害，建议曹操乘袁绍攻击公孙瓒之时先消灭吕布。这样不仅能使曹军扩大实力，还可以避免以后曹袁决战时吕布从侧翼威胁曹军。曹操又询问郭嘉，作为谋士，最关键的素质是什么？郭嘉说战争和下棋一样，没有一场战争是事先部署好的，熟读兵法只是入门，军师的优劣在于临场应变。郭嘉明晰透彻的分析，让曹操一下看到了光明的未来。

曹操听完感叹道："使孤成大事者，必此人也"。郭嘉离开营帐后，也大喜过望地说："真吾主也。"从此，郭嘉便当上了曹操参谋军事之官——军师祭酒，为曹操的四方征战出谋献策，忠心效力。

二、十胜十败比隆中

其实郭嘉最著名的是他向曹操进献的"十胜十败"论。公元197年，当曹操正担心自己不具备与袁绍抗衡的能力之时，郭嘉提出了著名的"十胜十败"之说。他一连举出十条理由，以证明"公有十胜，绍有十败"。郭嘉的分析很具说服力，不但提振了曹军将士的斗志，更助曹操拟定了远期和近期的作战目标。同时，郭嘉也正式确立了自己在曹操军事智囊团中的核心地位。

哪"十胜十败"呢？

"袁绍礼仪繁多，常为形式所困；公从实际出发，体任自然，此道胜一也。袁绍割据一方，逆历史潮流而动；公顺应统一大势，奉天子以率天下，此义胜二也。东汉灭亡在于对待豪强过于宽纵，袁绍以宽济宽，不能整饬危局；公拨乱反正，以严治政，上下皆循法度，此治胜三也。袁绍外表宽宏大量，内心量小嫉贤，所任用者唯其亲戚子弟；公外表简单严肃，内心机智英明，用人不问远近、唯才是举，此度胜四也。袁绍多谋少决，往往事后才能意识到应当采取的策略；公谋定即行，应变无穷，此谋胜五也。袁绍沽名钓誉，喜欢听奉承话，那些能言善辩外表上看德才兼备而干不了实事的人多归之；公以诚待人，不务虚名，以俭率下，有功必赏，那些有远见卓识、真才实学的人都愿意为公所用，此德胜六也。袁绍见到饥寒之人怜悯溢于颜色，却不考虑那些从未见到的贫困百姓，谋划救国辅民的大计；公对眼前小事时有忽略，对待大事从不含糊，思虑所及不限于直接接触的人，恩德加于四海，此仁胜七也。袁绍不会用人，大臣之间争权夺利，疑惑丛生；公用人得法，使人各尽其力，不能相互倾轧，此明胜八也。袁绍以亲疏定是非，赏罚不明；公是非分明，赏罚有道，此文胜九也。袁绍声众势强，但不懂用兵要领；公精通兵法，能以少胜众，用兵如神，此武胜十也。"

就文章来说，不可否认的是诸葛亮的看法更加高远，刘备得孔明，促使其避实击虚占据天下一隅，形成三足鼎立的局面，这里有"隆中对"的积极因素，但更重要的因素是当时的历史大势使然。"隆中对"缺少中国文化的底蕴和兵法思想的渊源，不是一个很好的战略策划，它较同时代郭嘉进言曹操的"十胜十败"论相差甚远。

对于诸葛亮战略上的失误，当时的人就已经有所认识。诸葛亮的对手司马懿曾说，"亮志大而不见机，多谋而少决，好兵而无权，虽提卒十万，已堕吾画中，破之必矣"。陈寿在《三国志》中评价说，诸葛亮"连年动众，未能成功，盖应变将略，非其所长欤！"北宋时期的兵法家何去非也指出："孔明有立功之志，而无成功之量；有合众之仁，而无用众之智。"这些都是非常中肯的评价。

三、战官渡料事如神

公元200年，曹操大军与袁绍在官渡相持不下。曹操担心刘备突然发难，在背后捅上一刀。正面的强敌已难于应付，曹军还能不能分出兵马迎击刘备呢？郭嘉偏偏说"可以"，而且事不宜迟。郭嘉分析道："袁绍向来优柔寡断，不会迅速做出反应。刘备人心未归，立足未稳，迅速进攻，他必败无疑。然后再回师对付袁绍，这是改变腹背受敌的最好机会，决不能失去。"

于是，曹操举师东征，大破刘备，俘虏了刘备的妻子，擒了关羽。情况正如郭嘉所料，果然袁绍还没有做出反应，刘备就已被击败。也是在曹操与袁绍相持官渡之时，又一个令人不安的消息传到曹营：江东豪杰孙策，准备发兵偷袭曹操位于许都的根据地。孙策骁勇善战的名声当时正在中原大地上当当作响，这位将门虎子艺高胆大，完全继承了其父孙坚的好斗气质。此前，他以所向披靡之势，在富饶的江东四面作战，一举奠定了雄厚的基业。与袁绍相持中已经处于劣势的曹操，根本不可能再抽出兵力保卫许都。而一旦许都失守，曹操阵营将立刻分崩离析。这是曹营中人心最为动乱的时期，不少人开始暗中向袁绍献媚，准备为自己留条后路。

在此紧急关头，郭嘉居然提出一个令人匪夷所思的见解："根本没必要抽出兵力去保卫许都，因为孙策来不了。"郭嘉说："孙策刚刚吞并江东，所杀的都是英雄豪杰。而孙策本人又轻率疏于防备，虽然拥有百万之众，但和孤家寡人无异。我看他必然死于刺客之手。"后来孙策果然因三名刺客为主人报仇，中毒箭而亡。这或许是巧合，但确实为郭嘉的神机妙算添上了一笔。

公元203年，官渡之战大败而归的袁绍病逝，曹操进攻袁绍的两个儿子，连战连捷。曹军诸将都想乘胜攻破二袁，可就在此时，先前力主北进的郭嘉却力排众议，建议退兵。他为曹操分析了袁氏两兄弟之间的矛盾："袁绍的两个儿子，袁谭虽是长子，但袁绍更喜欢袁尚。袁绍一直为传位给哪个儿子而犹豫，以至在撒手人寰之际才草草决定让三子袁尚接位，长子袁谭对此一直心存不满。如果我们攻打他们，他们一定会联合抗击，如果暂缓用兵，他们一定会爆发内讧。"

郭嘉建议曹操装作向南攻击刘表，"以待其变"。果然，曹军刚回到许昌，就传来袁军生变的消息。曹操乘机回军北上，将袁谭、袁尚各个击破，二袁一死一逃。因为郭嘉的妙计，此仗赢得既轻松又顺利。

四、征乌桓天妒英才

官渡之战袁绍打败了，后来袁谭被曹操杀了，袁尚和袁熙就逃到了乌桓，乌桓又叫作乌丸，是中国北方的少数民族，他们的大本营柳城就是现在咱们东北辽宁省的锦州市，这些少数民族在这个历史时期是站在袁绍一边的。

曹操要统一中国北方，必须消灭袁熙和袁尚，要消灭袁熙和袁尚就必须打乌桓。但是这个仗很难打。当时的曹操把汉献帝接到了许都，他把自己的大本营设在邺城。而乌桓在则在辽宁，路途非常遥远。正是因为如此，很多人反对曹操打乌桓。

这些人反对打乌桓的理由是什么呢？有两个。第一，袁尚和袁熙是亡虏，是两个打了败仗的家伙，乌桓是少数民族，这两伙人他是搞不到一起去的，他们不可能联合起来，不用打。第二，如果劳师远征、虚国远征，南方的那个刘表会来打我方，因为刘备现在跑到刘表那儿去了，刘备肯定怂恿刘表来打我方，这也是后顾之忧啊。

有没有道理？有道理，但是郭嘉主张打。郭嘉主张打有三个理由。第一，他说乌桓是远，但是正因为乌桓远，所以他们绝对想不到我方会去打他们，这叫作"恃远无备"，他是没有准备的，如果突然袭击一下可以打他个措手不及，这叫作"可以打"。

第二个理由，就是袁绍对乌桓是有恩的，袁绍的儿子跑到乌桓去以后他们肯定会结合起来，他们一旦结合起来，不但统一中国北方的目标不能实现，就是现在已经占有的冀州和青州说不定都不是我们的了，这叫作"应该打"。

第三，不用担心刘表这个人会不会来偷袭我们。为什么呢？郭嘉说刘表"坐谈客耳"，什么意思呢？说刘表这个家伙夸夸其谈，坐在这儿聊天可以，打仗他不行。刘备到了他那个地方，也确实是个英雄，但是刘表是不会信任刘备的，因为刘表很清楚刘备的能力在自己之上，他绝不肯也不敢信任刘备；而且刘表现在根本不知道拿刘备怎么办。信任他吧，委以重任，派以重兵，怕刘备将来夺自己的地位；不信任他吧，刘备怎么肯给他出力呢？所以郭嘉跟曹操说，明公放心，刘表肯定不会来袭击我方。

这就叫料事如神！果然曹操的军队出发以后，刘备就建议刘表乘虚而入，赶快打到许昌把皇上接到荆州来，那样就挟天子以令诸侯了。刘表想先等等看看。他不动弹刘备是没有军队的，刘表不派兵刘备就没有办法。等到曹操以迅雷不及掩耳之势把乌桓干掉了以后，班师回朝时，刘表才来找刘备说："哎呀，兄弟，你看我错过一次机会了。"

郭嘉是曹操最喜爱，也是最得力的谋士，应该说，曹操之所以用兵如神，有郭嘉为其运筹帷幄，起到了很重要的作用。用曹操的话来说，便是"平定天下，谋功为高！"

由于郭嘉的过早去世，他的名气没有诸葛亮那么大，他的形象没有诸葛亮那么闪光。诸葛亮二十七岁出山，五十四岁病逝，为刘备集团服务了二十八年，其中有十一年是大权独揽。而郭嘉呢，二十七岁出山，三十八岁去世，为曹操服务了十一年，官职只是军师祭酒，军师祭酒就是参谋，连参谋长都不是，我们确实为郭嘉感到惋惜。否则，他在历史的天空中所留下的光环绝对可与诸葛亮相媲美。

第十六章

策士荀彧PK谋士郭嘉：谁更厉害一些

东汉末年，曹操手下有许多非常厉害的谋士，其中比较出名的便是荀彧和郭嘉。

郭嘉和荀彧有许多共同点，二人都曾效力于袁绍，并对袁绍的评价惊人的一致。荀彧和郭嘉为袁绍出谋划策时，正值袁绍的巅峰期，不仅地广而且人多，雄踞各路诸侯之首。袁绍势力如此强盛之时，荀彧却独具慧眼，"度绍终不能成大事"，于是去袁绍而投曹操。袁绍依然强盛，郭嘉对袁绍也做出了评价，比荀彧的评价更为详细和准确："袁公徒欲效周公之下士，而未知用人之机。多端寡要，好谋无决，欲与共济天下大难，定霸王之业，难矣！"于是去袁绍而投曹操。

投奔曹操之后，荀彧成为曹操手下的头号谋士，而郭嘉也被后人评价为堪比诸葛亮，"郭嘉不死，卧龙不出"便是拿来夸赞郭嘉的。

那郭嘉与荀彧二人，到底谁更厉害一些呢？

其实，这话一说出口，便是极端错误的。因为不能动辄便问谁更厉害，而是应该从对社会发展做出贡献的角度来看谁的功劳更大。

如果单看《三国演义》，那么郭嘉的能力肯定是比荀彧更强的，这一方面是因为郭嘉的早死让人惋惜，另一方面也是因为荀彧晚年与曹操发生了分歧而让人看低。但如果站在正史的角度，便会赫然发现，郭嘉与荀彧两人根本不在一个档次！

荀彧与郭嘉，谁的功劳更大一些呢？

谋士好不好，主子最知道。一如刘备评价诸葛亮"如鱼得水"那样，在这里，刘备是"鱼"，诸葛亮是"水"，没有诸葛亮的"水"，刘备这条"鱼"，必无出路。那么，在曹操眼里，荀彧和郭嘉二人，各是什么角色呢？荀彧刚刚投奔曹操时，曹操大悦曰："吾之子房也。"荀彧把郭嘉推荐给曹操时，曹操说："使孤成大业者，必此人也。"

一、荀彧胜在谋战略

1. 荀彧在曹魏阵营中的核心地位

看得出来，见到荀彧，曹操是特别高兴；见到郭嘉，曹操是很平静。评价荀彧是"吾之子房"，评价郭嘉是"使孤成大业者"。

刘邦也好，曹操也罢，但凡成大业者，绝不是一两三个人的事；而对于刘邦来说，能够做到"运筹策帷帐之中，决胜于千里之外"的，只有张良一人。同样，曹操口中的荀彧，就一如刘邦心中的张良那样，居中持重，展望未来。

曹操手下的荀彧，与刘备手下的诸葛亮、孙权手下的周瑜，地位极为类似。他们三人，并非一国之君，但却是最接近权力中心，对一国的政治、军事等方面能起到较大影响力的人物。

投奔曹操以后，荀彧官至侍中，守尚书令，居中持重达十数年，处理军国事务，时人敬称其为"荀令君"。

2. 作为曹魏阵营的核心，荀彧应该解决哪些问题？

第一，"居中"。"居中"表现在两个方面。其一，曹操出征，荀彧看家，这已经成了曹操治下尽人皆知的思维定式。荀彧投奔曹操之初，"太祖领兖州牧，后为镇东将军，彧常以司马从"，后来逐渐发展到了"常居中持重，太祖虽征伐在外，军国事皆与彧筹焉"。正是因为有了荀彧在大后方主持，曹操才能顺利战胜张绣、吕布、袁术、刘备等一个又一个劲敌，最终成为北方唯一能与袁绍抗衡的势力。其二，荀彧还起到了曹操和汉献帝之间的"沟通桥梁"作用。当然也可以理解为，荀彧代表曹操看着汉献帝，并及时处理双方问题。

第二，"持重"。"持重"表现在对于曹魏政权整体战略的擘画和修正，具体而言，也表现在两个方面。

一是荀彧亲自筹划了"挟天子以令诸侯"的战略。荀彧之所以能够成为曹操和汉献帝之间的"沟通桥梁"，很大程度上因为曹操"挟天子以令诸侯"是荀彧规劝的结果。

公元196年秋，在要不要奉迎汉献帝刘协的问题上，曹军内部发生了争执。多数人不同意奉迎汉献帝刘协。荀彧则对曹操说："昔汉高祖东伐为义帝缟素而天下归心。自天子播越，将军首倡义兵，徒以山东扰乱，未能远赴关右，然犹分遣将帅，蒙险通使，虽御难于外，乃心无不在王室，是将军匡天下之素志也……诚因此时，奉主上以从民望，大顺也；秉至公以服雄杰，大略也；扶弘义以致英俊，大德也。天下虽有逆节，必不能为累，明矣。韩暹、杨奉其敢为害！若不时定，四方生心，后虽虑之，无及。"曹操认为荀彧之言有理，遂亲率大军进抵洛阳，奉迎献帝迁都于许。曹操被封为大将军、武平侯，荀彧也升为汉侍中，守尚书令。曹操由此奠定了"挟天子以令诸侯"的战略优势，并为其此后统一战略的顺利实施，奠定了基础。

二是荀彧亲自规划了统一北方的宏伟蓝图和军事路线。

曹操在初步稳定了陈宫、张邈的叛乱后打算再次东征，趁陶谦死夺取徐州，然后回过头平定吕布。荀彧站出来指出曹操的战略错误，劝曹操"深根固本以制天下"，建议曹操先稳固刚刚平稳的政权，"勒兵收熟麦，约食畜谷"，再征吕布，破陈宫，杜绝征徐州时吕布偷袭的可能。然后结扬州，讨袁术，各个击破，最后伐徐州、征天下。这是荀彧版的"隆中对"，清晰地为曹操早期统一北方指明了战略方向，避免了曹操初期处于四面受敌的窘境。

公元197年曹操宛城之败时，袁绍趁机南下，曹操与袁绍的战略决战一触即发。曹操恐不敌袁绍，荀彧站出来提出"四胜四败"。

"绍貌外宽而内忌，任人而疑其心，公明达不拘，唯才所宜，此度胜也。绍迟重少决，失在后机，公能断大事，应变无方，此谋胜也。绍御军宽缓，法令不立，士卒虽众，其实难用，公法令既明，赏罚必行，士卒虽寡，皆争致死，此武胜也。绍凭世资，从容饰智，以收名誉，故士之寡能好问者多归之，公以至仁待人，推诚心不为虚美，行己谨俭，而与有功者无所恡惜，故天下忠正效实之士咸愿为用，此德胜也。夫以四胜辅天子，扶义征伐，谁敢不从？绍之强其何能为！"

荀彧通过他的度、谋、武、德"四胜四败"理论，为曹操分析了必胜的原因和袁绍必败的结局，给予了曹操很大的信心。同时，荀彧也献计暂时稳住袁绍，先灭吕布，西线则派钟繇安抚西凉马超等诸势力，防止官渡之战三面受敌。曹操采纳其计，为官渡之战做好了准备。

官渡之后，曹操欲先征刘表，荀彧劝曹操趁官渡之威一鼓作气扫荡河北，彻底消灭袁绍残余部队。曹操采纳其计，挥师北上，袁军主力消灭殆尽，袁绍也呕血而亡，曹操轻易地统一了大半北方。

公元204年，有人建议曹操恢复古代九州制度，荀彧力排众议，指出此举会造成关西诸势力对己方动荡不安，袁尚、袁谭恢复实力，刘表安坐荆州的局面，对于曹操的政治环境和进一步扩张弊大于利，应以扫平北方，南征刘表为先，再议古制。

由此可见，荀彧的格局，远非其他谋士可比。

荀彧对曹操的作用，其实已经超越了"谋士"这个范畴。除了替曹操"排忧解难，出谋划策"，荀彧还担当着向曹操推荐人才的重任。

荀彧不是简单的谋士，他代表着一群世家和文士，荀家是颍川世家以及学派的领头人之一，荀彧作为其中重要的一员，在汉末乱世有一个核心的工作，就是帮助世家们挑选可以投靠的军事集团，他选中领导后，马上就会有一群人跟着去投效，类似于后来的诸葛亮代表荆州部分世家考察刘备。

当然，荀彧家族也会分散考察，荀彧的兄长荀谌就是袁绍帐下最重要的谋臣，包括荀彧本人也曾专门考察过袁绍，只不过没看中，才又挑选了曹操。对于曹操来说，别说荀彧是个有本事的谋臣，即使没有本事，曹操也是需要对他厚礼相待的，因为，荀彧投效曹操的政治意味很浓厚，代表着颍川世家集团看好曹操。

荀彧靠向曹操后，马上就拉来了戏志才、郭嘉、荀攸、钟繇、陈群、杜畿（163—224）、司马懿等众多谋士来帮助曹操。这些人，不但一举打造出了"颍川人才基地"，而且还对三国历史的发展起到了决定性的作用。

3. 荀彧在具体的战术上也有优异表现

"居中持重"，不等于战术上不行。事实上，荀彧在具体的战术上也有优异表现。

官渡之战爆发后，围绕着是否抗袁的问题，在曹操集团内部又展开了一场辩论。名士孔融（153—208）反对与袁绍抗争，"绍地广兵强；田丰、许攸，智计之士也，为之谋；审配、逢纪，尽忠之臣也，任其事；颜良、文丑，勇冠三军，统其兵：殆难克乎！"

荀彧回复说："绍兵虽多而法不整。田丰刚而犯上，许攸贪而不治。审配专而无谋，逢纪果而自用，此二人留知后事，若攸家犯其法，必不能纵也，不纵，攸必为变。颜良、文丑，一夫之勇耳，可一战而禽也。""今军食虽少，未若楚、汉在荥阳、成皋间也。是时刘、项莫肯先退，先退者势屈也。公以十分居一之众，画地而守之，扼其喉而不得进，已半年矣。情见势竭，必将有变，此用奇之时，不可失也。"

荀彧的一席话，坚定了曹操战胜袁绍的信心。

4. 荀彧给我们的启示

公元212年，曹操想晋爵国公、加封九锡。荀彧认为："本兴义兵以匡朝宁国，秉忠贞之诚，守退让之实；君子爱人以德，不宜如此。"因此惹怒了曹操。曹操征孙权时，让荀彧到谯县劳军。当荀彧留在寿春时，《魏氏春秋》："太祖馈或食，发之乃空器也，于是饮药而卒。"

荀彧有自己的理想和追求，有自己的价值观和人生观，他想振兴汉朝，他和曹操更像合作关系，不同的目的选择了同样的道路，是杰出的政治家和军事家，这大概也是后来当他和曹操政见不合时，曹操必须让他死的缘由之一。

二、郭嘉胜在谋战术

郭嘉二十七岁出山，为曹操服务了十一年，于三十八岁时去世了。

郭嘉为什么会早死呢？当然与曹操的纵容不无关系。

话说一出道就是刘备别驾的陈群，因为劝刘备不要受让陶谦的徐州，刘备不听，就转而投奔了曹操。在曹操这里，陈群担任司空西曹掾属，归属于司空军师祭酒郭嘉管辖。陈群常非议郭嘉为人不治行检，故曾数次于廷上投诉郭嘉，但郭嘉其意自若，毫不在意。曹操一方面表扬陈群检举有功，另一方面却对郭嘉不治行检的行为不闻不问。不仅如此，曹操暗地里为郭嘉一仍其旧的生活作风喝彩的同时，更加器重郭嘉。

虽然不清楚郭嘉不治行检的行为具体有哪些，但毫无疑问，纵欲过度的行为是肯定包含其中的。为什么曹操不责备他呢？一方面，曹操自己就是一个纵欲过度的人；另一方面，曹操与郭嘉之间，早已超越了主仆之谊。由此便引出了一个新的问题：在曹操看来，荀彧与郭嘉二人之间，谁的功劳大？

1. 郭嘉在曹魏军事智囊团中的核心地位

作为曹操治下的军师祭酒，他的任务就是想方设法替曹操消灭对手。而要替曹操消灭对手，那就必须具备一定的战略高度。

公元197年，曹操征张绣失败，袁绍落井下石，写信羞辱。曹操有意和袁绍一战，又遭到众人劝阻，郭嘉此时提出著名的"十胜十败"论，从道胜、义胜、治胜、度胜、谋胜、德胜、仁胜、明胜、文胜、武胜等十个方面下手，最终得出曹操必胜袁绍必败的结论。"十胜十败"论几乎涉及中国兵法思想的各个方面，切中要害，言简意明，博大精深，是完全可以与《孙子兵法》一比的。

在曹操势力劣于袁绍的大环境下，郭嘉的"十胜十败"论是弥足珍贵的战略性进言。其内容涵盖了诸多方面，既是对曹操的先期举措和成绩的肯定，亦是对未来的期待和要求。对处于劣势和下风的曹操阵营而言，坚定胜利信念是首要的，战略上藐视一切敌人，凝聚向上的力量；仔细对比敌我优劣，给以理论上的详细阐释，每一条都经得起推敲，每一条都基于客观现实，如此才能支撑起必胜的信念。而随后曹操问起是否现在就攻打袁绍，郭嘉却提出应当先扫清东南吕布的理智建议，这就属于战术上的不轻敌，一个胜利接连一个胜利，方能最终铸就一往无前、所向披靡的气势。郭嘉的"十胜十败"论鼓舞了曹魏集团的斗志，不但为曹操战胜袁绍平定中原奠定了思想基础，而且也为曹魏集团下一步统一全国打好了坚实的基础。

"十胜十败"论最终为曹操所采纳，郭嘉因此正式确立了在曹操军事智囊团中的核心地位。正如曹操所说，"使我成大业者，必此人也！"此后的曹操，视郭嘉为股肱，出则同车、入则同帐。

郭嘉"十胜十败"论给我们的启示：一是决不放弃，要学会危中见机；二是在识人方面，还要有惊人的洞察力。

2. 作为军事智囊团的核心，郭嘉应该解决哪些问题？

作为曹魏阵营的核心，荀彧的作用在于"居中持重"。而作为曹魏军事智囊团的核心，郭嘉应该解决哪些问题，在曹魏军事智囊团的核心地位表现在哪些方面呢？

一是做到知己知彼。以刘备为例。

刘备在陶谦死后，曾一度出任徐州牧，后徐州被吕布攻占，刘备投奔曹操。曹操听说刘备来投，心中不是喜悦，也不悲伤，而是一种惆怅，刘备乃当世雄才，天地之大，唯有刘备能与之媲美，他在想自己是否要杀了刘备，以绝后患，在犹豫之时，曹操请出程昱和郭嘉两位谋士来给他参谋一下。程昱建议立即杀刘备以绝后患。而郭嘉则认为："备有雄才而甚得众心。张飞、关羽者，皆万人之敌也，为之死用。嘉观之，备终不为人下，其谋未可测也。古人有言：'一日纵敌，数世之患。'宜早为之所。"基于以上分析，郭嘉建议软禁刘备。此时，正在招纳英雄以扩大自己影响的曹操，既没有接受程昱杀刘备的建议，也没有接受郭嘉软禁刘备的建议，反而给予刘备兵马粮草，让刘备做了豫州牧。

公元199年，刘备趁袁术北投袁绍时，主动向曹操请求前去截击。这时，恰好郭嘉、程昱不在身边，曹操就同意了刘备的请求。等郭嘉与程昱回来，一起劝阻曹操："刘备不可纵。"但为时已晚，刘备已走，而且夺取了下邳，举兵对抗曹操。

公元200年春，悔恨当初不听郭嘉软禁刘备之计的曹操想要迅速征讨刘备，但又担心军队出动后，袁绍会趁机偷袭。曹操便问计于郭嘉。郭嘉劝曹操说："绍性迟而多疑，来必不速。备新起，众心未附，急击之必败。此存亡之机，不可失也。"曹操马上起兵东征刘备。最终结果，袁绍果然没有出动，曹操大胜，擒了关羽，刘备逃归袁绍。

有了这次教训，曹操总是把郭嘉带在身边，以便随时问计，两人关系亲密，犹如朋友一般。

二是制定正确决策。以袁绍二子为例。

官渡之战失败的袁绍病逝，郭嘉又跟随曹操讨伐袁谭、袁尚，接连几次战斗都取得了胜利。将领们想要乘胜进攻他们，郭嘉说："袁绍爱此二子，莫适立也。有郭图、逢纪为之谋臣，必交斗其间，还相离也。急之则相持，缓之而后争心生。不如南向荆州若征刘表者，以待其变；变成而后击之，可一举定也。"公元203年秋，袁谭、袁尚果然争夺冀州。袁谭被袁尚军队打败，归降了曹操。曹操为了使袁谭暂时安心，让其子曹整娶袁谭的女儿。曹操趁袁尚出征时攻打邺城，袁尚立即率兵回援。曹操攻邺期间，袁谭趁机攻取冀州四郡，击袁尚于中山，并收降其众。曹操写信责其负约，两人断绝关系，袁谭退保南皮。公元205年，曹操攻破南皮，袁谭被发奔走，堕马而被追兵所杀。袁尚战败后逃往辽西，投奔了乌桓首领蹋顿。公元207年，曹操平定了乌桓，袁尚转而投奔辽东太守公孙康，遭到处死，首级传送于曹操之处。

三是把控最终结局。以孙策为例。

在曹操与袁绍相持官渡时，孙策打算渡江向北袭击许都。大家听到这个消息都很惊恐，郭嘉预测分析后说："策新并江东，所诛皆英豪雄杰，能得人死力者也。然策轻而无备，虽有百万之众，无异于独行中原也。若刺客伏起，一人之敌耳。以吾观之，必死于匹夫之手。"孙策在江边还没有渡江，果然被许贡的门客刺杀了。

3. 郭嘉给我们的启示

从来没有天生的豪杰冠群英，真正的豪杰除了随机应变，还需要丰富的知识，正所谓：腹内藏经史，胸中隐甲兵。

综合分析，荀彧在曹魏阵营中的作用比郭嘉大得多。郭嘉基本上只能管军事谋略，而荀彧，政治、军事都能管，后面还带着一群小弟。

第十七章

毒士贾诩：如何在权势斗争中笑到最后

汉末三国时期，一生不断跳槽且屡屡被升职加薪的谋士贾诩（147—223），其生平履历实际上就是他的跳槽史。

贾诩是凉州武威郡姑臧县（今甘肃省武威市凉州区）人，起家的时候是武威郡守张奂账下的军司、董卓的部将。董卓被杀后，贾诩依附于董卓的部将李傕。李傕与郭汜矛盾激化之际，他跳槽到了同乡段煨帐下；时隔不久，他又跳槽到了另一个同乡张绣帐下；官渡之战前夕，他又劝说张绣与他一起跳槽到了曹操帐下；在曹操帐下，他又选择并帮助曹操的长子曹丕继承帝位，最终位列三公才停了下来。公元223年，一生享尽荣华富贵的贾诩才以七十七岁的高龄去世。

一、眼界：事不同皆验

贾诩到哪儿都能混得开，受重视，这可不是一般人能做到的。那么，一生不断跳槽的贾诩，又是如何在权势斗争中每次都未卜先知地做出正确抉择，笑到最后的呢？

在我看来，贾诩之所以能够在各个政权当中不断跳槽还游刃有余，关键在于他的过人之处实在是太强大了，一是眼界，二是情商。

先来说说贾诩的眼界。

何谓眼界？眼界，就是目之所及，就是你看问题的远近和深度。时下总说一个人格局小了，格局要打开。格局，实际上说的就是一个人的眼界。

贾诩的眼界之高，表现在两个方面。一是他对局势的分析非常敏锐和准确，可以说是算无遗策。

董卓专权之后，司徒王允设下连环计，借吕布之手杀了董卓之后，董卓的部将李傕、郭汜等人纷纷打算逃回乡下去。这时一直蛰伏的贾诩对李傕、郭汜等人说："闻长安中议欲尽诛凉州人，而诸君弃众单行，即一亭长能束君矣。不如率众而西，所在收兵，以攻长安，为董公报仇，幸而事济，奉国家以征天下，若不济，走未后也。"

贾诩的这段话，可谓一石三鸟。"为董公报仇"，这是在打感情牌；"奉国家以征天下"，这是在打理想牌；"若不济，走未后也"，这是在打退路牌。

结果，李傕、郭汜等人接受了贾诩的建议，反攻长安，杀了王允，赶走吕布，掌控了政权。贾诩第一次出场，就让人眼前一亮。这就是贾诩的眼界。贾诩对混乱局势的判断，比别人要清晰、深刻得多。董卓的部将都已经准备各自逃生了，贾诩还能凭借着自己对东汉朝政未来发展前景的敏锐判断，为李傕、郭汜等人规划辉煌的前景，指明道路。

后来，贾诩在张绣手下，也凭借着出色的战术水平，两次献计打败曹操，最终都出奇制胜。

第一次是在公元197年，曹操南征，进攻驻在宛城（今河南省南阳市）的张绣。张绣原本已经打算投降曹操，谁知道曹操把张绣的婶婶纳为了妾室，这下张绣不干了，觉得曹操欺人太甚，就让贾诩给自己出个主意。贾诩让张绣跟曹操请示说："军队里有很多新投降的士兵都逃走了，我想把军队移到驻地中央，曹公您看行不行？"曹操没有怀疑张绣会有别的企图，就同意了。结果当天晚上，张绣的部队转移过来后，张绣就秘密联合偏将胡车儿一起放火夜袭曹营，混乱中，曹操军队慌忙逃窜。最后，曹操的长子曹昂、曹操的侄子曹安民、曹操手下大将典韦全都战死，曹操自己也差点丧命，损失惨重。

要知道，曹操是将其最喜欢的长子曹昂当作接班人来培养的；而典韦在曹操集团的地位，那是相当的重要：流传时间最长，最为经典的三国武力排名"一吕二赵三典韦"里，位居第三的典韦在曹魏集团，毫无疑问是排在第一位的。

这第二次打败曹操，《三国演义》的第十八回也有描写：当时曹操的谋士荀彧得知袁绍即将带兵进攻许都，连夜派人通知曹操，曹操心里害怕，就立刻退兵。张绣知道了，打算追击曹军。贾诩就阻止张绣说：将军，这退兵不可追击啊，追击必败。袁绍不听，在刘表的劝导下，跟着刘表一起出兵去追击曹军，结果果真大败而归，碰了一鼻子灰。刚回到军中，贾诩又说："将军，现在可以去追击了，赶紧出兵吧！"张绣和刘表都给整糊涂了，就问贾诩："我们都已经打败回来了，怎么还去追击？"贾诩就卖关子，说："你们只管放心去，这次要是打输了，就砍了我的脑袋！"张绣还就真相信了，领了一支军队又吭哧吭哧跑去追击曹军了。没想到这次真的打胜仗了，把曹操大军打得四处逃窜。

刘表就纳闷儿了，问贾诩说："何其事不同而皆验也？愿公明教我。"贾诩这才慢慢地说："此易知耳。将军虽善用兵，非曹操敌手。操军虽败，必有劲将为后殿，以防追兵；我兵虽锐，不能敌之也：故知必败。夫操之急于退兵者，必因许都有事；既破我追军之后，必轻车速回，不复为备；我乘其不备而更追之：故能胜也。"张绣此后对贾诩更是言听计从。

"事不同而皆验"，这就是贾诩的厉害之处：面对不同的局面，他提出的作战建议往往让将领都摸不着头脑，但是背后却有着他超乎常人的分析和洞察，最后也都印证了他说的是对的。

贾诩眼界之高的第二个方面，是他对人性的分析深刻见底，几乎可以说是三国里最懂人性的谋略家、读心神探了。

这一点，从贾诩如何选择自己的老板、选择合适的跳槽时机，就可以看出来。别人看老板，主要是看这个老板能给多少薪水，给多少好处。贾诩可不止于此。他不仅要看哪个老板最有潜力、最值得跟，还要分析各方利益关系，然后给自己找一个最好的老板。这便应该是打工人的最高境界了：不是老板挑我，而是我挑老板。

贾诩是如何挑选老板的呢？

作为初出道的谋士，贾诩并不幸运，站错了阵营。给暴虐的董卓、李傕、郭汜等人献策，按照封建道德标准，可算是助纣为虐，为忠臣所不齿。可这也是乱世文人的悲哀：纵有治国之韬略，也只能为当时的主公着想，尽一份幕僚的责任。但是他和他们的关系还是君子之交淡如水，免得惹祸上身。

李傕、郭汜在贾诩的献计下打败王允、占领长安之后，没有忘记贾诩的功劳，准备封贾诩为侯或尚书仆射，结果被贾诩断然拒绝，贾诩只接受了负责选拔人才等工作的尚书一职。贾诩不是不爱功名，而是他心里清楚，李傕、郭汜难堪大任，估计不会有太大的出息。果不其然，没过多久李傕、郭汜就开始起内讧了，贾诩趁机离开长安，跳槽到了驻扎在华阴（今陕西省华阴市）的同乡段煨那里。段煨虽然对贾诩客客气气，但是贾诩终于还是决定去投靠张绣。

当时就有朋友问贾诩："觉得段将军对先生非常好，先生为什么还要走呢？"贾诩说："你们只看到段将军对我客气，你们没看到段将军为什么对我客气，他是怕我，他知道我贾某人的声望和谋略都在他之上，所以他迟早要对我下手，我必须离开这个地方。他越是对我客气，就越是证明他对我有戒备，我离开他，他一定喜出望外。"

朋友又担心地问："你走后，不担心他对你的家人不利吗？"贾诩答曰："段煨这个人是没有什么外援的，很孤立，他看见我到张绣那儿去以后，希望我帮他的忙，所以我走了以后他对我的家人一定会非常好。而张绣那里没有谋士，我投奔之后，张绣也一定对我是言听计从，这样一来我安全了，我家里人也安全了。"果然，贾诩到了张绣那儿被奉为上宾，执子孙礼，就是把贾诩当长辈来伺候；而段煨呢，对贾诩留在他那儿的家人好得不得了。你说说，贾诩这人是不是神机妙算？

贾诩每次的选择和跳槽，心里都有一根准绳，知道当前的老板能力到哪里、能走多远、有没有容人之量，等等。他看人的眼光非常毒辣，读心术和攻心术都不在话下。所以，他不仅能替自己找到下一个好老板，甚至能劝说现在的老板跟着自己跳槽！

这要说到官渡之战了。公元199年，割据中国北方的军阀，只剩下袁绍和曹操两股大势力，其他比较弱的割据势力，都面临着二选一归附的问题。当时张绣驻扎在宛城，而宛城地理位置可太重要了，离曹魏的大本营许昌不到二百公里，又处于曹操集团和刘表集团两股势力的中间地带，向来是兵家必争之地。

当时呢，袁绍的身份是四世三公，兵力号称是曹操的五倍还要多。为了拉拢驻扎在宛城的张绣，袁绍和曹操两人都向宛城派出了使者。如果非要从袁绍和曹操二人中间选择一位的话，张绣的首选自然是袁绍。为什么呀？原因有两个：一是张绣本来与曹操就有着深仇大恨，加上此前在贾诩的策划下张绣曾经两次打败曹操，还杀了曹操的长子曹昂、曹操的侄子曹安民和猛将典韦，更是仇上加仇；二是此时的袁绍势力比曹操要大，发展前景更好。袁绍占据着青、冀、幽、并四州之地，而曹操这个时候只有豫、兖二州和徐州一部。另外，从人数上（无论是百姓还是军人）来讲，袁绍的势力也比曹操的势力强大很多。

在袁绍向张绣抛来橄榄枝的时候，贾诩回复说："麻烦使节大人回去告诉你们袁将军，就说我们主公说了，袁本初连自己的兄弟都不能容忍，还能容忍我们吗？"就把袁绍的使节打发回去了。张绣一听，脸都吓白了，说：

"先生啊，你这么一点面子不讲就把袁绍的人打发走了，我们怎么办呢？"贾诩说这个事情很好办，投靠曹操啊！

张绣很害怕。为什么害怕呢？第一，曹操弱。第二，张绣在此前依据贾诩的谋略反叛过一次曹操。不管哪一条，都是去找死。

贾诩说："这正是我们要投降曹操的原因。第一，曹操现在奉天子以令不臣，在政治上有优势，投靠曹操对我们来说有理。第二，曹操现在势力比袁绍要弱，我们这么一点人马送到袁绍那里，对他来说，你来或者不来，他都是那样；而曹操就不一样了，我们送上门去，那叫雪中送炭啊！第三，据我看来曹操这个人胸怀大志，他要成就的是王霸之业，像这样的人不会计较个人恩怨，我们这样一个反叛过他的人去投靠他，这叫作安全。将军你放心地去投降吧！"此外，由此看来，作为世家子弟出身的袁绍，有个致命缺陷：不能容人。

从这里可以看出，贾诩并没有只停留在两者的表面条件去分析，而是做到了更深层次的思考，也没有只立足于过去和当下的情况，而是看到了更长远的未来。我们常说，你表面上看到的未必是真的，在做任何决定时，你应该结合当下条件去做更深度的推演，坏事结局未必一定会坏，好事结局也未必一定是好的。

贾诩对于袁绍和曹操的总体判断，毫无疑问都很准。

那张绣投降曹操之后怎样呢？曹操是极其热情地去迎接他，拉住张绣的手问长问短，嘘寒问暖，亲热得不能再亲热，只字不提宛城反叛之事，当下摆下酒宴，盛情款待，而且立即约为婚姻——我们做个儿女亲家吧！给予极高的信任。从此张绣成为曹操帐下一员战将，贾诩成为曹操幕中一位谋臣，而且曹操终其一生给予张绣的奖赏从来都是超过其他人的。张绣最后封到了两千户，而曹操手下其他人再封侯也没超过一千户。贾诩完全猜中！厉害吧！

再说曹操和贾诩。曹操对于贾诩是又感激又欣赏，感激他雪中送炭，欣赏他谋略过人。所以在欢迎张绣来投降时，曹操私下里拉着贾诩说："太感谢你了，使我信重于天下的就是先生。"所以，曹操是诚心诚意地感谢贾诩，而贾诩也是算准了曹操会诚心诚意地感谢他的。

洞悉人性，洞察人心，他能把他要打交道的人的心思摸得清清楚楚。所以有不少三国迷认为，贾诩有可能是三国最聪明的人。

二、情商：比杨修高明

除了贾诩的眼界、格局高于常人，更让他能够在各方势力中游刃有余的，是他过人的情商。贾诩虽然是曹魏阵营里地位非常高的谋士，但他非常懂得"明哲保身"的道理，不该出头的时候，绝不抢风头。甚至该他出头的时候，他也韬光养晦，从来不结交各方豪杰名士，以至门庭冷落。

曹操杀过多少谋士？陈宫、祢衡、荀彧、孔融，哪个不是响当当的人物？作为一个谋士，能在乱世中活得长，能在曹魏保住命，这是一种本事。要说贾诩有多厉害，咱们对比着讲。对比谁呢？杨修。

杨修，很多朋友都知道他的一些故事，比如，听到曹操说"鸡肋"就知道曹操要退兵。又如，曹操在门上写了个"活"，别人都不知道是怎么回事，只有他知道，门太阔啦！还如，曹操在盒子上写了"一合酥"，竖着写的嘛，这个杨修怎样？吃啦！说什么"一人一口酥"，就是让我们吃的！

杨修这么聪明，最后怎样了呢？被曹操杀了！贾诩呢，活到七十七岁，寿终正寝。单从这点看，他比杨修厉害，身体也比郭嘉好。

说起和杨修比，还真有一点。那就是曹操立储君时，杨修帮助曹植过了很多关；而贾诩呢，暗地里帮助了曹丕。

曹植和曹丕都很有才华。在某种程度上，曹植更胜一筹。因此，起初曹操最喜欢曹植。问题是曹植有才不假，但更多的还是倾向于文才，风花雪月、声色犬马，至于政治智慧、治国安邦，却是极其薄弱的。曹丕则不然，不仅文才极高，政治头脑也与乃父相似。

为什么同一屋檐下的两兄弟，发展到后来却有着那么大的差距呢？我想，主要还是这两人身边的人不一样。曹植身边最常见的一个人就是杨修，而与曹丕走得最近的自然就是那个老谋深算的贾诩。在面对困难需要抉择的时候，总是贾诩为曹丕出谋划策，让曹丕一次次地化险为夷，并赢得了曹操的赏识和信任。

曹操时不时地在两个儿子之间搞个测试，来选接班人，内容无非就是些对修身治国平天下的个人看法。家事即国事。按说人家考察自己的儿子，又事关国家未来的前途命运，别人是不能随便干预的。贾诩是个明白人，自然不愿蹚这个浑水，因此始终是规规矩矩的，不多说话。只是在暗处仔细观察，审时度势。

和曹植混在一起的那个杨修就不一样了，见自己的好朋友面对竞争，出于个人私心和性情喜好，就借在曹操身边行走的优势，提前为曹植泄露考题，以致每次考试曹植都占据上风，完全忘记了职责所系、国家大局。而在他看来，这是在帮助曹植，其实他真的不明白，正是因为自己一次次地帮着曹植投机取巧，也一次次地害了人家。假若你真的是想让人家好，平日里多讲一些这方面的内容，提高一下曹植的能力不就完了，为什么非要行此下三烂的伎俩呢？

反观曹丕，因为每次都处于下风，所以让他更是如履薄冰，时刻都在想着怎样才能提高威信，崭露头角。曹丕冒着结交权臣的危险一再拜访贾诩，请教问题。在贾诩明里暗里的指点下，曹丕面临的诸多危机也一步步地予以化解了，以至曹操对曹丕的印象很快有了改变。

世上没有不透风的墙。后来，杨修教给曹植的一些办法还是被曹操发现了。这时的曹操，对杨修愤恨不假，却也对曹植慢慢失望起来。后来，曹操终以惑乱军心之罪杀了杨修，想来也是为了发泄对杨修误人子弟的愤恨吧。从汉中回兵不久，曹操就册立曹丕为世子，选定了自己的接班人。

由此看出，杨修是聪明反被聪明误，贾诩才真是个聪明人。

三、知人知己保自身

贾诩是一个非常知人的人，同时也是一个非常有自知之明的人。为什么这么说呢？为了防止主上猜忌，贾诩可谓煞费苦心。但这绝对是值得的。贾诩投降曹操以后，为人处世非常低调，轻易不出谋划策，也不结交朋友，经常闭门谢客，安安静静地待在自个儿家里面，不招惹是非，甚至他的儿子、女儿结婚，他也不找高门大户。《贾诩传》记载："诩自以非太祖旧臣，而策谋深长，惧见猜嫌，阖门自守，退无私交，男女嫁娶，不结高门，天下之论智计者归之。"为什么？他非常清楚像他这样从敌人的阵营里投降过来，又谋略过人的人，对于曹操意味着什么：他既是利用对象，也一定同时是防范对象。

相比于崔琰因为参与曹操的立储之争而被杀死，杨修因为过于张扬而被杀，毛玠因为帮助崔琰而死，荀彧因为与曹操的政治理想不同而死……这些人也是有智慧的，有的为曹操提出"迎奉天子，迁都许都"的重要战略决策，有的看到了官渡袁绍的失败，但这些人却统统没有善终，反而是进入曹操阵营后相对低调的贾诩真正见证了大魏的成立，并在七十七岁善终。为什么？因为他看穿了他的主子曹操的性格。

曹操晚年的时候，也面临着选继承人的问题，曹操就咨询了一下贾诩的意见。面对这么敏感的问题，贾诩说话的分寸感拿捏得十分到位。他是怎么说的呢？

"太祖曰：'与卿言而不答，何也？'诩曰：'属适有所思，故不即对耳。'太祖曰：'何思？'诩曰：'思袁本初、刘景升父子也。'太祖大笑，于是太子遂定。"贾诩看似顾左右而言他，不正面回答曹操的问题，但又把其中最关键的利害关系给曹操点明了：袁绍、刘表都是立幼不立长，他们什么下场，不用我多说了吧？既没有站队，也没有拉谁踩谁，就让曹操一下子听明白了。这再一次体现了贾诩眼界和情商的高超。皇帝往往是很忌讳太子结党营私的，自古以来都是如此，现在公司企业中，老板也很反感拉帮结派、搞小团体。贾诩如果站出来力挺曹丕，难免会让曹操心生嫌隙，认为你贾诩是不是跟曹丕结党了。

再者，嫡长子继承是老祖宗定下来的规矩，曹操如果没有任何其他心思的话，绝对不会平白无故问你投谁一票，对不对？如果曹操也认可嫡长子继承，那肯定没曹植什么事了。

所以这里要清楚，之所以曹操还在考量，其实主要还是因为他此时内心的天平稍微有点倾斜，毫无疑问曹操是更偏爱曹植的。也正是因为曹操的偏爱，曹植才有了争夺王位的资格。

关于这一点，贾诩心里也很清楚。所以，知道曹操心思的贾诩，才会不动声色地提醒曹操刘表和袁绍的前车之鉴，希望曹操引以为戒。这种恰到好处的对话，既提醒了老板，又不至于点破他的小算盘、小心思，让他下不来台，这样的提醒才是有效的。曹操一下子就欣然接受了。后来也确实选了曹丕做自己的继承人。

贾诩看透了曹操的多疑，看透了曹操为达目的不择手段，看透了他对权力的渴望。于是他适时地选择了沉默，以此来保证自己的安全。这是贾诩大智慧的表现。

贾诩的结局，在三国时代的谋士中应该说是最好的，寿终正寝，平安无事。所以贾诩这个人，真是个聪明人。贾诩做的这件事儿，也真是个聪明事儿。

其实贾诩的这种自保的智慧在他少年时候就已经有了。

贾诩在少年时，曾在路上遇到了土匪，土匪把他和另外几个人一起绑架了，要把他们活埋了，这对劫匪而言就好比是踩蚂蚁。但是贾诩并没有害怕，他装好神情语气，淡定地对劫匪说："我段公外孙也，汝别埋我，我家必厚赎之。"段公即当时威震西北的大将军段颎，结果这还真把劫匪给唬住了，劫匪非但没敢把贾诩埋了，还好吃好喝地招待他，贾诩吃完之后，抹抹嘴，拿起折扇，大摇大摆地走了。贾诩为何有这个胆量的呢？假如当时土匪真的去段将军家里要赎金，恐怕他就一命呜呼了，他的聪明之处在于，能够看透人性，算准了劫匪不敢招惹段将军。这次贾诩主要靠的是对人性里的胆怯的精准洞察。

贾诩有谋略，官渡之战曹操大胜有他的功劳；赤壁之战时，他还是曹操几位重要谋士中，唯一阻止过的一位。再往后的渭水之战，对于很难搞定的韩遂和马超，他提出"离之而已"这一计，便帮助曹操平定了西凉。还有立嗣这一问题，为曹操下定决心立曹丕做出了不小的贡献。

总的来说，贾诩是三国时代的谋士中结局最好的，活到七十七岁，可谓长寿；官居太尉，可谓显赫。纵观贾诩的一生，虽然他一直在各方势力中来回跳槽，但他的很多建议也对时局产生了很大的影响。从传统意义上来说，贾诩并非一个正义之士，他所提出的计谋和建议，从历史发展的角度来说，不一定都产生了正向的影响。但是，单从贾诩个人的为人处世水平来说，确实有很多值得我们学习的地方，他眼界格局远超常人、深谋远虑、算无遗策，他情商智商双高，但是非常懂得把握分寸，进退有度，从不张扬，因此才能得以善终。

三国是一个英雄辈出、智者云集的时代，贾诩只是这些谋士的一个代表。那个时代还有许多的聪明人，像诸葛亮、鲁肃、郭嘉、庞统、荀攸、荀彧、司马懿等，今天讲谋士更多谈的一个关键词是"聪明"，但核心关键是以下三个词。

第一个词是智慧。你可以聪明，但是不一定智慧。神机妙算、料事如神是聪明；运筹帷幄、决胜千里就是智慧；出奇制胜、敢出险招是聪明；在乱世中活下来并且活得长就是智慧。刘禅当俘虏时，装得傻乎乎的，后来还活得挺长。

第二个词是勤奋。看"聪明"这两个字怎么写？"聪"左边是"耳"字；右边上方是两点，代表两只眼睛；右边中间是"口"，代表嘴巴；右下方是个"心"，代表脑子。但耳听、眼看、口说、心想就能聪明了吗？看那个"聪明"的"明"字是"日"和"月"组成的，还得日月坚持，得勤奋才行啊！

最后一个词是团队。俗话说：三个臭皮匠，抵过一个诸葛亮。大到一个国家的发展，小到一个企业的创新、一个球队去打比赛，单靠一个诸葛亮式的人物显然不行，踢足球只靠一个梅西能行吗？他也需要帮手，所以团队很重要。这也是三国给予现代人的一点启示。

第十八章

程昱：若不能改造世界，那就改造曹操

　　曹操之所以能消除群雄、统一中原，非常重要的一个原因，便是他帐下拥有一大帮能力出众的谋士。在这些人中，能力最出众、功绩难分高下的共有五个人，即荀彧、郭嘉、荀攸、程昱和贾诩。在五大谋士当中，只有程昱与贾诩活到了曹魏建国之后。

　　作为曹操阵营的著名谋士，在袁曹之争中，程昱对曹操的改造还是可圈可点的。可程昱如何能改造曹操呢？

一、知己知彼是前提

1.改造曹操的第一个前提和条件便是英雄所见略同

　　比曹操年长十四岁的程昱，字仲德，本名程立，兖州东郡东阿县（今山东省阳谷县与东阿县交界地区）人。

　　英雄所见略同的第一个方面的表现便是对社会的认知。

　　程昱出身于豪强家庭，受过良好教育。单就出身这一点来说，程昱虽然比不过曹操，但进入社会、认识社会、适应社会，程昱都要早于曹操。与宫廷里长大的曹操相比，程昱对于东汉末年这个乱世的整体认知要比曹操深刻许多。由此也就弥补了程昱出身方面的不足。

　　英雄所见略同的第二个方面的表现便是个人远大的抱负。

　　据正史记载，程昱是个标准的帅哥，不仅身材高大（八尺三寸，约合今天的1.92米）、相貌英俊，而且还留着一把漂亮的胡须，个人气质极佳。

之所以改名为程昱，却是跟曹操有关。据《魏书》记载：程昱少年时，经常梦见自己登上泰山以两手捧日。程昱自觉奇异，曾向曹操的另一位谋士荀彧说出此事。在兖州动乱之时，全赖程昱奔走筹谋，鄄城等三个县城才得以保全。此时荀彧把程昱之梦告诉曹操。曹操听后，便向程昱说："卿当终为吾腹心。"当时程昱仍是叫作"程立"，曹操顺应梦兆，于其"立"字上加一个"日"字，"程立"于是正式改名为"程昱"。

英雄所见略同的第三个方面的表现便是思维方式。

程昱不仅长得帅，而且足智多谋。在黄巾起事时，东阿县县丞王度起而应之，烧掉县中的仓库。县令逾城逃走，吏民负老携幼向东逃到渠丘山。此时尚在故乡的程昱命人去侦视王度，发现王度等人得空城不能固守，于是出城西五六里外止屯。程昱于是向县中大户薛房等人说："如今王度等得到城郭也不能屯居，其势可以测知。他不过想趁机掳掠财物，并没有坚甲利兵以盈攻守之志。我们为何不相继回城守之？而且城高郭厚，又多谷米，如今若果还城找寻县令，共同坚守，王度必不能久待下去，那时向他攻击，王度便可破了。"薛房等以为然，吏民却不肯相从，程昱只得无奈地说："愚民不可共计大事。"于是密遣数骑在东山上高举旗幡，令薛房等人望见，然后大呼："贼兵已经攻至！"便下山取城，吏民见势便跟随同去，终于找到县令，共同守城。后来王度等人来攻城，不能攻破，正欲退走。此时程昱率吏民开城门追击，王度败走。程昱得以保全家乡父老，由此声名鹊起。

在对社会的认知、个人的远大抱负和思维方式等方面，程昱与曹操是有着很多相同或相似之处的。

不加入曹操的阵营，谈何改造曹操呢？程昱是在什么大背景下加入曹操阵营的呢？

2.改造曹操的第二个前提和条件便是审时度势，适时入局

公元192年，兖州刺史刘岱辟召程昱为用，程昱不应命出任。当时刘岱与袁绍、公孙瓒和亲，袁绍令妻子居于刘岱处，公孙瓒亦遣从事范方带兵助刘岱守地。

后来袁绍与公孙瓒不和。公孙瓒击破袁绍军，于是遣使向刘岱说要收取袁绍的妻子，令刘岱遣上，并与袁绍绝交。

刘岱连日不能决议，别驾王彧向刘岱说："程昱有谋略，能断大事。"刘岱于是召见程昱问计，程昱说："如果放弃袁绍这个近援而求于公孙瓒为远助，这等于求人于越地以拯救受溺的儿童一样。而且，公孙瓒亦非袁绍之敌，如今虽稍胜袁绍军队，但最终必为袁绍所擒。如果取其一朝一夕之势而不思虑长远的计划，将军您必败无疑。"

刘岱听从其计。于是范方领其兵归去，兵尚未至而公孙瓒已为袁绍所破。刘岱表奏程昱为骑都尉，程昱却以身疾请辞。

此后不久，刘岱为黄巾所杀。曹操兵临兖州（治昌邑，在今山东省巨野县），辟召程昱，程昱一口答应。程昱将行之时，他的乡人十分疑惑，说他："怎么你前后的行为如此相背？！"程昱却只笑而不应。

程昱为什么如此主动地投怀送抱呢？这就说到了改造曹操的第三个前提和条件了。

3.改造曹操的第三个前提和条件便是曹操要有可塑性

曹操深知人才的重要，他需要大批的人来帮助他、支持他，尤其是要争取高门世族的人来合作，以资号召。能帮忙最好，帮凶、帮腔，哪怕帮闲也行。有才的要，有名的要，徒有虚名的也要。总之是来者不拒，多多益善。比如，他手下的五员大将，就有三员来自敌营：张辽原是吕布部将，张郃原是袁绍部将，徐晃原是杨奉部将，乐进和于禁则是他亲自从底层提拔起来的。许攸来投奔他，他光着脚出来迎接。又如，他手下的五大谋士，贾诩来

自张绣阵营，荀彧和郭嘉都来自袁绍阵营，荀攸还是荀彧推荐给曹操的。如此，便不难理解，为什么程昱如此主动地投怀送抱了。

程昱与曹操有着如此多的共同语言，正所谓英雄所见略同。

程昱投奔曹操，由此开启了程昱与曹操二人开挂的人生。当然，程昱投奔曹操，也给了我们许多启示：需要什么样的公司（领导人），又是怎样的公司（领导人）。

如何改造曹操呢？在程昱看来，也需要三步走的战略。

对曹操的第一步改造，就是塑造曹操的勇武精神，正所谓一息尚存，奋斗不止。

二、塑造勇武斗顽敌

程昱刚一投奔曹操，曹操便跟他谈论大事，十分高兴，以程昱为寿张（今山东省阳谷县）令。曹操征讨徐州时，派荀彧与程昱留守兖州。张邈、陈宫趁机背叛曹操，迎接吕布入兖州，四周郡县纷纷响应。兖州只剩下鄄城、范县（今河南省范县、台前县一带）、东阿三县还在荀彧与程昱手里。此时，有吕布军的降兵，说陈宫要带兵占领东阿，又使氾嶷进攻范县，吏民都非常恐惧。

程昱首先来到范县，成功劝服范县县令靳允坚守城池。在劝说靳允的过程中，程昱对曹操的形容是——曹使君智略不世出，殆天所授！最终，靳允杀了吕布派来的说客，并表示誓死效忠曹操。

随后，程昱又敏锐洞察到吕布军的动向，派骑兵到仓亭津（在今山东省阳谷县北古黄河上）成功将陈宫拦截，最后跑到东阿协助县令枣祗防守，在程昱的努力下，三城最终得以保全。曹操大军返回后成功击退了吕布。

程昱的一番作为，使得全社会都认为曹操及其团队充满了勇武精神，任何情况下，他们都是一支一息尚存便奋斗不止的英雄团队。

危难之际敢于担当，程昱赢得了曹操的绝对信任。征讨徐州回来后，曹操握住程昱的手，激动地说道："微子之力，吾无所归矣。"

曹操一生讲了无数假话，但这句话的确是发自内心的大实话。

类似的事情，程昱还做过很多。

公元200年，袁绍在黎阳（今河南省浚县）将移兵南渡，而程昱却只有七百士兵守着鄄城，曹操知道危急，命人告诉程昱，欲加两千兵前往鄄城助守。程昱不肯接受，说道："袁绍拥兵十万之众，自以为所向无前。他若见我领兵少，必不敢轻易来攻。但如果增加了我的士兵，过多则不可不攻，要攻之必克，只会两损其势。愿公不要怀疑！"曹操从之。袁绍闻程昱兵少，果然不敢进兵。曹操闻其事，向贾诩道："程昱的勇胆，超过了战国时期的勇士孟贲、夏育。"

公元202年，程昱纠合一伙山间民众及亡命之徒，得精兵数千人，引军与曹操会师黎阳，讨伐袁谭、袁尚。曹操使李典与程昱等以船运军粮。当时袁尚令魏郡太守高蕃将兵屯河上，断绝水道，曹操对李典、程昱说："若船不得过，下从陆道。"李典与诸将商议："高蕃军缺少战甲而依赖水势，有懈怠之心，攻打他们必定能取胜。"程昱也认为李典说得对。于是北渡河击破高蕃，水道得通。二袁破走后，程昱拜为奋武将军，封安国亭侯。

三、独立自主不屈服

曹操虽然有了反攻的基地，但跟吕布连打几仗"数不利"，这时候蝗虫大起，曹军军粮也快没了，曹操垂头丧气，便想投奔袁绍。

程昱得知此事，连忙面见曹操："私下听说将军打算将家属迁居于邺城，与袁绍连和，有这样的事吗？"曹操说："是的。"程昱劝谏："我认为将军您只是一时临事而惧，否则又怎会如此不深思熟虑？袁绍据有燕、赵之地，怀并吞天下之心，可是其智不能济其事。将军自以为能在他底下做事吗？将军您有龙虎之威，可以做韩信、彭越这样臣服于他人的事吗？如今兖州虽残，尚有三城可守。能战之士，不下万人。以将军的神武，加上我和荀彧等人的协助，并收城池士兵而加以运用，那么霸王之业可以成就了。希望将军能慎重考虑一下！"随后，程昱又说，"昱愚，不识大旨，以为将军之志，不如田横。田横，齐一壮士耳，犹羞为高祖臣。今闻将军欲遣家往邺，将北面而事袁绍。夫以将军之聪明神武，而反不羞为袁绍之下，窃为将军耻之！"

曹操终于被程昱说服，放弃了投奔袁绍的想法。

这事曹操到晚年还惦记着，他用手拍着程昱的背说："兖州之败，不用君言，吾何以至此？"程昱答道："知足不辱（出自《道德经》第四十四章，指一个人只要懂得知足，就不会因为过分的贪婪而得到屈辱的收场），吾可以退矣。"于是正式表示从此缴还兵权，阖门不出。

当然，单凭伶牙俐齿，徒逞一时之快，说服曹操放弃投奔袁绍，这不是难事。难的是如何解决曹操大军缺乏军粮的问题。

为此，程昱果断采取了措施：强行劫掠自己所驻守的范县获得粮食，供曹操主力军食用。

任何时候，强行抢劫百姓都是会被严厉批判的。在普遍缺粮的时候，程昱将老百姓手里最后那点儿能吃的东西抢走，那老百姓就只有死路一条了。

四、伦理亲情不专权

公元211年，曹操征讨韩遂、马超时，曹丕留守，又使程昱参知军事。此时田银、苏伯等于河间反叛，曹丕遣将军贾信征讨。叛军中有千余人请降，朝中大臣皆认为应按照旧法，尽诛降军，程昱却说："诛降者，谓在扰攘之时，天下云起，故围而后降者不赦，以示威天下，开其利路，使不至于围也。今天下略定，且在邦域之中，此必降之贼，杀之无所威惧，非前日诛降之意。臣以为不可诛也；纵诛之，宜先启闻。"可是当时的大臣都说："军事有专，无请。"程昱闻言后，不再作出回应。直至朝议完结后，曹丕离开议堂，特地引见程昱，向其询问："您似乎言犹未尽？"程昱方才表示："凡专命者，谓有临时之急，呼吸之间者耳。今此贼制在贾信之手，无朝夕之变。故老臣不愿将军行之也。"曹丕这才明白程昱的苦心，即时将河间叛变一事向曹操交代，曹操经居府长史国渊的进劝，果然下令不诛降者。曹操还都知道来龙去脉后，十分喜悦，向程昱说："君非徒明于军计，又善处人父子之间。"

公元220年，曹丕称帝，正当曹丕准备任命程昱为三公时，已是八十岁高龄的程昱却撒手人寰而去，令魏文帝曹丕惋惜不已。

五、程昱带来的启示

历史证明，程昱在战略选择方面总是有着高超的先见之明：他早年不选择刘岱，而选择曹操，终得施展才干；晚年不选择曹植，而选择曹丕，终得善终；他还善于替别人作出战略选择，如劝刘岱不要联合公孙瓒，而要联合袁绍；劝曹操自立，而不要屈居袁绍之下。《三国志》称赞："程昱有谋，能断大事。"诚非虚言。

在曹魏庞大的智囊团里，程昱以严格的自律行为，始终处于让同僚们非常尊重的状态，这也是他赢得曹操信任的唯一手段。程昱把谋士的生存之道做到了极致，一直屹立不倒，宠辱不惊，直到八十岁去世之前，还活跃在朝堂之上为国家贡献他的才华，真的是非常了不起。

程昱达到了作为谋士必须具备的最高境界，敢于担当，临危不乱，更懂得达到一定的地位后，容忍和退让才是最好的生存之道，程昱做到了。程昱在当时整个谋士阶层里，任谁也不可比拟的。以至曹丕得知程昱去世的消息后大哭一场，亲自前往程昱府上吊唁，衷心感谢程昱为曹魏做出的巨大贡献，追赠程昱为"车骑将军，谥曰肃侯"。可谓在三国时期除了诸葛亮和周瑜之后，无出其三的荣誉。

第十九章

刘晔：众人皆醉我独醒，三国本可早一统

魏蜀吴三国互相博弈多年，最后至晋才得以统一。对于曹魏而言，不能不说是个极大的遗憾。说遗憾，大的方面来看，原因至少有三个。

其一，曹魏的农业、经济，是魏蜀吴三国中最为富足的，尤其是曹操在推行屯田制后，曹魏的军队粮草问题得到了极大的满足，尤其是免除了运输之苦，以及运输所耗费的时间、物力和财力。

其二，曹魏的军事实力，无论从兵源（曹魏民户占三国之最），还是兵制建设（步、骑、水兼备），都是三国中最多的。

其三，曹魏的文武团队、政治基础，相比之下，略胜一筹。曹魏的政治基础，是由汉过渡到魏。这个过渡过程经历了好多年，从曹操到曹丕。在这个过渡过程中，曹操为此奠定了一个非常好的，也是非常扎实的基础。

在曹操晚年时，东汉政权早已名存实亡，而曹魏则已是实至名归，曹操无非是不想落下一个坏名声，所以坚持没有称帝而已。曹操死后，不仅给曹丕留下了一个稳定的政治舞台，而且还给他留下了一个强大的文武班子。与蜀吴比之，魏国的文武班底极其强大，这方面是人才济济，前赴后继，没有断档。

有此三大原因，曹魏政权却没有实现统一。至于其中的原因，并非实力不行，也并非没有机会，只是由于曹魏的统治者屡次决策失误，最终把这些机会生生地给错过了。机不可失，时不再来，这千古真理被曹魏统治者体现得淋漓尽致。

而能够及时看到并立即给曹魏统治者指出这些机会的，便是真正"算无遗策"的天才战略家、三国时代最悲剧的谋士：刘晔（179—234）。

刘晔为何能做出如此正确的判断？曹魏为何屡次决策失误？到底是曹魏统治者的犹豫和拖延这个人性的弱点使然，还是刘晔自身的性格缺陷使然？这还要从刘晔如何归附曹操说起。

一、汉室宗亲投曹操

刘晔，字子扬，淮南成惪（今安徽寿县）人，是光武帝刘秀之子阜陵王刘延的后代，根正苗红的"汉室宗亲"。

刘晔七岁时，母亲去世。其母临终时说："你父亲（刘普）的仆人有诬害人的秉性，我担心自己死后会出乱局，希望你和你哥哥（刘涣）长大后能除去此人。"

刘晔十三岁时就按母亲遗命，斩杀了父亲宠信的侍者，而后又坦然向父亲请罪。刘普原先大怒，但知道刘晔的动机后也对他十分欣赏，不做苛责。汝南许劭善于观人，当时在扬州避难，称刘晔有"佐世之才"。能得到许劭的评价非常难得，刘晔因此闻名淮扬一带，并与鲁肃、蒋济、胡质等人交好。

不过，出于各种原因，这位集"汉室宗亲"与"佐世之才"标签于一身的刘晔，眼见汉室衰微，既没有选择像刘备、刘表、刘繇、刘焉那样割据一方、逐鹿天下的豪杰，也没有走上匡扶汉室的道路，而是选择辅佐他人，甘为谋臣。

刘晔起初的平台并不高。那个时候的淮扬一带，有郑宝、张多、许乾等人拥兵自重，其中以郑宝最为骁勇果断，才能和力气都很突出，为当地人所忌惮。当时郑宝想掳掠百姓渡过长江到江南地区，看中了刘晔是当地的高族名人，想要强逼他倡导这个计谋。刘晔知道后很害怕，到处躲藏，好在郑宝一直没能找到刘晔。

此时曹操派使者到扬州，刘晔去见使者，论及当前时势，并请使者在他那里停留数日。得知曹操的使者到了扬州，郑宝也领数百人带着牛和酒迎接使者，并等待刘晔。刘晔则在中门外设酒菜给郑宝部众，自己则与郑宝在内宴饮，并暗中要人借敬酒的机会杀掉郑宝。但郑宝原来不好酒，并且很留意他们，令那人不敢下手。刘晔于是亲手用佩刀斩杀郑宝，并斩他的头下来，向他的部众恐吓："曹公有令，敢有动者，与宝同罪。"部众见此都很震惊和害怕，纷纷跑回营舍。当时营中尚有精兵数千，刘晔为防他们作乱，即骑郑宝的马匹到郑宝的营门前，向那些首领陈说祸福利弊，最终众人叩头迎纳刘晔为新首领。但刘晔见汉室衰微，自己亦是皇室宗族，不想拥兵，于是将那些部曲都委托给庐江太守刘勋。

刘勋当时在江淮之间有很强的兵力，受到孙策的忌惮。于是孙策"伪与勋好盟"，并派使节特以卑下的言辞和财宝，要求刘勋代为攻打位于豫章郡海昏县的上缭城（今江西省安义县）。刘勋相信孙策，更因收得财宝而十分高兴，各人都祝贺，但刘晔则不感喜悦。刘勋询问，刘晔则说："上缭虽小，城坚池深，攻难守易不可旬日而举，则兵疲于外，而国内虚。策乘虚而袭我，则后不能独守。是将进屈于敌，退无所归。若军今出，祸今至矣。"但刘勋不听，坚持出兵。而孙策果然从后乘虚袭击刘勋，刘勋失败后，刘晔于公元199年投奔曹操。

这里就可以看到刘晔的一个问题：虽然刘晔最终投奔了曹操，但无论如何，在刘晔之前，曹操身边都已经有了很多谋士。而这众多的谋士，都先于刘晔在曹操面前崭露头角，并取得了曹操的信任。而此时才归附曹操的刘晔，一方面从年龄上来说，要比其他谋士年轻许多，正所谓"人微言轻"；另一方面也和刘晔自身的选择有关：无论如何，从曹操一方来说，刘晔的选择颇有些"实在不行了,投奔曹操吧"的色彩在内。既然你的第一选择不是我,那么你的意见和建议在我这里也大概率属于可有可无。

二、第一次被曹操拒

后来,曹操到寿春,当时山贼陈策在庐江聚众数万人,据险而守。曹操派偏将试图消灭,但不果。曹操于是询问群下可否征伐。很多人都认为山贼据险而守,难以攻克,而且无足轻重,不应征伐。但刘晔认为其实是偏将资历不足和天下未定而令山贼仍敢对抗,而当时局势已经大致稳定,应该先悬赏劝降,再用军事实力进逼,那山贼就会自己溃败。曹操同意,并派猛将在前,大军在后,最终如同刘晔所预测的平定陈策。战后曹操辟刘晔为司空仓曹掾。

这就说到刘晔第一次提出的意见和建议,被曹操拒绝一事了。

公元215年,曹操征伐据守汉中的张鲁,任用刘晔为主簿。当时张鲁的弟弟张卫领兵坚守,曹操攻阳平山上各个屯寨,但山势险峻难登,难以攻克;而且士兵死伤甚多,粮食又缺乏,曹操于是打算撤军,命令夏侯惇和许褚呼叫山上的军队撤退。

此时有一些军队在夜里误闯张卫别营,营中士兵大惊四散,当时在军队后方的刘晔见此认为可以取胜,劝夏侯惇等不要退军。夏侯惇见后相信,于是回去告诉曹操,曹操于是进攻张卫,张卫不敌退走。张鲁不久投降,曹操得汉中。

就在曹操平定了汉中张鲁之后,刘晔就向曹操提出:"今举汉中,蜀人望风,破胆失守,推此而前,蜀可传檄而定。刘备,人杰也,有度而迟,得蜀日浅,蜀人未恃也。今破汉中,蜀人震恐,其势自倾。以公之神明,因其倾而压之,无不克也。若小缓之,诸葛亮明于治而为相,关羽、张飞勇冠三军而为将，蜀民既定，据险守要，则不可犯矣。今不取，必为后忧。"以当时的形势看，这实在是一个上上之策，如果曹操依言行事，也许三国的历史就要改写，可是其结果却是"太祖不从"。

事实证明，刘晔的判断是完全正确的。因为就在七天之后，有蜀国的降者说，刘备初入蜀时，"蜀中一日数十惊，备虽斩之而不能安也。"可以想象，在那种情况下，如果曹操率大军杀过去，将会是怎样的后果。而后来，刘备羽翼丰满之后，确实成了曹魏集团的心腹大患，他们不但最终失了汉中，还丢了大将夏侯渊的性命。

刘晔不仅能够对天下形势、敌我情形做出准确的判断，而且更能深入地分析敌人心理，并且提出正确的意见。

那刘晔的正确建议为什么会被曹操一口回绝呢？

一方面的原因是曹操自身所致：前怕狼后怕虎。既想主动进攻，但又需防范驻防荆州的关羽和割据江东的孙权联手，其结果，自然是机不可失，时不再来。曹操最终回师，此后再无主动进攻蜀汉的行动。两年后，汉中为刘备所占。

另一方面的原因是刘晔自身所致：只因为刘晔姓刘——是正宗的"汉室宗亲"。正是因为这一点，刘晔的任何意见和建议，在曹操及其子孙的心目中，都要大打折扣。

三、第二次被曹丕拒

刘晔的第二次的意见和建议是被魏文帝曹丕拒绝的。

公元220年，曹丕代汉称帝，刘晔升任侍中，赐爵关内侯。当时曹丕问朝臣刘备是否会为被孙权袭取荆州而杀害的关羽报仇，大多数人认为刘备力量薄弱，名将只有关羽，关羽死后国内忧惧，根本不会再发动战争。但刘晔却认为刘备一定会借出兵而重振声威,而且认为刘备和关羽感情深厚,一定会为他报仇。最终刘备果然于次年进攻孙权,发动夷陵之战。

夷陵之战开打没多久,孙权便遣使上表曹丕愿意称臣为曹魏藩属,并送还于禁等人。消息传来,曹魏群臣竞相庆贺,曹丕更是难掩喜悦。可唯独刘晔一人劝说曹丕应该谨慎对待孙权称臣的举动,他认为孙权久居江东,不臣之心久矣,现在遣使称臣是为了避免两线作战的权宜之计,并非真心。

刘晔更是提出了一个大胆的建议,他认为孙权现在内外交困,"可因其穷,袭而取之"。这个计划看似大胆,但并非不现实,因为天下虽然三分,但曹魏独占其八,吴蜀各有其一,他们现在还相互攻伐,正是天欲亡之。此时魏军如果渡江攻击孙吴的后方,孙吴外有蜀汉的进攻,内有曹魏的袭击,"吴之亡不出旬月矣"。

如果曹丕能够听从刘晔的建议,趁刘备与孙权交兵时,进攻扬州、荆州地区,孙权必然腹背受敌,面临土崩瓦解之势。即便孙权将此前占据的荆州地区交还刘备与其达成和议,也难在短时间内调集军队抵御曹魏。而孙权被灭,三足鼎立均势被打破,国力最强的曹魏消灭蜀汉也只是时间问题了。

但最终,魏文帝曹丕还是被孙权的假象所迷惑,不但没有听从刘晔的建议,反而册封孙权为吴王。结果,稳住曹丕后的孙权最终获得了夷陵之战的胜利。而孙权获胜后,立即一改此前称臣时对曹丕卑言屈膝的态度,"外礼愈卑,而内行不顺"。

隔岸观火的魏文帝曹丕这时才缓过神来,意欲征讨孙权。刘晔谏言曹丕,此时获胜的孙权士气正盛,不可征伐,但曹丕不听,最终败绩。一年后,魏文帝曹丕再度御驾亲征,但看到孙权军队阵列森严,未敢轻举妄动,被迫草草撤军。

四、第三次被曹叡拒

公元226年，魏文帝曹丕驾崩，魏明帝曹叡继位。魏文帝曹丕临死前，安排了四位辅政大臣，分别是曹真、曹休、陈群、司马懿。魏明帝曹叡即位后，加封群臣，刘晔仅仅被封为"东亭侯，邑三百户"，依然做皇帝的侍从，而司马懿的爵位是舞阳侯（县侯），还是曹魏重臣之一，手握重兵。刘晔一生中担任过的最高官职，不过是九卿之一的大鸿胪而已，和司马懿、陈群等人相差甚远。

次年，辽东公孙渊胁逼叔父公孙恭让位，自立为辽东太守，刘晔认为公孙氏占领辽东很久，依恃山海的阻隔，可能会像胡人一样难以制约，甚至发动叛乱。为此，刘晔建议趁公孙渊初登位，出其不意出兵讨伐，并开设悬赏引诱他的反对者协助，可能未开战就解决了辽东割据的问题。但最终，刘晔的建议没有被接纳。

魏明帝曹叡不听刘晔劝告，拜公孙渊为扬烈将军、辽东太守。公元237年，脚踩两只船的公孙渊自立为燕王，建年号绍汉，并置百官有司。公元238年，魏明帝曹叡遣太尉司马懿率军四万进讨辽东，公孙渊抵御失利，与其子为魏军所斩。公孙渊父子一事给我们的启示：要将危险扼杀在萌芽之中，绝不能养虎为患。

五、佞谀不忠的刘晔

刘晔对势、事、人的正确判断和精准把握，体现出其与众不同的预言大师风范。这不仅仅是刘晔看问题的目光较为长远，也与刘晔擅长洞悉人性有关。然而，过于敏锐地察觉人性和人心，有时也可能会带来适得其反的效果。

　　刘晔的前半生慷慨激昂，后半生却小心翼翼。也许是经历了东汉衰微、曹魏建立、身边名臣陨落，心生守成之念。也许是正确意见屡次不为曹魏采纳而感到失落和无奈。也许是因为自己特殊的身份害怕遭到陷害，而采取的自取污名的自保之策。总之，时代在变，刘晔的心气和志向也被磨平了。此时的刘晔，更多的是一种无力和无奈。

　　有一次魏明帝曹叡打算攻伐蜀汉，朝臣都说不可以，但刘晔私下对魏明帝曹叡说可以；出去后他又和朝臣说不可以。因为刘晔的胆识，说话时好像是真心的，魏明帝曹叡和各大臣都没有怀疑他。当时中领军杨暨被明帝宠信，亦敬重刘晔，他是最为反对魏明帝曹叡伐蜀的大臣，刘晔与杨暨见面时亦有向他说不可攻伐的理由，杨暨于是以为刘晔一定会支持自己。

　　后来杨暨再次和魏明帝曹叡讨论攻伐蜀汉之事，杨暨恳切地进谏反对。魏明帝曹叡指责他是儒生出身，不通军事，杨暨因而搬出既一直反对伐蜀，亦是重臣的刘晔去劝告魏明帝曹叡，但魏明帝曹叡却一直听刘晔说可以攻伐，于是找来与杨暨对质，但召见时刘晔却不发一言。后来刘晔再次私下见魏明帝曹叡，刘晔指责魏明帝曹叡不应将伐蜀大计随意告诉其他人，更称怀疑蜀汉已得悉魏明帝曹叡要来攻的情报，魏明帝曹叡更为感谢刘晔。后刘晔见杨暨又指责他对君主进言过于直率，应婉转地表达，杨暨亦感谢他。有人发现刘晔这样巧妙奉迎这两方面，对他甚为厌恶，于是向魏明帝曹叡诋毁刘晔，建议魏明帝曹叡召见刘晔时，特地以相反的意见来问他，如果每样他都表示同意，就表示刘晔是揣摩上意了。后来魏明帝曹叡一试，果然如此，因此疏远了刘晔。

　　刘晔逢迎上意亦不止上述一例，据《三国志·鲍勋传》记载，一次魏文帝曹丕不听臣下谏阻执意外出游猎，在休息时询问刘晔游猎和听音乐相比如何？刘晔没有秉正直言，而是顺着魏文帝曹丕的意思回答游猎的乐趣胜过听音乐，由是激怒了直臣鲍勋，鲍勋当场就指出刘晔谄媚奉承，并请求治刘晔之罪。可以看出，刘晔虽然颇有才智，但曲意逢迎曹魏统治者的做法不免让人感到有失气节。

除了逢迎上意，刘晔还有矜骄的一面，据裴松之《三国志注》引《世语》记载，刘晔曾自恃受到宠信，诋毁同僚陈矫专权。

刘晔这么多年来对曹魏可谓忠心耿耿，虽然他的正确建议多次被主公无视，但他始终如一。可谁承想他最终受到魏明帝曹叡冷落，而这也意味着刘晔再无机会了。很快，刘晔失心发狂，魏明帝曹叡将其改任为太中大夫、大鸿胪等闲职。公元234年，就在汉献帝刘协和诸葛亮去世的同一年，刘晔病逝，天才战略家最终以悲剧收场。

作为真正"算无遗策"的天才战略家、三国时代最悲剧的谋士，刘晔的一生算是比较失意的，虽然生逢良主曹操，但是时机不对。刘晔是公元194年前后加入曹操阵营的，但当时郭嘉尚在，他是曹操的首席军事顾问。等郭嘉去世，曹操北方已定，大业基本稳定，刘晔可发挥的余地已经不大。再者，历经数十年的征战厮杀，曹操本身的能力也在趋于成熟，谋士的作用和意义已经不如其起事时那么重要了。及至曹丕、曹叡时期，二帝与曹操已不可同日而语。另外，司马懿势力已经开始暗潮涌动，刘晔的发挥空间进一步缩小。在权力的刀锋上，落个善终已是高手。

第二十章

弘农杨氏的骄傲：杨修和他的父亲杨彪

论起"四世三公"的资历，士族势力中资历最深的弘农（陕西省华阴市）杨氏，可比汝南袁氏早太多了。

一、弘农杨氏传家久

弘农杨氏，是以弘农郡为郡望的杨姓士族，始祖为汉昭帝刘弗陵（前94—前74年在世，前87—前74年在位）时期的丞相、司马迁的女婿——杨敞。

杨敞是斩杀项羽有功被汉高祖封赤泉侯的西汉开国功臣杨喜的玄孙。杨敞初仕西汉大将军霍光的幕府，得霍光欣赏，历任军司马、大司农、丞相，获封安平侯。公元前74年，杨敞参与霍光组织的政变，废除已即位为帝27天的刘贺（前92—前59），并于同年秋拥立汉宣帝刘询（前91—前48年在世，前74—前48年在位）即位。因拥立之功得到汉宣帝刘询的赏识。其后代渐渐发展成世家大族，杨敞也被中古士族弘农杨氏尊为第一世祖。

杨敞的重孙杨宝是古代神怪小说及成语"结草衔环"的"衔环"典故的主人翁。传说杨宝在九岁时，在华阴山北（华山之北）见一只凶恶的大鸱鸮咬伤了一只黄雀，后黄雀又被一堆蚂蚁团团围住，杨宝于是起了恻隐之心，救了受伤的黄雀。杨宝后来将黄雀放置在箱中保护它，又用黄花喂养黄雀，黄雀的伤养好了之后，杨宝将其放走。事件过后，杨宝梦见黄雀化作一个黄衣童子回来报恩："我西王母使者，君仁爱救拯，实感成济。"以白环四枚赠送给杨宝："令君子孙洁白，位登三事（三公，东汉以太尉、司徒、司空为三公），当如此环矣。"黄衣童子讲完了这些话，就不见了。此后，杨宝的儿子杨震、孙子杨秉（92—165）、曾孙杨赐、玄孙杨彪（142—225）均如黄衣童子所言"四世太尉，德业相继"，全都做官至三公，而且品德操守方面都非常清白，当时成为传奇，因而成了"衔环"报恩的神话流传。"结草"来源于《左传·宣公十五年》，后人将两个故事概括为成语"结草衔环"比喻对施恩者有恩必报。

杨宝之子便是被誉为"关西孔子"的"四知先生"杨震，字伯起，博览经籍。公元120年官至司徒，公元123年为太尉。杨震最著名的故事就是他某次出差路过昌邑（今山东省巨野县），当时昌邑县令是经他之手才当上官的王密。白天宴请了杨震之后，晚上王密又送了十斤金子给杨震。王密还跟杨震说："暮夜无知者。"没想到杨震的回答却是："天知，神知，我知，子知。何谓无知！"受到教育的王密此后也成为一个清正廉洁的好官。

杨震开启了弘农杨氏这一支脉的崛起：其子杨秉赶上了外戚梁冀时代，也官至太尉；其孙杨赐赶上了外戚窦武时代，也官至太尉；其曾孙杨彪赶上了外戚董卓时代，不但官至太尉，更是遍历三公之职。到了杨彪的儿子杨修这一辈儿，赶上了曹操掌权，杨修被杀了。

这里面，就有两个问题：第一，同为曹操手下才智出众的谋士，贾诩的结局是三国时代的谋士中最好的，杨修的下场却是最惨的，为什么同样在唯才是举的曹操手下做事，二人的命运却截然不同呢？第二，既然曹操可以杀死杨修，为何不敢杀杨修的父亲杨彪呢？

二、杨修因何被杀掉

没有比较就没有鉴别。对比一下与杨修同一时期、同一阵营的贾诩的不同之处，便可知道杨修的问题之所在了。

首先，出身不同。杨修出身于东汉最著名的名门望族——弘农杨氏。值得注意的是，杨修的高祖杨震、曾祖杨秉、祖父杨赐和父亲杨彪均官至太尉，杨修的父亲杨彪更是遍历三公之职。还需提及的是，杨修的父亲杨彪为人非常正直，为了维护汉献帝的利益，杨彪既不屈服于董卓的淫威，也不曾被曹操的擅权吓倒。

相比之下，贾诩的出身就逊色多了。《三国志》里说，贾诩"少时人莫知，唯汉阳阎忠异之，谓诩有良、平之奇"。出身普通，也不出名，没什么人知道他。名门望族出身的杨修无论是从学问上，还是从见识上，抑或是名气上，都比出生于凉州（今甘肃省武威市）的贾诩要强上许多。

其次，个人风格不同。贾诩频频跳槽换老板，杨修却从没跳过槽，一生就一个工作单位，自始至终都在曹操手下。在杨修担任丞相府主簿期间，他算得上曹操最为得力的助手，经杨修之手处理过的事情，无一不合曹操的心意。能做到如此，在汉末三国时期的所有的谋士中，也是屈指可数的。

除了工作能力超强、工作效率超高，杨修的性格也很圆滑，受到当时人的一致好评。曹操的第二任妻子、曹丕的母亲卞夫人就写信给杨修的母亲说："贤郎盛德熙妙，有盖世文才，阖门钦敬。"杨修的为人，正如范晔在《后汉书》中所言，"修虽才子，渝我淳则"。意思是，作为大才子的杨修，其为人处世，还是淳厚的道德典范。

这样乍一比较下来，杨修似乎没有道理比贾诩混得差，"德才兼备"又"从一而终"，为何最后不但没混好，还被曹操杀了呢？问题的关键在于杨修的性格，职场的敲门砖可能是你的学历，但决定你天花板的一定是你的性格，这话放在杨修身上太对了。

杨修出身于名门望族，身上有一种与生俱来的所谓名士风度——好清谈，好表现自己，喜欢耍小聪明，极端看不起出身稍低一些的人。这恰恰是出身低微的贾诩身上从来没有过的。

关于杨修喜欢耍小聪明，小说《三国演义》第七十二回所记载的几个故事，都出自南朝宋刘义庆的《世说新语》。

第一个是"阔"字的故事。

杨修一开始被推举为孝廉，后来升任曹操丞相府主簿。史载，"是时，军国多事，修总知外内，事皆称意"。

杨修为人聪明，做事又是一把好手，所以大老板曹操无论在府内还是在外面，总是唤上杨修一起随行。那个时候的杨修，可谓春风得意马蹄疾，前途无量上青天。

一日，工匠们正在修建相国府的大门，刚建好屋椽，正碰上曹操亲自过来视察。曹操看完之后，命人在门上题了个"活"字，转身就走了。众工匠正一头雾水的时候，杨修过来一瞧，立马叫人把门给拆了。

众工匠大眼瞪小眼，不解其故，追问杨主簿到底是怎么回事儿。杨修淡然道："门里加个'活'字，是'阔'字。咱们魏王的意思是嫌门大了。"

第二个是"合"字的故事。

一日，有人给曹操送来一杯奶酪。曹操吃了一点，然后随手在杯盖上写了一个"合"字，递给大家看。大家你看我、我看你，不明就里。

当这杯奶酪按次序传到杨修手里时，杨修毫不客气地吃了一口，说："曹公是让咱们每人吃一口啊，还有什么好犹豫的？"

这种完全属于卖弄学识的故事，一两次可以，但如果不懂得收敛，肯定会招致曹操的厌恶，每次都拆台，很容易显得曹操没啥城府。在老板面前献计和在老板面前卖弄，天差地别，前者是帮老板解决问题，后者是给老板添堵。

耍小聪明，招人讨厌。但这些，都不是曹操杀掉杨修的理由。曹操杀掉杨修的背后原因，是杨修在辅佐曹操的儿子曹植的问题上铸成大错。

　　话说有一次，曹操命令曹丕、曹植两人各自离开邺城去外地办事。但是，曹操又事先密令城门守卫不得放任何人出行。这种事，自然瞒不过杨修。杨修便告诉曹植，城门守卫如果不放行的话，那就杀掉城门守卫。最终的结果，自然是曹植杀了城门守卫顺利出城。而憨憨的曹丕被城门守卫拦住没能出城。在曹操看来，这场兄弟二人之间的比赛，其实既要比智力水平，又要比道德品质，正所谓德才兼备，才是接班人的最佳人选。而杨修猜中了曹操的目的之一——比"才"，却忽视了曹操让兄弟二人比赛的另一个目的——比"德"。最终，在曹操看来，受到杨修影响作了弊的曹植，既失了"德"，也没能证明自己真的有"才"。曹操身为父亲，能不担心自己的儿子曹植的未来吗？在职场中，在一些小事上耍小聪明可能会让你走个所谓的捷径，但在大事上，如果还选择用小聪明一味走捷径，那可能最终就会犯下无法挽回的错误。大事用大智慧，小事要脚踏实地，才能使自己在职场中立于不败之地。

　　当然，除了爱耍小聪明，杨修在职场上的应变能力上也远远不及贾诩。在曹植失宠后，杨修曾有意疏远曹植，但因为曹植毕竟是曹操的儿子，所以又不敢过于明显，这就很尴尬了，见风使舵是职场大忌。

　　最终的结果，曹操以记载在西晋司马彪的《九州春秋》里的这个名为"鸡肋"的故事为借口杀掉杨修：

　　当年，曹操攻打汉中，刘备因险拒守，曹操久攻不下，想要回军，又不忍心。正好军中来请示口令，曹操便传口令"鸡肋"，下属不知什么意思。唯有主簿杨修自顾收拾起行李来，别人奇怪地问他："你怎么知道要出发啦？"杨修叹息道："鸡肋这种东西，不吃扔了可惜，可吃起来又没什么可吃，这鸡肋是指汉中，所以知道咱们大王要回军了。"众人无不佩服杨主簿。

　　军中无戏言，杨修即便真的猜中了曹操的意思，也不能在官方正式公布之前就泄露军机。

公元219年秋天，杨修与曹植饮醉共载，从司马门出，杨修又谤讪鄢陵侯曹彰。曹操闻之大怒，便以"前后漏泄言教，交关诸侯"等罪名下令将杨修处死。杨修时年四十五岁。

常言道：伴君如伴虎。身在领导身边，要懂字谜，也要懂说与不说的艺术。杨修的结局固然有诸多因素，但处处显露聪明，不懂韬光养晦，是其悲剧的一大原因。

聪明一世的杨修之所以被杀，不在于他的聪明，作为曹操谋士的杨修就应该聪明；也不在于他要小聪明，作为曹操的谋士，偶尔耍耍小聪明，无伤大雅；经常耍小聪明而不懂得收敛，这就容易招人烦，怨念一次两次就慢慢积累下来了。除此之外，曹操杀杨修还有另一个很关键的原因，涉及曹操的继承人问题。

有些史书上说杨修是因为拥护曹植，才被曹操杀了的。但历史上，杨修是个处事圆滑的人，基本上谁也不得罪。而且他跟曹丕的关系也很好，所以并非这个原因。

曹操之所以杀杨修，主要还是因为曹操不喜欢杨修太过聪明，这是其一；杨修的聪明用错了地方，非但没有给他加分，还处处挑战老板的底线，这是其二；杨修自己没学好就算了，还带坏了曹植，让曹植失去了曹操最为看重的品性，这是其三，也是最关键的一条，因为他威胁到了曹魏政权的继承和延续，一个思想品德败坏的人是守不住上一代人辛辛苦苦打下来的江山的。

如此一来，曹操就非杀他不可了。在这一方面，贾诩从历史和现实的高度劝曹操立曹丕的做法才是眼界和情商双高的真聪明之举。

三、杨彪何以得保全

公元219年，曹操与刘备争夺汉中失败，被迫撤兵，同时以"前后漏泄言教，交关诸侯"的罪名，将主簿杨修处死。

杨修死后，杨修的父亲杨彪白发人送黑发人悲痛欲绝，因思念儿子而日渐憔悴，曾闭门不仕十余年。曹操询问说："杨公为何这般消瘦啊？"杨彪叹息道："愧无日磾先见之明，犹怀老牛舐犊之爱。"曹操听罢，内疚之情席卷而来，心中不禁伤感不已。

作为汉武帝刘彻（前156—前87年在世，前141—前87年在位）的手下大臣，金日磾（前134—前86）有三个儿子。他的长子受汉武帝刘彻宠爱，养在后宫取乐。一次长子在殿前与宫人嬉戏，被金日磾撞见，金日磾恐日后惹出事端，连累家族，于是自己动手把长子杀了。汉武帝刘彻起初很愤怒，但知道原委后，对金日磾便多了几分敬重之心。这里杨彪说"愧无日磾先见之明"，意思是自己没有金日磾那样的先见之明，能自己动手把"不肖子"杀了。这显然是反话，因为杨修没有像金日磾的长子那样犯下不可饶恕的罪过，所以曹操听了才脸色很难看。

作为权臣，曹操已经杀掉了杨修，为何不索性一并杀掉杨修的父亲杨彪呢？

杨彪，字文先，"少传家学"，很早就可以出来做官，"初举孝廉，州举茂才，辟公府"，但他都没有接受。直到汉灵帝刘宏在位后期，杨彪"以博习旧闻，公车征拜议郎，迁侍中、京兆尹"。之后，杨彪还担任过侍中、少府、太仆、卫尉等要职。

在汉灵帝刘宏统治期间，杨彪就已经位列九卿之一。公元189年，杨彪位列三公之一，他首先接替董卓出任司空，这年冬天又取代黄琬（141—192）担任司徒。公元190年，关东联军起兵讨伐董卓，杨彪等大臣反对迁都长安，结果被免去职务，接替杨彪的正是后世熟知的司徒王允。之后，杨彪依然是朝廷的重臣，历任司空、太尉等职务。

为了保护汉献帝刘协，维持风雨飘摇的大汉朝廷，杨彪不辞劳苦。当李催、郭汜为了争夺汉献帝刘协大闹长安之时，杨彪陪同汉献帝刘协千里逃亡，来到了洛阳，暂时得以安歇。

当时，曹操抓住空档，前来迎接汉献帝刘协。当时的洛阳早就荒无人烟，残破不堪，九卿之下的官员都要出去挖野菜，经常在路边看到饿死的官员。断粮，是摆在杨彪等三公面前的最大难题。于是，太尉杨彪和将军杨奉迎接曹操来到洛阳。

可曹操借口许昌粮食充足，便于转运，希望汉献帝刘协迁徙到许昌附近。太尉杨彪非常担心皇帝的安危和朝廷的稳定。等到汉献帝刘协和公卿大臣来到了许都，曹操自封为大将军，位在三公之上，杨彪就更加不满了。看曹操大封功臣，把一些曹氏宗亲、心腹将领都安排到重要岗位上，这样的曹操和董卓、李催、郭汜等人又有什么不同呢？真是刚出狼窝，又入虎穴。朝堂之上，就成了他曹操的一言堂，成了大将军府，杨彪等公卿大臣就是摆设。这是杨彪无法容忍的。而曹操也很不满杨彪。

曹操要想让朝廷公卿听话，就必须杀鸡儆猴，抓个人来示威。抓小人物没有震慑效果，曹操就把黑手伸向了杨彪。除此之外，还有曹操的死对头、杨彪的小舅子袁术。当时袁术以东汉最大的一个郡南阳郡为核心，攻占了寿春，成为跨有扬州、豫州、荆州三州地盘的强大势力。袁术为了夺取徐州和兖州，经常和曹操交火，双方已经到了水火不容、你死我活的地步。万一杨彪和袁术携手，里应外合，曹操很有可能小命不保。

加上有一次，汉献帝刘协召开宴会，感谢曹操。在宴席上，曹操看太尉杨彪神色有点不对劲：杨彪很紧张，而且总是和人说悄悄话，大殿上下的卫士，也都是杨彪从洛阳带过来的人马。曹操有些心慌，就假借上厕所尿遁了。

于是，曹操认定杨彪不利于自己，已经有了上述三个原因，这就意味着，杨彪是非杀不可了。可给杨彪定个什么罪名呢？曹操以杨彪勾结反贼袁术意图谋反、废掉汉献帝刘协为名，派人把杨彪给抓了起来。曹操是带着汉献帝刘协的诏书抓杨彪的，杨彪不敢不从。至于诏书，曹操带兵入宫，汉献帝刘协敢不发诏书吗？但问题在于，虽然袁术一贯心怀不轨，但杨彪下狱是在公元196年，而袁术自立为帝，正式单干是在公元197年春天。

何况杨彪又不是袁术，从董卓入京开始，杨彪就忠心辅佐汉献帝刘协，多年来一直追随在汉献帝刘协的身边，陪伴着汉献帝度过了最为艰难、最为狼狈的日子。在李傕、郭汜时代，杨彪完全可以离开朝廷，回老家过几天清净日子。可正是因为心系朝廷，牵挂年幼的汉献帝刘协，杨彪才一直忍辱偷生，在李傕、郭汜的淫威下苟活着。现在太太平平来到了许都，过上了安稳日子，汉献帝刘协已经把杨彪当成自己最信任的大臣，已经是三公之首，位极人臣了，难道杨彪还会废掉汉献帝？

更何况，杨彪虽然是太尉，可是杨彪手上没有任何兵马。身在许都，除了汉献帝刘协身边的一两百侍卫，周围十多万曹操的人马，杨彪就算是造反，也是自寻死路。可是，欲加之罪，何患无辞啊。

前太尉杨彪被投入许县的监狱，曹操命令一贯严谨的满宠来审理杨彪谋反案。

当时，朝廷的尚书令荀彧和少府孔融都写信为杨彪求情："但当受辞，勿加考掠。"他们希望满宠只要收集杨彪的供词就好，千万不要用刑。孔融自不必说，是世人皆知的汉室忠臣。而荀彧虽然是曹操的第一重臣，可也一直心存汉室。这两位贤臣，当然都是关心杨彪的，希望满宠能够善待年纪已经五十五岁的杨彪。

本来，当朝尚书令和九卿之一的少府给小小县令写信，那还不得屁滚尿流地答应？可满宠不然，他根本没有给两位领导回信，照旧把杨彪给抓起来，动大刑审讯，把杨彪打得死去活来。荀彧、孔融一肚子的火，埋怨满宠实在狠心。明眼人谁不知道杨彪是被冤枉的呢？可过了一段时间，满宠的审讯结果呈报上去，却让所有人大吃一惊。

满宠用了许多刑罚拷打杨彪，人所共知，曹操自然也听说了。本来曹操满以为杨彪必死无疑，就连荀彧、孔融以及杨彪的家人，也认为杨彪肯定被杀。可没想到满宠审讯的结果是杨彪完全没罪，理应释放。满宠怎么解释的呢？满宠说："杨彪考讯无他辞语。当杀者宜先彰其罪；此人有名海内，若罪不明，必大失民望，窃为明公惜之。"

满宠首先告诉曹操，自己该用的刑罚都已经用了，可就是查不到任何杨彪谋反的罪证。既然杨彪无罪，那就应该释放。何况杨彪可不是平常人，一旦无罪枉杀，那必定让天下百姓对朝廷失望、对曹操失望，那就得不偿失了。满宠告诉曹操："我是为了你好，建议你放走杨彪。"曹操无奈，当天就释放了杨彪。曹操虽然一心想要整死杨彪，可曹操更懂得做什么事情都要有旗帜、有大义。就自己了解的情况看，满宠确实尽力了。既然没有一个冠冕堂皇的理由，那就不要白惹一身臊了。

直到此时，荀彧和孔融才明白满宠的良苦用心。原来，曹操对杨彪一案，非常关注。如果一开始满宠就打马虎眼，不给杨彪用刑，曹操必然会斥责满宠，并另派官员审理此案，如果遇上了其他不重事实、一味溜须拍马的官员，那杨彪就是跳到黄河也洗不清了。只有一开始就给杨彪用刑，并且当众拷打，发狠打，让曹操看到，让曹操听到，然后据实上报，曹操才无言以对。

杨彪是安全了，活到八十多岁才去世。

自作聪明的杨修被杀之后，千万不要以为弘农杨氏就这样没落了，后来的隋炀帝杨坚（541—604年在世，581—604年在位），唐朝的贵妃杨玉环（719—756）依然延续了弘农杨氏的荣耀。由此可见，弘农杨氏成为起源最早、延续最久的士族势力，对整个中国历史都有一定影响。

第二十一章

"公惭卿，卿惭长"的颍川陈氏四代人

颍川陈氏，是以颍川郡（治阳翟，今河南省禹州市）为郡望的名门望族。家族成员史实见载于《后汉书》《三国志》《晋书》《宋书》及《世说新语》《陈书》等书，其中陈寔（104—187）、陈纪（129—199）、陈群、陈泰四代人在《后汉书》《三国志》中列有专传。

引人注意的是，说起颍川陈氏，《后汉书·陈寔传》中有"公惭卿，卿惭长"的评价。说的是天下人对颍川许县（今河南省长葛市）人陈寔、陈纪、陈群祖孙三代的评价，是一代不如一代。因陈寔曾担任东汉太丘（今河南省永城市）长，陈纪曾任大鸿胪（中央政府九卿之一），陈群在曹魏时曾仕至司空，为三公之一。陈寔祖孙三代虽然官职越来越高，但在汉魏时人的心中，他们的品德风尚却是一代不如一代，故有此谚。《后汉书》的这一评价是否准确呢？

一、梁上君子说陈寔

陈寔，字仲弓。出身卑微。幼年时，尽管在玩耍时，也被儿童们拥护。年轻时，做县吏，曾经为县里的一些奴仆干事，后来为都亭佐。有志好学，坐立诵读不辍。县令邓邵试着和他谈话，认为他不是一般的小吏，让他去太学学习。后来的县令再召他为吏，他于是逃避隐居阳城山（坐落在今河南巩义市东南、荥阳市西南、登封市东北、新密市西北接界处之五指岭为阳城山，以处于古阳城县之北境而得名）中。这时有杀了人的，同县杨吏怀疑是陈寔，县里逮捕了他。拷打审讯，没有事实根据，因此他得以释放出来。后来，陈寔在郡府担任巡视属县官吏的督邮之职。他暗中嘱咐许县县令，对诬陷自己的杨姓小吏不能打击报复，务必以礼相待。知道此事者，都感叹佩服陈寔的度量。

后来，陈寔还陆续担任过本郡的西门亭长、功曹等职。当时，权阉中常侍侯览让太守高伦任命某人为吏。高伦迫于侯览淫威，只好任命此人为文学掾。陈寔知道此人甚不称职，于是就拿着任命状去见高伦，对他说："此人不宜用，但侯常侍也不能得罪。我请求由我署名举荐他任职，这样，就不会玷污了您的名声。"高伦答应了。大家议论纷纷，责怪陈寔所举不得人。陈寔保持沉默，没有辩解和说出真相。后来，高伦被任命为尚书。士大夫们给他送行时，高伦对众人说："我以前奉侯常侍命，任命某人为吏。陈君秘密地将任命状送还给我，自己署名举荐。我听说大家都因此议论，并鄙视批评他。这是因为我畏惮强御，而让陈君替我承担罪名。陈君可谓美善归于我，过错由自己承担的人啊。"大家这才明白事情的来龙去脉。天下由是服其德。

司空黄琼（86—164）辟选陈寔补闻喜（今山西省闻喜县）长，不久，陈寔因母亲去世，辞官守丧。守丧结束后，陈寔又被任命为太丘长。修德清静，百姓以安。后因沛相违法赋敛，陈寔辞职离去，太丘吏民都很怀念他。

党锢之祸爆发后，陈寔也被牵连在内。其他被牵连的人，大多逃避。陈寔喟然长叹说："吾不就狱，众无所恃。"于是主动投案，被关押入狱。后遇赦得出。权倾天下的中常侍张让的父亲死后，归葬颍川。举行葬礼时，没有名士愿意前往参加，张让感到很羞耻。陈寔便独自前往吊唁。正人君子对他的举动都很不解，也替他感到羞耻。后来，第二次党锢之祸爆发后，张让感念陈寔当年的情义，所以颍川郡的名士大多得以保全。

陈寔在乡间居住时与其子纪、谌名重于世，父子三人时号"三君"，每宰府辟命，率皆同时，羔雁成群，丞掾交至，豫州百城皆图画寔、纪、谌父子三人形象。陈寔与同郡名士钟皓（88—157）、荀淑、韩韶为"颍川四长"。

所谓"颍川四长"，指的是曾担任县长一职的四个人，"并以仁信笃诚，使人不欺"。其中陈寔曾为太丘长、钟皓曾为林虑（今河南省林州市）长、荀淑曾为当涂（今安徽省蚌埠市禹会区）长、韩韶曾为嬴（今山东省济南市莱芜区）长。

陈寔在乡间居住时，为远近之宗师，乡民们若有争讼，都会请求陈寔来判正。陈寔晓譬曲直，争讼者退无怨者。乡民们都说："宁为刑罚所加，不为陈君所短。"有一天晚上，有一小偷溜到陈寔家里，躲藏在屋梁上面，想趁机偷窃。陈寔知道屋梁上面有人，并未喊人捉拿他，而是把子孙们叫到面前训示："夫人不可不自勉。不善之人未必本恶，习以性成，遂至于此。梁上君子者是矣！"小偷感惭交并，下地叩头请罪。陈寔勉励他改恶向善，并赠他丝绢布匹。后人常以"陈寔遗盗"比喻义行善举，"梁上君子"也成了小偷的代名词、雅号。此事传开后，全县自此再没有盗窃的事情发生。

公元168年，汉灵帝刘宏即位，大将军窦武辟以为掾属，共定计策，陈寔遂隐邙山禁锢二十年。乐天知命淡然自逸，大将军何进、司徒袁隗屡辟授官，坚辞不就。太尉杨赐、司徒陈耽等常因此感叹，更因先于陈寔任职而惭愧。党禁结束后，大将军何进、司徒袁隗都派人敦请陈寔，欲授其高位。陈寔一一辞谢。当时，三公职位每次出现空缺，大家都认为应由陈寔担任，朝廷虽然多次征命，但都被陈寔婉拒。

公元187年，陈寔去世。致悼会葬者三万余人，车数千乘，司空荀爽、太仆令韩融等披麻戴孝执子孙礼者以千计。中郎蔡邕撰碑铭，大将军何进遣使致悼词："征士陈君文范先生，先生行成于前，声施于后，文为德表，范为士则，存晦殁号，不两宜乎。"

二、难兄难弟说陈纪

陈寔的长子陈纪，字元方，有至德美誉。兄弟间恺悌互敬，孝养老人，闺门和睦相处。

一天，陈纪的儿子陈群和陈谌的儿子陈忠发生了争执。争吵的缘由，是二人争论谁的父亲更优秀。俩小孩儿争论不出结果来，就去找爷爷评判。陈寔说："元方难为兄，季方难为弟。"意思是说，元方和季方，各有所长，互为兄长，难以分出高下优劣。后世成语"难兄难弟"，即典出此处。"难"字本读阳平，本意是"各有长处，难以分出高下"。后来，人们却将"难"解释成"苦难"的"难"，读音也变成去声，被赋予"一起患难的人，共处同一困境的人"的含义。

陈纪七岁的时候，某天父亲陈寔跟一位朋友约定一同出门，约好正午时碰头。正午已过，不见那朋友来，陈寔不再等候就自己走了。后来那人来了，陈纪当时正在门外玩，那人便问陈纪："你父亲在家吗？"元方答道："等您好久都不来，他已经走了。"那人便发起脾气，骂道："真不是君子啊！跟别人约好一块儿走，却把别人丢下，自个儿走了！"陈纪说："您跟我父亲约好正午一同出发，您正午不到，就是不讲信用；对人家儿子骂他的父亲，就是失礼。"那人顿时感到尴尬加惭愧，便从车里下来，想去拉陈纪，却不想陈纪连头也不回地走进了自家的大门。

有客人在陈寔家留宿，陈寔让陈纪、陈谌兄弟二人做饭。兄弟二人正在烧火，听见陈寔和客人在谈论，都停下来偷听。做饭时忘了放箅子，米都漏进锅里。陈寔问："为什么没蒸饭呢？"陈纪、陈谌跪在地上说："您和客人谈话，我们俩都在偷听，结果忘了放箅子，饭都成了粥了。"陈寔说："你们还记得我们说了什么吗？"兄弟回答道："大概还记得。"于是二人跪在地上一块儿叙说，互相补充，陈寔和客人说的话一点都没有遗漏。陈寔说："既然这样，喝粥就行了，何必吃饭呢？"

党锢案爆发后，陈纪发愤著书数万言，号曰"陈子"。党锢解禁，朝廷四府同时征召陈纪，陈纪不肯应召。陈寔去世后，陈纪伤心欲绝，多次呕血绝气。即便三年丧期结束，陈纪还是悲痛万分，不思饮食，形体消瘦，几乎丧命。豫州刺史赞叹他的孝行，将其事迹上奏朝廷。朝廷令绘画其图像，颁之全国，以厉风俗。

何进为大将军时表选明儒，陈纪在荐举者中居首位。公元188年，朝廷征荀爽、申屠蟠、韩融、陈纪、郑玄等十四人为博士，陈纪等皆不至。公元189年，董卓秉政，以公车特别征召陈纪等人，并派使者到陈纪家里，拜陈纪为五官中郎将。陈纪不得已来到京师，转任侍中，旬有八日，又出任平原国（今山东省平原县）相。

公元190年，陈纪前去拜见董卓，当时董卓打算迁都长安，对陈纪说："三辅地区平敞，四面皆有险固要塞，土地肥沃，号称'天府之国'，陆海物资齐备。如今，关东起兵，我担心洛阳非久居之地。长安同样建有宫室，现在我欲西迁长安，你看如何？"陈纪回答："天下有道，防守的对象是四夷。朝廷勤修德政，怀柔不肯归附之臣。迁移圣驾，这是无可奈何之计。愚以为，您应该将朝政交给公卿，专心处理外事，敢有违抗命令者，则以武力讨伐。如今关东起兵，民不堪命。您若能够谦远朝政，率领大军讨逆，那么，饱受涂炭之民还有活命的机会。如果迁都长安以求自安，会有累卵之祸，峥嵘之险。"董卓内心虽不快，但敬纪名行，也没有难为他。当时朝议欲以陈纪为司徒，纪见祸乱方作，不待行李备办齐全，就赶赴平原国上任去了。

陈纪在任时"冒犯锋矢，勤恤民隐，驯之以礼教，示之以知耻，视事未期，士女向方"。恰逢青州刺史败给黄巾，幽、冀二州争夺其土。陈纪料敌知难，不忍百姓为自己而死，于是决定离开平原，向当地百姓告辞。父老跟随陈纪，攀辕持毂，轮不得转。陈纪于是晨夜间行，寄住于邳郯之野（今江苏省邳州市和山东省郯城县一带，春秋时期为邳国和郯国之地）。

后来，袁术僭号，图谋倾覆社稷，并与徐州的吕布结亲。陈纪劝谏吕布，不被采纳，而吕布的女儿已经在路上了；陈纪奋出奇策，使吕布断绝婚姻，追回其女。朝廷念陈纪之功，任命他为尚书令。袁绍为太尉时，曾想把位置让给陈纪，但陈纪没有接受。后来，陈纪被拜为大鸿胪，掌九仪。

公元198年，曹操攻灭吕布。陈纪与儿子陈群当时在吕布军中，皆前去拜见曹操。公元199年夏，陈纪因病去世于任上。

三、九品中正说陈群

陈群，字长文。年幼时即卓然不群，祖父陈寔很器重他，向乡宗父老说："这孩子必定兴旺我陈家。"

名士孔融的年纪约在陈纪、陈群两父子之间，因此先与陈纪为友，后又与陈群结交，由是显名。陈群曾与孔融谈论汝、颍之间人物的优劣，陈群就说道："荀文若、荀公达、荀休若、荀友若、荀仲豫，当今无双。"可见二人常论骘人物，甚相交心。

公元194年，刘备时为豫州刺史，以陈群为别驾。当时，徐州刺史陶谦病死，徐州吏民决定迎刘备继任。刘备欲往徐州，陈群劝谏："袁术尚强，您去徐州，必与之争。吕布若袭将军之后，将军虽得徐州，事必无成。"刘备不听，至徐州后，不久就与袁术争战。吕布果如陈群所料，偷袭下邳，遣兵助术，大破刘备军。

吕布败亡后，曹操命陈群为司空西曹掾属。他所举荐者，皆成为名臣。世人以为陈群善知人。后历任萧、赞、长平诸县令、治书侍御史、参丞相军事。

魏国建国后，陈群迁御史中丞。曹丕很敬重陈群，待以交友之礼。曹丕为魏王时，封陈群为昌武亭侯，徙为尚书。其间，采纳陈群建议，制九品官人法，成为魏晋南北朝近四百年历史上主要的选官制度。直至隋朝，才代之以科举制。

汉朝提拔民间人才，采用的是"任子制"、"征辟制"与"察举制"。所谓"任子制"，顾名思义，就是任用子弟为官的一项制度。任子制直接导致了政治的腐败。所谓"征辟制"，就是征召名望显赫的人士出来做官。征是指皇帝下诏指名征聘，也称为特诏或特征。辟是指公卿或州郡征调某人为掾属，汉时人也称为辟召、辟除。征辟作为一种自上而下选任官吏的制度，地位仅次于察举。察举是自下而上推选人才的制度，也叫"选举"。汉武帝时期，察举制的内容出现两个科目。一是"孝者"。"孝者"原指孝敬父母。尊敬长官者，现将其纳入察举科目，已脱离了原意，而成为察举科目之称谓。二是"廉者"。"廉者"和"孝者"的资格有所不同，"孝者"出身于平民，"廉者"则是现任官吏。察举以举荐为主，考试为辅，考试基本不存在黜落的问题。

东汉末年，社会动荡，察举制所依赖的乡里清议失去了社会基础。那时，选官多操纵在地方大族名士手中。他们交结朋党，严重干扰了人才选拔。自曹操开始，尝试新的选人方法，曹丕继魏王后，颁行九品中正制。

九品中正制从内容上说主要有三条。

一是设置中正。这是九品中正制的关键环节。所谓中正，就是掌管对某一地区人物进行品评的负责人，也就是中正官。中正官又有大小之分，州设大中正官，掌管州中数郡人物之品评，各郡则另设小中正官。中正官最初由各郡长官推举产生，晋以后，改由朝廷三公中的司徒选授。其中郡的小中正官可由州中的大中正官推举，但仍需经司徒任命。一般情况下，州郡的大小中正官是由司徒举荐的现任中央官员兼任，有时，司徒或吏部尚书还直接兼任州的大中正官。这是为了保证中央对选举的直接控制，避免他人对中正事务的干扰。大小中正官还都有名为"访问"的属员。

二是品第人物。这是中正官的主要职责。中正官负责品评和他同籍的士人，包括本州和散居其他各郡的士人。品评主要有三个内容。第一，家世：即家庭出身和背景。指父祖辈的资历、仕宦情况和爵位高低等。这些材料被称为簿世或簿阀，是中正官必须详细掌握的。第二，行状：即个人品行才能的总评，相当于品德评语。魏晋时的总评一般都很简括，如"天才英博、亮拔不群""德优能少"等。第三，定品：即确定品级。定品原则上依据的是行状，家世只作参考。但晋以后完全以家世来定品级。出身寒门者行状评语再高也只能定在下品；出身豪门者行状不佳亦能位列上品。于是就形成了当时"上品无寒门，下品无势族"的局面。

三是选拔依据。中正评议结果上交司徒府复核批准，然后送吏部作为选官的根据。中正评定的品第又称"乡品"，和被评者的仕途密切相关。任官者其官品必须与其乡品相适应，乡品高者做官的起点（又称"起家官"）往往为"清官"，升迁也较快，受人尊重；乡品卑者做官的起点往往为"浊官"，升迁也慢，受人轻视。

中正评议人物照例三年调整一次，但中正对所评议人物也可随时予以升品或降品。一个人的乡品升降后，官品及居官之清浊也往往随之变动。为了提高中正，政府还禁止被评者诉讼枉曲。但中正如定品违法，政府要追查其责任。

曹丕临终前，命陈群与曹真、司马懿并受遗诏辅政。

明帝即位，陈群为司空。他建议明帝"崇德布化，惠恤黎庶"，提醒魏明帝，既要鼓励大臣们各抒己见，不能压制不同的意见，因为"臣下雷同，是非相蔽，国之大患"，也要防止大臣彼此结党攻讦，否则"不和睦则有仇党，有仇党则毁誉无端，毁誉无端则真伪失实"。对魏明帝违背礼制，大兴土木妨害农作，无谓地耗费人力财力等举动，皆极力劝谏，"帝于是有所减省"。

公元229年，陈群又奉命与刘邵等"删约旧科，傍采汉律，定为魏法"。

公元237年初，陈群逝世。曹叡追思陈群之功德，于是分给陈群户邑，并封一子列侯。

陈群历仕曹操、曹丕、曹叡三代，以其突出的治世之才，竭忠尽职，为曹魏政权的礼制及其政治制度的建设做出了突出的贡献。

四、呕血而死说陈泰

陈泰，字玄伯，是汉末尚书令荀彧的外孙，曹魏司空陈群的儿子。

陈泰起初担任散骑侍郎，父亲陈群去世后，袭封颍阴侯的爵位，但一直得不到重用，公元240年，才做到游击将军的职位。公元244年，陈泰出任持节、护匈奴中郎将，领并州刺史，并加号振威将军，主管并州的军、政、法等事务，并负责监视匈奴各部落。陈泰在任期间恩威并施，将匈奴各部落管理得服服帖帖，以此深得朝廷嘉奖。不仅如此，当时的京城权贵托他在边地购买奴婢，并附送宝货。陈泰将所送之礼皆挂在墙上，从不打开。公元248年，陈泰被调回京城任尚书，将权贵所送之礼全部退还，其为官之清廉可媲美其父陈群。

公元249年春，曹芳与曹爽三兄弟往高平陵拜祭魏明帝曹叡。当时，陈泰作为尚书，也去参加这次谒陵。司马懿趁机在洛阳发动高平陵政变，率军切断归路。当司马懿派人送书给曹爽要其放弃抵抗时，曹爽等犹豫不决。陈泰与侍中许允一道上前劝说曹爽，使其接受了交权条件。曹爽即派许允与陈泰为代表与司马懿协商。司马懿声称只免其官，让陈泰回去告诉曹爽。曹爽犹豫未决之际，陈泰和许允一起劝说他接受对方的条件，曹爽平素信赖二人，在他们的劝说下，同意交出兵权，但最终却被诛灭满门。

曹爽的遇害让陈泰耿耿于怀，为离开朝堂这个是非之地，自请外调，结果被朝廷任命为雍州刺史，代替原刺史郭淮对蜀汉作战。陈泰在雍凉战场驻守七年，连番设奇用险，多次击败蜀汉大将姜维的入侵，是令姜维无比头疼的对手。

公元255年春，朝廷任命陈泰为征西将军，假节都督雍、凉二州的军事，成为曹魏在西北地区最高的军事长官。恰逢大将军司马师病亡，司马昭控制魏国朝政。蜀将姜维趁司马师病亡之机，与车骑将军夏侯霸、镇南大将军张翼等率军攻魏，大破魏国雍州刺史王经。魏军数万人战死，王经退保狄道城（今甘肃省临洮县）。姜维进兵，围攻狄道城。魏国派征西将军陈泰前来解围。姜维设伏不成，退军驻扎钟题（今甘肃省成县西北），狄道之围遂解。陈泰慰劳将士，加强城防工事，增添防守兵力后，率兵还屯上邽。

司马昭据此评价说："玄伯沉勇能断，荷方伯之重，救将陷之城，而不求益兵，又希简上事，必能办贼故也。都督大将，不当尔邪！"后来，司马昭将陈泰调回朝廷，任尚书右仆射，负责选举任命官员。又加侍中、光禄大夫。

公元256年，吴将孙峻（219—256）率军出淮、泗，司马昭即调陈泰为镇军将军、假节、都督淮北诸军事，并诏命徐州监军以下皆受陈泰节制。孙峻退兵后，朝廷又召回陈泰，改任左仆射。

公元257年，诸葛诞起兵寿春，采取联结东吴，以逸待劳，拒守扬州的方略，起兵反司马昭。司马昭亲率六军征讨，驻军丘头（今河南省沈丘县），由陈泰总管行台。陈泰自幼与司马师、司马昭为友，与沛国武陔的关系也很好，有一次司马昭问武陔："玄伯和他父亲陈群司空相比怎么样？"武陔回答："通达儒雅，渊博练畅，以天下教化为己任，玄伯不如其父，但严明纲纪，简捷精干，建功立业，则超过他父亲。"回京后，陈泰前后以功增加食邑至二千六百户，子弟一人被封为亭侯、两人为关内侯。

公元260年，魏帝曹髦亲率殿中宿卫、苍头、僮仆等，欲攻打司马昭。在南阙与司马昭的亲信贾充展开激战，混战中，贾充指使太子舍人成济弑杀曹髦。

《魏氏春秋》记载，曹髦死后，尚书右仆射陈泰与太傅司马孚倒在地上，枕着曹髦尸体号哭尽哀。不久，司马昭也进入宫禁，见此情景，便问陈泰："玄伯，天下人当怎么看我？"陈泰说："只有斩杀贾充，才能以谢天下。"司马昭又说："你再考虑一下有没有别的办法？"陈泰回答："难道还能让我说别的话吗？"《汉晋春秋》则记载，陈泰对司马昭说："您家数世光辅，功盖天下，应当并迹于古人，垂美于后世，一旦摊上杀君之事，岂不太可惜！速速处死贾充，仍可以证明您的清白。"司马昭说："公闾（贾充字）不能杀，你帮我想一想其他办法。"陈泰厉声道："意唯有进于此耳，余无足委者也。"陈泰回去后就自杀了。

陈泰死后，被追赠为司空，谥号穆侯，并被厚葬。

回到本文开篇的话题：天下人对颍川陈氏的评价，"公惭卿，卿惭长"，是一代不如一代。如果只看陈纪、陈群父子的话，还谈不上私德有亏；陈泰虽然是曹魏官员，但始终站在司马家一边，已经让人非议，但至少还能在死前作一场秀。真正让人感叹"君子之泽，五世而斩"的，是陈泰的堂兄弟陈佐之子陈准。

作为颍川陈氏的第五代，陈准在西晋做到了中书令这样的高官。但是此君却在《晋书》里连列传的资格都没有，因为他在八王之乱中几乎扮演了丑角：作为宰相，他公然袒护与赵王司马伦作战的淮南王司马允（272—300），甚至还从晋惠帝司马衷（259—307年在世，290—307年在位）那里骗出了督战的白虎幡，结果阴错阳差，司马允被司马伦诛杀，而司马伦又没搞清楚状况，把陈准当成了自己的佐命功臣。一年后篡位自立的司马伦被杀，此前就死掉的陈准就成了一个很难被定性的人物、一个彻彻底底的两面派。

陈准死后，颍川陈氏便基本退出了历史舞台，在大分裂的三百年里，颍川陈氏没能再出现一位名人。陈武帝陈霸先（503—559年在世，557—559年在位）倒是自称陈准的后人，但是无从考证真伪。

颍川陈氏由汉末入魏晋，成为当时的一流高门，子孙历十余世冠冕相承。在颍川陈氏身上，真正看到了封建世家的发展轨迹：这样一个出身寒微的家族，从陈寔开始，逐渐成长为北方顶级的门阀家族，却又随着时局变化而迅速走向衰亡，直到在历史上销声匿迹。

第二十二章

谋士满宠：立志刚毅，勇而有谋的老臣

提到三国人物，论智谋超群，人们首推诸葛亮。其实，和诸葛亮同时代的魏将满宠（？—242），同样极具韬略。《三国志》的作者陈寿对满宠的评价是"立志刚毅，勇而有谋"，而对诸葛亮的评价是"应变将略，非其所长"。

满宠一生大致分为两个阶段，以赤壁之战为界，赤壁之战前期，其主要担任曹魏的司法、监察职务，同时历任多地的县令、太守，从事稳定治安、纠察不法一类的工作。而赤壁之战后，尤其到曹丕、曹叡执政期间，满宠的工作则转变为曹魏东南一线的军事主官，其先后任前将军、征东将军，总督豫州、扬州的人马，多次和孙吴交战。

官场上立志刚毅，战场上勇而有谋！满宠是怎么做到的呢？

一、官场上立志刚毅

满宠，字伯宁，山阳昌邑（今山东省巨野县）人。

满宠为吏颇重严法，早年任职时就展示了铁血的一面。

满宠身长八尺，十八岁时，在郡中任督邮。当时郡内的李朔等人各自拥有部曲，为害百姓。太守遣满宠前去纠察，李朔等人闻讯后，前来请罪，表示不敢再作恶。后来，满宠代理高平县（今宁夏回族自治区固原市）令。县人张苞（与张飞之子同名）为郡督邮，贪污受贿，干乱吏政，满宠派人将其抓捕并拷问。张苞受刑而死，满宠弃官而归。

公元192年，曹操至兖州，满宠被辟为从事，从此加入曹魏阵营。公元196年，曹操挟天子以令诸侯，移汉献帝于许县，辟满宠为西曹属，又任命满宠为许县县令。满宠铁血执法的一面表现得更加突出。

当时曹洪的亲戚、宾客在许县境内界多次犯法，满宠把他们抓了起来。曹洪向满宠求情，满宠不肯放人。曹洪请曹操去求情，满宠就在曹操来之前把犯法的人提前处斩了，曹操得知后不怒反喜，称赞满宠执法严格。

当然，铁血执法的满宠在面对名士杨彪入狱的问题上也充满了温情。

名士杨彪入狱后，满宠负责审问，荀彧和孔融写信求情说："但当受辞，勿加考掠。"满宠不作理会，如以往一样拷问，荀彧和孔融极为愤怒。数天后，满宠求见曹操并说道："杨彪考讯无他辞语。当杀者宜先彰其罪，此人有名海内，若罪不明，必大失民望，窃为明公惜之。"此话切中了曹操担心天下人指责的要害，被迫当即赦免了杨彪。此事过后，满宠得到了很多名士重臣的推崇。

这里也能够看到，东汉末期，儒家思想和法家思想的冲突。以孔融、荀彧为首的士族认为仍应遵循"刑不上大夫"的传统；而以满宠为代表的寒族，甚至满宠背后的曹操则希望打破这一传统，用严法来规范社会的秩序。杨彪案体现了两种力量的暗中对抗，也说明了满宠是曹操推行自己政治主张的一个典型。

满宠的文吏生涯，见证了汉末乱世在儒家德治和法家严治间的选择过程。无疑，满宠是法家严刑峻法的代表。因此，后世对满宠这一时期的一系列做法，有褒有贬，褒的是他不畏权贵、清廉执法，贬的是他将严法作为任意刑杀的工具。因此，我们应当看到满宠恪守法度、坚持原则的积极一面，也要认识到在运用严法过程中不能矫枉过正，超出必要的限度。

二、战场上勇而有谋

与在官场上的"立志刚毅"相比，满宠在战场上的"勇而有谋"更加突出。

当时袁绍雄霸河北，而汝南郡是袁绍的故乡，其门生宾客分布于诸县，拥兵拒守。曹操对此甚为忧虑，以满宠为汝南太守。满宠招募五百人，攻下二十多个壁垒，设计诱杀首领十余人，汝南平定。满宠俘获百姓二万余户、士兵二千人，令他们回家务农。

公元219年，关羽攻樊城，满宠协助曹仁守城。同年秋，汉水流域发生了"汉水溢流，害民人"的自然灾害，关羽趁机乘大船进攻，擒于禁、斩庞德。樊城城墙也因水淹多处崩坏，众军慌乱。有人对曹仁说："今日的危难，不是这样容易支撑的，趁着关羽还没有合兵围城，夜晚应该乘轻船，弃城逃走，方可脱身。"满宠劝说："山水来去快，希望不会太久。听闻关羽遣其他将领在郏下，自许以南，百姓担忧，关羽不敢进攻，是害怕我军后面成掎角。如今若逃跑，洪河以南的地方就不属于我们的国家了，君请再坚持等待。"曹仁说："没错。"满宠把自己的白马淹死，与士兵共同盟誓，以必死之心迎战，众人重新振作。后徐晃救兵到来，水亦稍降，曹仁、满宠与徐晃前后攻击关羽，关羽最后败走。

公元228年秋，曹叡派曹休从庐江到合肥，豫州刺史贾逵督领着满宠、胡质等四军进攻，从西阳进逼东关。同时，曹休进逼皖，司马懿进逼江陵。满宠在贾逵的率领下，进军到了五将山。此时，曹休上表写道：东吴有请降之人，自己将率军深入。满宠上疏言道："曹休虽聪明果敢，但很少用兵，实践经验不足。今所行线路，背后是湖，旁边是长江，前进容易，退却却难。这样的路是兵家最忌讳的呀！如果进入无强口，应该做好充分准备。"满宠的上表没有送到曹叡那里，曹休就已经率军深入了。敌兵果真在无强口断了去夹石的路，阻截了曹休的退路。曹休交战不利，败退。贾逵说道："大司马曹休兵败于外，路绝于内，进不能战，退不能还，危在旦夕。东吴知道后面没有接应的军队，才敢大胆地追上来。现在疾速前进，出其不意地赶到夹石，突然打过去，这就是所谓先人以夺其心，东吴看见我军必然退兵。如果坐待援军到来时，东吴已经把险路全部断绝，到那时兵马再多又有何用呢？"于是，贾逵率领满宠、胡质等人迅速进军。当时，正好有朱灵等从后面拦截敌兵。满宠等人在贾逵的率领下，与敌人相遇。敌人惊恐而逃，曹休得以生还。

公元230年，满宠为征东将军。这年冬，孙权声称要取合肥。满宠上表要求召集兖州、豫州兵力。后来两州兵力云集，东吴兵只好退还。朝廷命满宠就此撤兵。满宠认为"敌兵大举退还，恐怕不是本意。他们一定是佯装退却以麻痹我们，等我们撤军后，好乘虚而入"。于是上表要求不要撤军。十多天后，孙权果然突然回头，直指合肥。但因满宠一直没有放松戒备，孙权偷袭一无所获，只得退兵而去。

公元232年，东吴大将陆逊移兵庐江，不少人认为应赶快救援，满宠说："庐江虽小，但是兵精将猛，定能坚守一段时日。再说，敌军弃船深入二百里，后方空虚，正宜诱其深入，乘机击败他们。应当听之任之，让其推进，让他们连逃跑都来不及。"整肃军队开往杨宜口（阳泉水和决水汇合处，今安徽省霍邱县与河南省固始县交界一带）。东吴兵听说曹魏大兵东下，当夜就逃走了。

合肥历来是曹魏和东吴在东部战线争夺的最大焦点，从张辽威震逍遥津就可以知道合肥的重要。公元233年，满宠上疏，认为合肥城南面有长江，东吴军队水军可以发挥优势；北面又远离曹魏重镇寿春，一旦有警，寿春的救援往往不能及时赶到。如果东吴倚仗自己的水军优势，进攻合肥城，那曹魏军队就只能选择正面和东吴军队血战。可以说，东吴的军队来往随意，可是曹魏的军队救援缓慢，即便到来，也要面临血战，地理位置很不好。满宠建议在合肥西边三十里的地方修建一座新城，这样的话，东吴军队倚仗水军护卫，上岸进攻合肥城，那么新城的军队可以在第一时间出兵，与合肥城中的军队内外夹攻，这样敌人就算是撤退也很艰难，合肥的地利劣势就能够比较好地扭转了。

但是，满宠的这个建议受到了朝中另一位名臣蒋济的反对。在蒋济看来，修建新城无异于向东吴示弱。现在两国邦交刚刚恢复就修建新城，明显是准备作战，并且告诉东吴人，我就是怕你进攻合肥。这样的话，东吴军队来了，新城的军队立刻赶到合肥城下，合肥确实安全了，可是，东吴的军队难道就不会绕道进攻别的地方吗？

魏明帝曹叡觉得蒋济说得在理，就放弃了新城计划。

满宠再次上疏说，孙子说："兵者，诡道也。"我们修建新城，确实是告诉东吴人我们担心合肥被围。我们并不弱，但是却告诉东吴人我们很弱，这不是很好吗？一旦东吴人相信了我们弱小，必然轻视我们。这样的话，东吴人就会远离长江，上岸作战，那么我军就可以取得大胜了。

魏明帝曹叡左右为难，当时有位尚书名叫赵咨，他认为满宠的意见更好，于是魏明帝曹叡下令修建新城。

这一年，孙权亲自率兵，欲包围合肥新城（位于安徽省合肥市庐阳区三十岗乡古城郢村南侧），但因为此城离水路太远，在水上停留二十天不敢下船。满宠对各位将领说："孙权得知我移兵城外，一定会夸下海口。现在前来展示其实力，邀取功名。虽然他不敢再推进，但一定会上岸来炫耀一下兵力，以示其兵多将广。"于是在合肥城的隐蔽处埋伏步兵骑兵六千人，等待吴军自投罗网。孙权果然上岸耀武扬威，满宠部署的伏兵突然冲过来猛袭敌兵，杀死了吴军几百人，还有一些落水而死。

公元234年春，蜀汉丞相诸葛亮进行第五次北伐，遣使请东吴一起出兵。孙权答应。旋即引发第五次合肥之战，同年夏，孙权进驻巢湖口，自称有十万人，亲自带兵攻向合肥新城；此外，又派陆逊、诸葛瑾率万余人进驻江夏（今湖北省武汉市新洲区）、沔口（汉水入江处，既今湖北省武汉市汉阳区），攻向襄阳（今湖北省襄阳市）；将军孙韶（188—241）、张承（178—244）进驻淮，向广陵（今江苏省扬州市）、淮阴（今江苏省淮安市淮阴区）进逼，形成三路兵马北伐。

满宠向朝廷建议，放弃合肥新城，把吴军引诱到寿春。魏明帝曹叡不接受满宠的建议，传令满宠说：“过去汉光武帝派少量精兵坚守遥远的略阳郡，终于打败了强悍的隗嚣。我朝先帝东围合肥，南守襄阳，西边防御祁山，吴军经常来侵犯在这三座城池，可知这都是兵家必争之地。这次纵然是孙权亲率大军围攻新城，新城也决不会陷于敌手。希望守城诸位将军协力作战，我也将亲自督师前往与吴军会战。说不准等我率大军到达新城时，吴军早已退走了呢！”

这年夏，满宠想率众军援救新城守将张颖，但殄夷将军田豫却认为该新城自守有余，如果有援军至，怕孙权反过来吞并援军。而当时吏士多请假，满宠上表请召中军兵及召回所有请假将士，集合抵挡。不过散骑常侍刘邵认为满宠该自守不攻，避其锐气；而中军则先派步兵五千、精骑三千出发，将队伍排列疏散，多加旗、鼓，敌军知道大军到来，必定自走，可以不战而破。魏明帝曹叡听从刘邵的计策，先派前队出发。与此同时，魏明帝曹叡没有采纳满宠援军的意见，认为合肥、襄阳、祁山是曹魏东、南、西三个重要防点，守城有余，曹叡便亲乘龙舟率军东行。

已经处于衰老暮年的满宠，募集了数十名壮士，折断松枝灌上麻油为火炬，在上风的位置顺风放火。火势在风力的作用下不断蔓延，一直烧到了敌军的攻城器具。孙权的侄子孙泰前来救火，满宠军队又向吴军放箭。当时满宠军队射出的箭支顺风而行，被风力增大了射程和贯穿力，最终射杀了孙泰（孙权的侄子、孙匡的儿子、曹操的侄外孙）。孙权军队围攻合肥新城多日，合肥新城守将张颖等拒守力战，吴军难以破城。孙权得知魏明帝曹叡亲自率领的大军距离自己不远了，再加上吴军中士卒都多有病患，于是孙权撤退。孙韶军亦同时回师。只有陆逊军继续战斗，但不久亦撤退。

公元235年春，孙权派兵数千家到江北屯田。这年秋，满宠认为，正值庄稼收割季节，男女老少，布满田野。而屯兵的士兵离城有数百里远，可乘其不备，突然袭击。于是派遣长吏率兵沿江东下，摧毁各个屯兵营，焚烧许多谷物后撤回。魏明帝曹叡下诏嘉奖满宠，同时将所获的东西全部赏赐给将士。

公元239年春，满宠因年迈撤离一线，升为太尉。满宠一生不好积蓄，所以家无余财。魏帝曹芳下诏说："将军领兵在外，一心向公，有季孙行父和祭遵的风范。赐田十顷，谷五百斛，钱二十万，以表彰你清忠俭约的高风亮节。"满宠前后增加的封邑共有九千六百户，子孙二人封为亭侯。公元242年春，满宠去世，谥号景侯。

满宠屡屡做出正确判断，可谓"料敌如神，不输孔明"。究其原因，一是他熟谙兵书，运用自如；二是他对敌我双方兵力、战势了然于胸，知己知彼；三是他注重地理、地势、气象、心理等因素在战争中的重要作用。

《三国志》的作者陈寿对满宠的评价是"立志刚毅，勇而有谋"，这一评价不仅反映了他对满宠军事才能的认可，也体现了他对满宠人格特质的高度认可。满宠以其出色的军事和政治才能，以及刚正不阿、坚持原则的人格特质，在历史上留下了深刻的印记。

第二十三章

谋士董昭：三国时期最牛的股票投资人

史学家胡三省（1230—1302）在评价汉魏期间著名奇士董昭时说，"昭人品不足称，其谋略妙，不下二荀"。那胡三省对董昭的一分为二的评价符合历史的真相吗？

一、初从袁氏传捷报

董昭，字公仁，济阴定陶（今山东省菏泽市定陶区）人。

董昭年轻时被举为孝廉，就任廮陶县（钜鹿郡治所，今河北省宁晋县）长、柏仁县（今河北省隆尧县）令。袁绍任命他为参军。

袁绍手下的董昭，给人以诡计百出、心狠手辣的印象。

公元192年，袁绍在界桥（今河北省威县）迎战公孙瓒；而钜鹿太守李邵和郡中仕宦认为公孙瓒兵力强盛，都想要归附公孙瓒。袁绍便让董昭兼任钜鹿太守。袁绍问新任钜鹿太守董昭："你用什么办法制驭他们？"董昭回答说："凭我一个人的微力，不能消弭众人的预谋，我想假作应和同意的样子，引诱他们说出实情，然后再根据具体情况临时权变来制驭他们。计策只能临时想出，现在没法预先谈论。"

当时钜鹿郡里大姓人家的孙伉等几十人是主要的策划者，鼓动官吏和百姓。董昭到了郡里，伪造了一份袁绍的檄文告诉全郡说："得到贼人的侦察兵安平人张吉的口供，他们会来进攻钜鹿，贼方原孝廉孙伉等人作为内应，

217

此檄文传到郡中，即将孙伉等逮捕军法从事，只惩罚他们本人，妻儿不予连坐。"董昭依照檄文的控诉、命令，将孙伉等人立即斩首。全郡人皆恐慌，董昭挨个儿予以安慰，于是全都安定下来。事情结束后，董昭向袁绍汇报，袁绍十分赞许。

恰逢魏郡太守栗攀被士兵所害，袁绍又让董昭兼任了魏郡太守。

魏郡是包含邺城在内的冀州大郡，是袁绍的根据地，后来曹操称魏公所得到的封邑，也是以魏郡为首的冀州诸郡。曹操能放下经营多年的兖州，选择在魏郡建立新的根据地，可见当时魏郡是一个相当有价值的地方。文有田丰、审配、沮授等，武有颜良、文丑等，要说袁绍麾下也是人才济济，但解决根据地的事情却交给了董昭，至少可以看出，历史上的董昭，早期就已经有很强的存在感了。

当时魏郡全郡境内秩序大乱，贼人数以万计，他们派使者相互往来，进行买卖贸易。董昭十分重视这一情况，找机会在他们中间进行离间，乘他们力量薄弱时发兵征讨，打得贼方大败，两天内三传捷报。

二、助曹迎帝立功劳

袁绍是个猜忌心很强的人，董昭的弟弟董访在张邈手下。张邈和袁绍不和，袁绍知道这一消息后，就想收拾董昭。董昭要求去觐见汉献帝刘协，借机脱离袁绍，半路上却被张杨留在了河内郡（今河南省武陟县）。董昭通过张杨将印和绶带送还朝廷，被朝廷授官为骑都尉。

董昭和当时那些有见识的高手一样，认定曹操是能够平定天下的人物。虽然还没和曹操见过面，但他已开始暗地里帮助曹操。曹操当时占据兖州，派使者到长安献贡，向朝廷表忠心。路过河内张杨的地盘，张杨不让他过。董昭便劝告张杨说："袁、曹现在虽然还是一家，但其趋势是不会长久联合下去的。曹操现在虽然弱些，但实在是天下的一位英雄，您应当有意和他结交。况且现在正有机缘，应该帮助他与朝廷联系，并且上表荐举他。如果这件事能够成功，那将永远是一种很深的情分。"张杨这才向朝廷通报曹操的情况，又上表荐举他。董昭又替曹操写信给长安的各个将领，如李傕、郭汜等人，根据他们的地位轻重不同分别表示殷勤友好。张杨也派遣使臣去见曹操。曹操赠给张杨犬马金帛，从此与西部地区有了往来。

公元196年，曹操在许县平定了黄巾军，派遣使臣到河东（今山西省夏县）去。这时汉献帝刘协回到洛阳，韩暹、杨奉、董承及张杨相互间意见对立不和。董昭因为杨奉兵马最强而缺乏外部援助，以曹操名义写信给杨奉。信上说："我对将军早已闻名，倾慕您的大义，所以推心置腹，赤诚相见。现在将军您将天子从艰难中解救出来，归还旧都，辅佐天子的功劳，当代没有人能和您相比，是多么的美善啊！现今群凶扰乱中原，四海不得安宁。天子和朝廷至尊至重，我们的责任就在于维护和辅佐，必须依靠众位贤士来重建王朝秩序，这委实不是一个人能够独力建立的。心腹与四肢相互依赖，互为支持，缺一不可。将军您应当作为京城内的主要力量，我作外部的援军。现在我有军粮，您有军队，互通有无，足以互相接济，同生死，共患难。"杨奉接信大喜，对大家说："曹兖州近在许县，足兵足粮，是国家可以信赖的人。"杨奉接到信后十分喜悦，对各位将军说："兖州的军队驻扎在许县，近在眼前，他们有兵有粮，国家应当依靠仰仗他们。"于是众人一同上表荐举曹操为镇东将军，继承其父曹嵩的爵位为费亭侯，董昭也升任符节令。

曹操带董昭到洛阳朝见汉献帝刘协。曹操问以后该怎么办。董昭说："将军起义兵，诛杀暴乱之徒，入京朝拜天子，辅佐王室，这是可以媲美春秋诸侯五霸的功绩。但下面的各个将领，人心各异，未必肯服从您。现今您留在这里匡弼天子，情势对您不利，只有转移圣驾到许县了。当然朝廷流亡迁徙之后刚刚回到旧时京城，无论远近都在企望，希图在一个早上安定下来。现在又一次迁移圣驾，不能让众人满意。做非同寻常的大事，就得有超越常规的举措，希望将军筹划怎样做利多弊少。"迁都到许县和曹操的本意不谋而合，曹操大为高兴，但还是担心杨奉的实力太大，到时会有不利行动。

董昭说："杨奉缺少袒护援助，将会独自归顺。镇东、费亭的事情，都是杨奉所确定，又听说他写信命令约束自己的士兵，足以看出他的诚信之心。应该时常派遣使者送上优厚的馈赠，答谢他的好意，以便安定他的心。就说'京城缺乏粮食，想将圣驾暂时移至鲁阳，鲁阳离许县较近，转相运输较为容易，就可以没有粮食严重缺乏的忧虑了'。杨奉为人勇猛而缺少思虑，一定不会怀疑我们，等到双方使者有了往来，那时就足以确定计策了。杨奉哪里能成为隐患！"曹操立即派遣使者到了杨奉那里，然后即将汉献帝刘协迁移到许县。此时才知道上当受骗的杨奉马上与韩暹等人与曹操出手争权，结果被曹操打败。杨奉、韩暹失去兵众，向东投降袁术。

这样，经过多年的颠沛流离，汉皇室终于有了个稳定的家，重立宗庙社稷在许县，称为许都。曹操因奉迎天子被封为大将军、武平侯，顺利开始他挟天子以令诸侯、征服天下的雄图大略。

"挟天子以令诸侯"的政治策略虽然是荀彧、毛玠等人所主张的，但在实际操作上，是董昭一手促成的，所以要论功劳，董昭当排首位。

三、劝进曹操称公王

公元198年，张杨被部将所杀，其手下打算投靠袁绍。曹操闻讯，立即派当时担任河南尹的董昭前去劝说。董昭孤身一人入城，当天就说服张杨的手下开城归顺。曹操随即任命董昭为冀州牧。

公元199年，曹操派刘备截杀袁术。董昭对曹操说："备勇而志大，关羽、张飞为之羽翼，恐备之心未可得论也！"结果刘备占据徐州，对抗曹操，引得曹操东征。徐州平定后，曹操任命董昭为徐州牧。之后，董昭跟随曹操平定北方，立下了不少功劳。

曹操平定河北之后，董昭建议曹操恢复周、秦时期的五等爵位（王、公、侯、伯、子男）制度，这种用意十分明显，即是让曹操的爵位武平侯，有机会在新制度的允许下，有上升的空间，即从侯爵晋位为公爵乃至王爵。

在古代那种环境下，大肆修改国家的各项制度是要冒很大的风险的，曹操处在一个敏感的政治位置，时常被冠以"汉贼"的名号而受到社会舆论的抨击，名义上还是汉臣的曹操，如果轻易改变汉朝旧制，势必面临和王莽一样的危险。所以，在董昭提出恢复五等爵位制度时，曹操的第一反应是："我又不是圣人，怎么敢做这种事！"

董昭马上为曹操陈明利害：说曹操身为汉臣，虽对汉室江山有匡扶之功，但同时身居高位也将面临莫大的危险，自古以来那些为人臣子有曹操这样功劳的，都难有善终，比如西汉名臣霍光，活着的时候虽然功绩卓越权力广大，但死后后代因为谋反罪被满门抄斩；王莽自封安汉公，推行新政遭到了各界人士的反对，最后兵败身死。

董昭希望曹操多为自己考虑，就算不为自己，也要多为子孙后代着想，不要因为名声问题而让自己陷入万劫不复的境地。所以董昭考虑的是曹操个人的实际问题，他告诉曹操："我不是在教你怎么'篡汉'，我是在教你怎么自保。"

董昭的话对于曹操来说有如醍醐灌顶。曹操创业过程中，曾经遭遇多次反曹人士的刺杀，其基业得来非常不容易。曹操不甘心将已经拥有的拱手让人，还要避免重演王莽、霍光的结局，于是曹操听从董昭的建议，下定决心，恢复五等爵位，先称魏公，后称魏王，逐步建立起曹魏政权。

公元212年，董昭与诸位列侯、将领商议请曹操进爵国公，受九锡、备物，以彰其功。荀彧反对曹操晋位国公，后被留在军中，去世于寿春。公元

213年，董昭与中军师荀攸等人劝曹操晋位魏公，同年，魏国建立。

曹操接受魏公，后又接受魏王的称号，都是因为董昭的建议。要说曹操麾下的首席谋士，董昭可能还排不上号，但要说曹操取代汉室的首席功臣，董昭绝对担当得起！

四、魏室元勋命久长

公元219年，关羽围樊城。孙权打算偷袭关羽，派遣使者到曹操这边，希望曹操能够保密。曹操询问众人的意见，大家都觉得此事应该保密，但只有董昭认为，"秘而不露，使权得志，非计之上"。不过，董昭看透了关羽的为人，认为即使关羽得到消息，也不会轻易撤兵的，"羽为人强梁，自恃二城守固，必不速退"。这场战争的结果和董昭推测的完全一样。

曹丕即位后，董昭也多次出谋划策，特别是公元222年曹魏与东吴的江陵之战，堪称经典。当时夏侯尚打算从江心洲搭浮桥，然后攻取江陵。董昭却建议立即撤兵，"事将危矣，惟陛下察之"。曹丕采纳了董昭的建议，撤兵十天后，江水暴涨。若不撤兵，大军危矣！对此曹丕称赞道："君论此事，何其审也！正使张、陈当之，何以复加。"

曹丕称帝后，董昭升任大鸿胪。此后先后担任侍中、太常、光禄大夫、太仆等重要职位。魏明帝曹叡即位后，董昭转任卫尉。公元232年，董昭升任司徒。公元236年，董昭病死，终年八十一岁。

董昭是东汉末年曹魏的重要谋士和开国元勋之一。他在战略策划和政务处理方面发挥了重要作用，给曹操提出了许多建议。他的建议和智慧对曹操的决策产生了深远影响。也正是因为如此，自袁绍转投至曹操手下的四位顶级谋士：许攸，老早就被杀；郭嘉生生累死，早亡；荀彧，阻止曹操称王自尽；唯有董昭，高寿善终……

第二十四章

典韦与许褚：职场中如何超越前任

乱世汉末三国，名将如云。这其中既有统率大军、驰骋疆场的将帅，又有勇武绝伦、护主冲阵的保镖。说到保镖，最出名的当数曹操的保镖典韦（？—197）和许褚了。他们数次拯救了曹操的性命，如果没有他们，曹操恐怕早就死过好几次了。如果真的那样的话，那就不会有日后与蜀汉和东吴并列的曹魏政权的存在了。

一、优秀的前任典韦

说到曹操的这两位保镖，很多人都只知道第一保镖典韦，知道曹操哭典韦，曹操的后代又祭祀典韦，知道典韦入祀曹操的庙庭，但很少有人知道第二保镖许褚。其实历史上，许褚的功劳要比典韦大。那为什么说许褚的功劳比典韦大，典韦反而比许褚出名呢？主要是因为典韦付出的代价更大。

其一，典韦一直是曹操的得力护卫。

典韦，陈留己吾（今河南省宁陵县）人。典韦一开始并不是曹操的属下。

"时天下大乱，游侠多在外"，"典氏子孙皆好奇技能"。这说明当时社会秩序混乱，让许多有才能有志气的人无法安居乐业，只能四处流浪寻找机会。典韦就是这样一位游侠。

当时，襄邑刘氏与睢阳人李永为仇敌，典韦便为刘氏报仇。

李永曾任富春（今浙江省杭州市富阳区）长，家中备卫甚为严谨。典韦驾车，载着酒，伪装正在等候别人的闲人。当李永府开门，李永出府时，典韦便怀匕首向前截杀李永，并杀李永妻，再慢慢走出来，取出车上刀戟，步行离去。由于李永的住处靠近集市，整个集市的人都震惊了。虽然有几百个人追赶典韦，但无人敢接近他。典韦行了四五里，遇上李永的伙伴，双方转战。不久，典韦脱身而去，自此为豪杰之士所赏识。

公元190年，董卓祸乱朝野。陈留太守张邈与曹操举义旗组成反董联盟军，征典韦为军士，隶属于司马赵宠。军队的牙门旗又长又大，没人能举得动，典韦一只手就把它举了起来。赵宠对他的才干和力气很是惊讶。

公元194年，曹操带兵讨伐陶谦时，张邈与陈宫背叛曹操，迎吕布为兖州牧，并伺机偷袭曹操。典韦转投曹操，隶属于夏侯惇。

典韦加入曹操阵营时，曹操刚刚起兵讨伐董卓不久，很多人都不看好曹操。而典韦在此时主动投靠曹操，用现在的话讲，叫雪中送炭。与锦上添花不同，雪中送炭很容易被曹操重用。某种程度来说，典韦属于曹魏集团的创业元老级别的人物。当然，典韦的眼力确是高于常人。

其二，典韦曾经两次救过曹操的命。

第一次，曹操战吕布。

公元194年，曹操和吕布在濮阳作战。吕布的别支部队屯兵于濮阳西面四五十里的地方，曹操前往夜袭其屯，翌日清晨破之。曹军尚未及时回还，而吕布救兵已至，双方三面会战。当时吕布亲身搏战，自早上至日落双方鏖战数十合，互持甚急。曹操临时招募破陷敌阵的人选，典韦先占应募，另外带领其余应募者约数十人，尽皆重装两件盔铠，不执盾牌，一律只持长矛撩戟。同时西面战情告急，典韦突进挡敌，吕布军弓弩乱发，矢箭如雨，典韦尽然无视，向随从说："贼军来到十步之内，便告诉我。"不久随从说："十步了。"典韦又说："五步之内再告诉我。"随从畏惧，立即便说："贼军来到了。"典韦手持十余支小戟，大呼而起，以戟掷敌，所投者无不应手而倒。战了多时，吕布军众撤退。此时刚好是日暮之时，曹操才得以引军而去。

此后，曹操任命典韦为都尉，安排在自己身边，让他带领亲兵几百人，常绕大帐巡逻。典韦本人强壮勇武，带领的人又都是挑选出来的精兵，每次作战，经常是最先攻陷敌阵。典韦被迁为校尉。他性格忠厚谨慎，经常白天在曹操身边侍立整日，夜晚在大帐附近歇息，很少回到自己的住处。他喜好酒食，吃喝都是别人的两倍，每次太祖赐他酒食，他总是纵情吃喝，在旁侍候之人相继给他端酒添菜，需要几个人才能供应得上，曹操认为他非常豪壮。典韦好用大双戟与长刀等兵器，所持手戟长度将近一寻。军中给他编了军谚说："帐下壮士有典君，提一双戟八十斤。"

第二次，曹操战张绣。

典韦加入曹操阵营时，本来实力就很弱的曹操，还有私自纳别人的妻子为自己的小妾的坏习惯，这就使得曹操手下个别朝三暮四的将领降而复叛。这其中对曹操最具威胁的便是割据宛城（今河南省南阳市）的张绣。公元197年，也就是汉献帝刘协投奔了曹操、曹操成功做到了"挟天子以令诸侯"的第二年，割据宛城的张绣也率部归顺了曹操。没承想，张绣刚刚归顺曹操没几天，曹操便把张绣的婶娘给收作"压寨夫人"。张绣得知，顿时大怒，马上设计背叛曹操。他们先是在晚宴上故意将纵情吃喝的典韦等人灌醉，然后趁着夜色奇袭曹操大营，没有防备的曹操被打得措手不及。此时，典韦率手下十几个校尉，以一敌十，挡住了张绣的大军。经过浴血奋战，典韦左右死伤殆尽，典韦本人亦被数十创，双方短兵接战，典韦杀死数人后被杀身亡。而曹操则成功逃脱。典韦以生命为代价护卫了曹操的安全。

典韦牺牲自己的性命保护了曹操，对于曹操来说，典韦就是自己的救命恩人，自然会牵挂他。这就是曹操哭典韦、曹操的后代祭祀典韦、典韦入祀曹操的庙庭的原因之所在。

其三，典韦的牺牲对曹操有特殊的意义。

典韦之所以历史地位这么高，最主要是因为典韦的牺牲对曹操来说存在着特殊的意义。

第一，典韦是曹操的救命恩人。如果没有典韦的拼死相救，曹操难逃一死。

第二，典韦以自己的牺牲救了曹操，彻底警醒了曹操。此后的曹操，警惕性变得很强，再也没有犯过动辄便收别人的妻子做自己的"压寨夫人"这类错误。

谁都有年轻的时候，总要为自己的年轻付出代价，但一定要学会吃一堑长一智，绝对不能重复犯错误。

二、许褚如何反超越

典韦死后，许褚继任，成为曹操的贴身保镖。当保镖的许褚要想取代典韦在曹操心目中的地位，这是很难做到的。但许褚最终还是做到了。他是怎么做的呢？

其一，在自己的岗位上，如果说典韦做到了90分，那许褚可以说做到了100分。

许褚不仅跟典韦一样能力出众，而且许褚还具备典韦不具备的职业素养，那就是警觉性和自律性。

许褚，字仲康，谯国谯县（今安徽省亳州市谯城区）人。

许褚在汉末时聚集壮丁和宗族数千，共同修建防御设施来抵御贼兵入侵。当时汝南葛陂（湖泊名，在今河南省新蔡县西北）黄巾万余人攻打许褚，许褚寡不敌众，战得筋疲力尽，箭矢也用完了，下令男女都去找大石御敌。当敌兵冲上来时，许褚飞石退之，于是贼兵便不敢靠近。直到粮食将尽，许褚假意与贼请和，商量用牛换取食物。贼兵把牛牵走后，牛又自己跑了回来，许褚便去阵前，拉着牛的尾巴行走百余步，贼兵大惊，不敢再来取牛。从此淮、汝、陈、梁之地，听到许褚之名都感到畏惧。

公元196年春，曹操占领淮、汝，许褚遣众归顺曹操，即日拜都尉，引入宿卫。跟从许褚的侠客们，都成为宿卫军的虎士。

典韦在岗的时候，曹操高兴喝酒，他也跟着喝。要知道，曹操喝酒的时候，正是曹操身边最需要人清醒着、提防危险发生的时候，但是典韦也喝酒了，这就给了张绣可乘之机。最终，典韦只得以生命为代价护卫曹操。这种结局，如果不是典韦喝了酒，本来是可以避免的。

现实生活中，领导拿你当兄弟，这是领导会做人，但我们可不能因此忘记了自己的职责。

与典韦相比，许褚更加谨慎。一是许褚从不喝酒，也就没有了因喝酒而误事的可能；二是许褚在岗位上从来不会放松警惕。正因如此，许褚才能及时发现暗藏的隐患，并将其消灭在萌芽之中。这便是防患于未然的道理。

公元200年，曹操与袁绍在官渡对峙。曹操手下有个叫徐他的谋士，看到袁绍的实力大大超过了曹操，便想找个机会暗中刺杀曹操，再把曹操的人头送给袁绍以便邀功请赏。本来，有贴身护卫许褚的保护，徐他是没这机会的。但偏巧，心生感激的曹操，看到许褚昼夜不停地护卫着自己，便非要放许褚几天假，让许褚处好好休息一下。许褚一想到，此时的休息是为了今后更好地战斗，也就真的回家了。这就给了徐他以机会。当天晚上，徐他就准备下手，潜入曹操的营帐里干掉曹操。

此时，已经回到家准备睡觉的许褚，怎么也放心不下。他知道自己责任重大，又想起此前的张绣，恰好趁典韦醉酒而偷袭曹操的营帐，虽然曹操安全脱险，但毕竟是用典韦、曹操的儿子曹昂和侄子曹安民等许多人的生命为代价换来的。再联想到此时正值曹操与袁绍在官渡对峙的关键时刻，会不会有人因曹操的实力大大弱于袁绍而企图杀主邀功呢？想到这里，许褚的心悬了起来。许褚立即策马扬鞭，迅速回到了曹操的营帐。与此同时，不知道许褚已经回来护卫曹操安全的徐他，带着几个亲信同伙，趁着夜深人静之机，闯进了曹操的营帐。正在自以为可以顺利得手而暗自庆幸的他们，一进到曹操的营帐，便看到了执刀侍卫的许褚，脸马上变了色。许褚观察到了徐他脸色的变化，马上抽刀杀了徐他及其同伙。

许褚由此救了曹操一命，曹操从此也更加信任许褚，"出入同行，不离左右"。

透过许褚杀徐他救曹操一事，我们便理解了"救火重要，防火更重要"的道理。能够做到防患于未然这一点，许褚是要高出典韦很多的。

当今社会也是一样，无论是想要取得领导的信任，还是想要发现公司存在的问题，都得从细微处做起，这就是细节决定成败的道理。一旦取得领导的信任，领导便会让你承担更艰巨的任务。而与更艰巨的任务相对应的，便是更好的待遇和更持久的信任。

其二，除了专业素养，许褚还能够在本职工作中给老板曹操以安全感，让曹操依赖他。

赤壁之战结束之后不久，许褚作为贴身护卫，跟随曹操征讨已经占领了关中平原的韩遂、马超。就是在这次大战中，曹操让大军先行，许褚率领百余名亲军护卫保卫曹操。他们正要渡河时，马超突然率一万多骑兵前来劫杀曹操，马超军箭矢如雨，势不可当。许褚一边亲自扶着曹操上船，一边命令余下的部队围在船四周保护。由于马超的部队攻得很急，曹操属下的士兵们都争着过河，船太重将要沉没时，船夫被飞箭射中而死。许褚处死了争着登船的人，左手举着马鞍来为曹操挡箭，右手推着船渡河，在他自己身中数箭的情况下终于保住了曹操的一条老命。

此后的曹操，与任何对手会见谈判，身边都只带许褚一人。在曹操看来，作为贴身保镖，只要许褚一个人就足够了。这便是许褚带给曹操的安全感。

再说打不过曹操的马超要求与曹操谈判。曹操便带了许褚前往马超的营帐。马超想暗中突袭曹操，但久闻许褚之名，疑心护卫曹操的随从就是许褚，便问："公有虎侯者安在？"曹操回头指指许褚，许褚圆睁双眼瞪视，马超便不敢动手了。

这就是许褚和其他贴身保镖的区别。其他的贴身保镖，即使用尽智慧和能力，也不一定能护卫好主子的安全，许褚只用了自己的名气就让那些企图暗杀曹操的阴谋家彻底放弃努力。

让老板有安全感，这非常重要，这个和业务能力、专业素养都没关系，这代表了你的忠诚和视死如归、愿意奉献一切的精神。当然放到现代，不用你为老板抛头颅洒热血，但忠诚代表了你的态度。在职场里，这叫站队。

其三，给领导安全可靠的感觉还不够，许褚还能让曹操百分百地相信自己的忠诚。

一是无论地位升到多高，许褚自始至终对曹家人都很谦卑。

虽然在江湖上已经扬名立万，但在曹家人面前，许褚永远都是那么的谦卑顺从。也正是因为如此，越到后期，许褚越是让人觉得深不可测。与典韦在曹操面前纵情吃喝相比，许褚对曹操谦卑顺从的态度，就显出了许褚的情商之高远非典韦可比。

二是许褚不像其他人那样，一旦升官发财了便开始打其他的算盘，许褚从没有这种小心思。

为了做好曹操的安全保卫工作，许褚从来不怕得罪人，即使这个人的官职比他要大上很多。比如曹操晚年，曹氏宗族大将曹仁从荆州前来拜见曹操，在殿外见到许褚，便主动招呼他坐下说说话。许褚却没有领情，答道："王将出。"说完就返回殿里去了。对曹仁来说，许褚此举似乎有些欠妥，曹仁身为镇守一方的大将，都被许褚拒绝，想必许褚也拒绝过其他人的请求。在旁人看来，许褚此举纯属不近人情。但对曹操来说，许褚的做法就是忠诚，许褚才是好员工。

曹操听闻此事之后，对许褚的所作所为表示了充分的肯定，并立即给许褚升了官。这就说明许褚在曹操心里忠诚不贰这一关是过了的。

对于现代社会来说，让老板觉得你忠诚不贰，别人就很难取代你的位置。这也是许褚积累三十多年的经验给我们的启示。

许褚一辈子兢兢业业保护曹家的安全，最终也得到了很好的结局。他在岗三十多年，从一个小小的校尉最终成为武卫将军，还被封为牟乡侯。他的子孙后代有一子二孙享受到了关内侯的待遇，属下数十人官封将军，数百人封都尉校尉。对于典韦来说，这更是可望而不可即的恩典。在《三国志·魏书》里，许褚的排名也是在典韦之前的。以上这些充分证明，无论是许褚的同时代人，还是后来的历史学家，都是充分认可了许褚的功劳的确要比典韦大的。

现代社会，很多人经常抱怨自己得不到重用，看到前人已经做得很好了，就觉得自己无论怎么努力，领导也看不到，就一直抱怨，这其实是不对的。

前面的人做得好，有很多原因，他可能只是做对了其中一个很小的点，就被奉为圭臬，其实并非不可超越。首先，别管前人做得有多好，先做好自己手上的小事，把应该做的做到位。其次，别挑活儿，心思太多，反而做不好事情，一门心思做好一件事，就很厉害了。千万别眼高手低，眼高手低不可取。

干一行，爱一行，钻研一行，成就一行。千里之行，始于足下。这就是韩愈《进学解》里所说的"业精于勤，荒于嬉；行成于思，毁于随"的道理之所在。让领导放心，让属下满意，这才是一个优秀员工的优秀品质。

第二十五章

智勇双全的张辽：成长的秘密是珍惜

作为一名武将，不光得有武力，还得有点脑子。这就是为什么古人常说千军易得一将难求。要说这智勇双全的三国名将，我们就不得不提曹魏五大良将之首的张辽了。

一、良禽必择木而栖

五子良将之首也不是天生的，一开始张辽也不过是个小小的武官，可是咱们都说良禽择木而栖，张辽正是凭借自己择主的眼光，通过不断地"跳槽"实现了人生的三级跳。

张辽，字文远，雁门马邑（今山西省朔州市）人，汉武帝在位时期马邑之谋的发起者聂壹的后人，其家族为避怨而改为张姓。

张辽所在的雁门郡经常遭到鲜卑部落首领的骚扰，自幼就经历了多次边塞战乱的张辽，少年时便成为并州刺史张懿属下的雁门郡的郡吏，张懿抵御胡人进攻战败被杀后，继任并州刺史丁原召张辽为武猛从事，命他带兵赴京城接受大将军何进的领导。大将军何进又派遣张辽前往河北募兵，张辽在河北募得千余人后，返还京城向何进复命。

何进被宦官杀害后，张辽统兵从属于董卓；董卓败亡后，张辽"以兵属吕布"。张辽跟随吕布的时候，不但展现出军事才能，被提拔为骑都尉，还展现出了政治才干，也正是凭借自己的这份政治上的才能，张辽被任命为鲁相，在吕布军中仍保持相对的独立地位。

吕布被曹操给杀了之后，关于张辽的记载，小说《三国演义》与史料出现了非常大的差异。小说里写张辽兵败被抓，打骂曹操，曹操本来要杀他，结果是刘备、关羽下跪求情，才保住了张辽的性命，归顺了曹操。真实的历史上，张辽并没有被擒，而是在吕布失败后带领部队"起义"，并且张辽带来的那支部队战斗力还不弱，曹操得以不战而胜，张辽也就成了"功臣"，一归顺就得以拜中郎将，赐爵关内侯。

张辽之所以能够有如此巨大的飞跃，那是因为他学会了珍惜。

二、珍惜是成长的秘密

为什么珍惜成了张辽成长的秘密呢？

第一，颠沛流离，六易其主。

读到这儿可能有的朋友就要说了，这张辽跟吕布有什么区别？吕布是"三姓家奴"，这张辽也好不到哪儿去啊？这可是不太一样的。吕布是受利益的驱使，几次手刃自己的"老板"。张辽则是于乱世之中不断寻找自己发展的平台，一是他没有揭竿而起，自己创立一支队伍；二是当面对曹操的时候，他毅然决然地选择投奔曹操，而且从此至死效忠曹魏。所以我们说张辽其实是一个对自己和对形势都有一定认识的将才，识时务者为俊杰。

第二，降将身份，关系紧张。

归顺曹操之后，因为自己降将的身份，张辽与很多同事的关系极为紧张：张辽和于禁、乐进两人的关系，极为不好；名将李典与张辽的关系也极为恶劣，因为张辽在跟随吕布时曾参与杀害过李典的叔父；除此之外，张辽还和一些地方长官素有嫌隙。

第三，知恩图报，从无异心。

曹操重用张辽，可以向外展示他广阔的胸襟和对于人才的渴望；曹操完全不必担心张辽会在曹营中结党营私：因为张辽的出身和脾气，也注定了他在曹营之中，只能效忠曹操，只能孤单一人。

三、张辽在珍惜什么

1.珍惜来之不易的地位

珍惜来之不易的地位，表现在以下两个方面。

第一，劝降昌豨，对主公曹操抱有百分之百的忠诚。

昌豨，初为泰山寇。公元199年，刘备袭杀曹操所设的徐州刺史车胄，留关羽守下邳，自己则身还小沛。当时身在东海郡（今山东省郯城县）的昌豨也起兵反曹操。公元200年，曹操亲自率军东征，击破刘备，擒获关羽，又击破了昌豨。

官渡之战，袁绍兵败，曹操胜出。昌豨再一次反叛。曹操令大将张辽与夏侯渊出兵讨伐，包围昌豨于东海郡。

昌豨甘做缩头乌龟，好几个月过去，曹军粮食都吃完了，还没打下来，大家都说说，回去吧，要是没了军粮，昌豨再趁机反击，那我们就都要埋骨东海了。一贯英勇有余谋略不足的夏侯渊也没了主意。这时，张辽显示了自己武功之外的心理学特长，他说："这几天，我每次出军营时，昌豨都会看着我，而且他的军队的箭和流石越来越少，我想这大概是昌豨心里犹豫不定，所以不想力战，我想去试探他一下，或许可以招降过来。"摸准了昌豨心理的张辽投其所好地让士兵们对着昌豨喊话："曹公有命令，让我来传达！"这话喊到昌豨心窝里去了。于是，他美滋滋地下山和张辽对话，张辽便趁此说道："我们家曹公英明神武啊，正要用德政招降各地诸雄。所以，先投靠曹公的人都能得到大赏！"接下来，张辽单人匹马上三公山，更加坚定了昌豨的降心。就这样张辽以一己之力平定了东海。

张辽以一己之力平定了东海，靠的是什么？就是这智勇双全。

曹操先遣昌豨返还东海郡。随后，曹操便责备张辽道："只身赴敌巢穴，这不是大将所为。"张辽拜谢了曹操的关怀，又根据当时的形势，回答道："凭着明公威信著于四海，我张辽拿着圣旨，昌豨必然不敢害我。所以我才这么做。"

通过张辽的成功劝降，东海郡在此后保持了长达五年的平静。此时，黄河以北的袁氏势力依然强大。直到五年之后，曹操平定了冀州并打垮了袁氏，统治东海郡的昌豨才再次发起叛乱。

招安昌豨之后，张辽就成了"火箭干部"了，怎么说呢？屡立战功，平步青云，深得曹操的重用，曹操不但上书朝廷封他为将军，甚至亲自迎接凯旋的张辽，让张辽乘坐他的专车。

第二，对政治不掺和、不干预，不拉帮结派，公私分明。

当年，关羽暂时投于曹操营下，张辽与关羽为好友，曹操便派张辽以关羽私交好友的身份去寻问关羽的去留之心。关羽表明只会跟随刘备。因为是曹操要问，所以，张辽不得不回复，并因此感到为难：若说实话，怕曹操杀关羽；若说假话，不是事君之道。张辽沉思良久，叹息道："曹公，是君父；关羽，是兄弟（君父是对君主的尊称，与臣子相对应）。"最终，张辽在担忧关羽安危的同时，依然坚持履行臣子的责任，而且，张辽还为关羽担保"必立效报公而后去也"。张辽此举，不但使得他与关羽之间的私人情谊得到了后世文人的千古传颂，而且还被后世认为是臣子们恪守责任、能识大体的榜样，如南朝宋左仆射刘穆之（360—417）曾说："我蒙公（指刘裕）恩，义无隐讳，此张辽所以告关羽欲叛也。"尚书右仆射何尚之（382—460）亦曾言："臣思张辽之言，关羽虽兄弟，曹公父子，岂得不言？"这样一位不会因私废公的张辽，哪怕他是降将出身，曹操也会对他信赖有加。

2.珍惜战场上的兄弟

说起张辽，有一个趣话，叫"闻名吴儿不夜啼"。意思是，夜里孩子不好好睡觉，妈妈都拿大马猴来了吓唬他。三国时期的江南，这些都不用，直接说"张文远来了"，小孩立马不哭了。您想想，这张辽得多吓人啊，比大马猴还厉害！

真正确立张辽这个威名的，不是前面咱们讲的这些事迹，而是著名的逍遥津之战，这场战役也是三国历史上著名的以少胜多的战役，有一种夸张的说法——张辽八百精兵胜东吴十万。

张辽是怎么用八百精兵打败十万东吴军队的呢？

公元214年，曹操南征孙权不成，班师前留张辽、乐进、李典等七千多人防守合肥。第二年，曹操出征张鲁时，派护军薛悌送了一封函到合肥，写的什么呢？"贼至乃发。"同时，孙权与刘备争夺荆州时以平分荆州作条件，两军撤退。不过，孙权见曹操在汉中，未能及时回到东边，在八月率十万人北至陆口，出征合肥。

张辽等便打开曹操给的"锦囊"，写的什么呢？"若孙权至者，张、李将军出战；乐将军守，护军勿得与战。"因敌我兵力悬殊，各将都对此指示感到疑惑。本来张辽、李典二人不睦，曹操为了防止战中二人嫌隙置于不利之境，于是命令乐进守城接应。是时，张辽说："公远征在外，比救至，彼破我必矣。是以教指及其未合逆击之，折其盛势，以安众心，然后可守也。成败之机，在此一战，诸君何疑？"

李典亦认同张辽，抛弃前嫌，在前夜募集勇士，征召到了八百人，并且杀牛犒赏军士，准备次日大战。天亮的时候，张辽披甲持戟，先登陷阵，杀死数十人，斩二员大将。张辽大呼自报其名，冲入军垒，到达孙权旗下阵营，孙军皆被其气势震撼，近卫精锐军都无法敌过，士兵溃散。

　　孙权见如此情况大惊，在乱兵之中只好登上山顶，以长戟自守。张辽叱孙权出战，孙权不敢妄动，见张辽率军甚少，便令军士将张辽军团团围住。张辽突击冲出，包围被打开缺口，张辽麾下的数十人得以逃出，其余陷于敌阵中的军士呼唤道："将军抛弃我们了吗？"张辽因此再度冲进包围圈，再次突围救出其他人。孙权军望风披靡，无人能挡住张辽。战斗从日出到中午，吴军士气全失，回军修整守备，曹军众人之心安定。

　　孙权围合肥十多日，都不能攻下，又适逢军中流行疫疾，便命大军班师，自己则和千多虎士与凌统（189—217）、甘宁、吕蒙（178—220）、蒋钦等为殿后。至逍遥津之北，张辽观察到孙军撤退，乘机率军追击、断桥，孙军顿时混乱，孙权被围。凌统亲率三百近兵冲入重围；甘宁鼓吹大响，引弓射击，吕蒙、蒋钦死战拒敌。对阵中陈武（177—215）阵亡、徐盛受伤且失牙旗，和宋谦一起败逃。

　　凌统救出孙权，便回头再战。但撤退路上的桥已被曹魏军队所毁，有一丈余的桥面没有木板，当时孙权近监谷利在马后，叫孙权抓着马鞍、松开缰绳，谷利在后面加鞭，以助马势，孙权顺利跃马过河，与在津南率三千人防备的贺齐会合，孙权才成功逃脱。

　　张辽大败孙权一事使孙吴势力大为震惊，经此一役，张辽威震江东，成为历代推崇的名将之一，"张辽止啼"更成为民间流传的传奇故事。

　　所以，在逍遥津之战中，我们看到的不仅仅是张辽的勇武、智慧，更有作为一名将领、主帅在瞬息万变的战场上的决断力、战略眼光，以及大无畏的勇气。

四、张辽成功的启示

　　公元220年，曹操去世后，张辽转任为前将军，曹丕又分封其兄张汛及一子列侯；同时，赐给张辽的帛多达千匹，谷多达万斛。不久，孙权再叛变。张辽还屯合肥，并晋爵都乡侯。曹丕赐舆车于其母以示荣宠，并派遣兵马送其家人到他驻军的地方，又派遣向导们预先在各地张贴告示，宣告张辽的家人将要到临，指引着大家出迎。张辽"所督诸军"的将士官吏都列队在道路两侧，拜迎张辽的家人。看见此景的人们都认为这是十分荣耀的事。同年，曹丕篡汉建魏称帝，再封张辽为晋阳侯，增邑千户，并前二千六百户。

公元221年，张辽到洛阳皇宫朝拜，曹丕便引张辽会晤于建始殿，亲问其昔日破吴时的情状。张辽述说过后，曹丕向左右叹息道："此亦古之召虎也。"召虎，即召穆公姬虎，西周大将，曾平定淮夷，所以被曹丕借作比喻。于是，曹丕下令为张辽建造屋舍，替其母兴建殿室，当年跟从张辽突破吴军阵线、直冲孙权帅旗而临时应募的一众步卒，都被封虎贲。

公元222年，孙权再次向曹魏称臣。张辽奉命还屯雍丘（今河南省杞县），却在此得病。曹丕遣侍中刘晔带着太医诊视其疾。众多的虎贲勇士询问张辽的病情，人来人往，以至在道路上互相遇见。

张辽之疾久未痊愈，曹丕命人把他接到自己的行营，自己则车驾亲临，握着他的手，赐给他御衣，太官每天来送御膳。病情稍有好转后，张辽便返回其军中，然后率军与朱灵一同还屯合肥，忠于职守。

正当其时，孙权再次背叛曹魏，曹丕派张辽乘舟，与曹休到海陵临江驻防。此时，虽然张辽受到曹休的督领，但孙权得知张辽至此，甚为忌惮，敕令诸将道："张辽虽然抱病，但仍是难以抵挡的，千万要谨慎！"同年，张辽与王凌等人进军至广陵。一天夜里，吕范等人的东吴水军漂至北岸。张辽与王凌等人出战，大破吴将吕范等人，并缴获了大量舟船。之后，曹仁退走，东吴诸军乘胜击破曹休、张辽等魏军。张辽的病情也日渐严重，最后终于在江都逝世，一代名将就此陨落。曹丕为之流涕，谥曰刚侯。其子张虎嗣任其爵。

公元225年，曹丕追念张辽、李典在合肥之功，诏旨中说："合肥一役中，张辽、李典仅以步卒八百人，破贼十万之众，自古用兵，未见如此。他们使贼众至今仍气为之所夺，真可谓国之爪牙。现分封张辽、李典的家族各增邑百户，对他们两人各自的一个儿子赐爵为关内侯。"

张辽把"忠心为主"和"兢兢业业"这两方面做到了极致。在加入曹营之后，张辽也就认准了曹操这个唯一的主公。而综观张辽行事，他也处处为曹操的利益考虑。试问有这样省心的下属，又有哪个主公不喜欢呢？也正因如此，张辽才能凭借降将的身份，一步一步地得到曹操对他的倚重。而逍遥津一战之后，张辽的威望甚至超过了许多曹氏宗亲，这也是张辽个人能力的一种体现。

第二十六章

战功赫赫的张郃和晚节不保的于禁

"五子良将"是产生于二十世纪后半叶的一个民间俗称。"五子"的含义是五个人,"良将"的含义是善于作战的将领。"五子良将"通常是指代曹操麾下的五位战功卓著的将领,分别是前将军张辽、右将军乐进、安远将军于禁、征西车骑将军张郃、右将军徐晃。

陈寿在撰写《三国志·魏书·卷十七》时,将此五人合传,叙述诸将生平事迹后评曰:"太祖建兹武功,而时之良将,五子为先。"与五虎上将不同,五子良将一词史书有载,经过多年演变,民间开始将他们合称为"五子良将"或"魏五子"。

一、战功赫赫的张郃

作为"五子良将"之一的张郃的履历,可谓边缘人的精彩传奇。

1.为什么成为边缘人:生不逢时,能力有限,受到压制

一是生不逢时。

张郃,字儁乂,河间郡鄚县(今河北省任丘市)人。黄巾起义爆发后,张郃应募参军讨伐黄巾,成为韩馥麾下的军司马。韩馥出让冀州后,张郃率兵投袁绍,袁绍派张郃攻打公孙瓒,因军功多迁升为宁国中郎将。

官渡之战爆发后,袁曹双方打得难解难分,僵持不下。张郃给袁绍出了个主意,建议组织一支轻骑部队,迂回切断曹操的后援。曹军若不察,后路

就会被切断，粮草后援被绝；曹操如果派兵去救，就削弱了正面的兵力。双方兵力差距就更大了，曹军兵力不敷分配，防御漏洞就暴露出来了。但被袁绍否决了。

得知曹操计划袭击袁绍囤粮军重地——乌巢，张郃又给袁绍出主意，建议重兵支援，加强防御力量。但军师郭图却认为，曹操分兵之际，正面兵力空虚，应该"围魏救赵"，全力攻打曹操正面大营，张郃认为这太荒唐了。结果袁绍听信郭图，不顾张郃的劝阻，派遣轻骑救援淳于琼，而派张郃、高览带领重兵攻打曹军大营。当时，曹军大营以曹洪为主将、荀攸为谋士。但张郃、高览无法攻下曹洪据守的曹军大营。

与此同时，乌巢粮草也被曹军劫烧。郭图因为自己的计谋失败而感到惭愧，于是诬陷道："张郃对我军的失败感到高兴，并且出言不逊。"张郃、高览等将领惧怕被追究，于是烧掉了攻城橹，投降了曹洪。曹操听说张郃已经向曹洪投降，非常高兴，对张郃说："如微子去殷，韩信归汉也。"并将张郃拜为偏将军，封为都亭侯。

二是能力有限。

论单挑厮杀的武艺，张郃远不如关羽、张飞；论冲锋陷阵的勇气，张郃无法与典韦、赵云相比；论领兵打仗的才能，张郃又比不上张辽、曹仁。

比如，张郃曾遭遇张飞五次，结果是五次全败。最惨的一次是巴西之战。

公元215年，曹操西征张鲁，派张郃统率大军讨伐兴和氏族首领窦茂所部。曹操抵达陈仓后，准备从武都郡进入氏族部落，氏族人挡住道路，曹操遣张郃、朱灵率军击败了他们。不久曹操从散关入汉中，派张郃率五千步兵在前开道，一直到阳平。同年冬，张鲁投降，汉中平定。夏侯渊督领张郃、徐晃等守汉中、进逼巴郡，以拒刘备。张郃别督诸军南下进攻巴东、巴西二郡，将当地百姓迁徙到汉中。刘备派征虏将军、巴西太守张飞抗击张郃。张郃率军进至宕渠（今四川省渠县），与张飞相拒五十余日。而张飞率精兵一万余人从小道进攻张郃。由于山道狭窄，首尾不能相救，张郃因此大败，仅带十余人弃马爬山逃跑。撤军回南郑，被拜为荡寇将军。

三是受到压制。

虽然张郃很有头脑，但袁绍、曹操手下谋士如云，一抓一把，他的建议轻易不会被领导采纳。到了曹操这里，又因为降将的身份，始终难以翻身。一句话：你真的来晚了，人家比你先到。不但来晚了，还是降将的身份。

在曹操手下，张郃只能做副手。比如，曹操征张鲁，收服汉中，张郃被留下作为夏侯渊的副手镇守汉中，以防御刘备。定军山一战，夏侯渊败亡，由于张郃出众的军事才能，在军中威望很高，被大家民主推举为临时主帅，继续领兵抵挡刘备的进攻。夏侯渊死后有曹真，曹真死后又有司马懿，而张郃只是作为副手被任用。

2.为什么屡败屡战却得一致好评

原因之一：张郃顽强、难缠。

败仗中，张郃往往表现出顽强、难缠的特点。

公元215年冬的宕渠之战，张郃与张飞激战，张飞率万余精兵来战，张郃依托山地坚守百日，虽最终失利，但为巴东、巴西两郡人口迁徙争取了足够的时间。

公元219年的汉中之战，刘备亲自率精兵万余人，分为十部，夜间猛攻张郃。张郃率亲兵与蜀军进行对抗，刘备不能攻克张郃，写信要求益州拨发援兵。诸葛亮一时迟疑不决，从事杨洪劝道："汉中是益州门户，没有汉中就没有益州，还迟疑什么？"诸葛亮恍然大悟，立刻在西川征人力物力发兵增援。可以说，正是张郃的顽强，才将刘备逼到了"男子当战，女子当运"的境地。难怪刘备"惮郃易渊"了。

原因之二：善败者不亡。

公元219年定军山之战，刘备趁夜放火烧掉曹军营外的鹿角。夏侯渊派遣张郃去修复南围鹿角，自己亲自率轻装士兵去修复东围鹿角。刘备进攻张郃，张郃的军队作战不利。因此，夏侯渊把东围鹿角的一半兵马派去救助张郃。刘备的军队趁机进攻东围鹿角。夏侯渊身边兵少，被蜀军所杀。曹军大败，张郃同败军一起退守阳平关东。而当刘备听闻夏侯渊被斩杀，只说："要杀就杀张郃，杀夏侯渊有什么用！"

司马郭淮和督军杜袭收敛散卒，郭淮见状，便说："张将军是国家的名将，刘备也忌惮他。现在形势紧迫，只有张将军才能安定军心。"于是众人推举张郃出任主帅，指挥士兵，布置营寨，军心安定，将刘备阻挡于汉水，等待曹操援军抵达。只不过，汉中之战曹操最终还是输了，否则，张郃的这个功勋是不小的。

公元222年秋，曹丕派张郃、曹真南下与夏侯尚一起进攻东吴政权的江陵郡。张郃督诸军渡过长江，夺取了百里洲上的吴军堡垒。但由于担心吴军以水军优势，以火船烧桥，张郃等人果断退军。可以说，正是张郃等人考虑周全，魏军才避免了又一次类似赤壁之败。此战，张郃未达到目的，固然是败了，但张郃的表现可谓杰出。

原因之三：听张郃的，本不会败。

公元231年，诸葛亮第四次北伐，曹魏下诏让张郃统领众将到略阳（今甘肃省秦安县）迎击诸葛亮。这一次，曹魏派"曹丕四友"司马懿统领车骑将军张郃、雍州刺史郭淮、后将军费曜、征蜀护军戴凌等人去讨伐诸葛亮。

诸葛亮多次求战，司马懿都固营自守，虽然司马懿不与诸葛亮交战，却不断地率军跟着诸葛亮的军队。张郃反对道："敌人远来迎战我军，请战不得。对我军来说，是利在不战，做长久对峙才是好办法。而且，我们的祁山要塞已经知道大军距离他们不远，按照人情道理，他们会自发地固守要塞，所以，我们大军可以停止前进，屯驻于此，分出奇兵，绕击敌人的后方。我们不应该像现在这样只前进而不敢交战，您这种前进避战的做法只会坐失民望。"司马懿不从，被魏平等将嘲笑司马懿畏蜀如虎。

诸葛亮率军围祁山，别遣王平守南围。司马懿率领大军攻诸葛亮，遣张郃进攻王平，王平坚守不动，张郃不能攻克南围。

诸葛亮退还祁山。司马懿令张郃追击。张郃说："军法，围城必开出路，归军勿追。"司马懿不听。张郃迫不得已，遂领兵追击。蜀军在木门谷乘高布伏，弓弩乱发。张郃追到木门谷，与蜀军交战。飞来的箭矢射中了张郃右膝，张郃阵亡。

可以说，许多失败，如果真是听张郃的，未必会败。

3.边缘人给我们的启示

作为加入曹魏集团较晚的异姓将领，张郃一直面临窘境。他的功劳足够大，威望足够高，而且早已证明了自己的杰出能力。可是，他只能在一些军事行动中担任指挥官，而不能成为曹魏方面大员。因此，在大规模作战中，张郃往往只是副手。主将是夏侯渊、曹真、夏侯尚这样的诸夏侯曹将领，或者司马懿这样的大族代表。因此，张郃虽有正确建议，却未必得到采纳；虽有顽强表现，却未必能决定全局；虽有善败者不亡的气质，却难免最后自己阵亡于败仗中。以此而论，张郃将军确实有些悲剧。

张郃将军的幸运之处在于，他的对手、战友、上级都是一时人杰，能够实事求是地评价人物。因此，战胜张郃的刘备，赞许张郃；张郃的战友郭淮等人，推举张郃；张郃的上级曹操、曹叡等人，赞赏张郃。

意见不被采纳，表现不能扭转全局，这种情况我们在工作中也可能会遇到。可是，如果像张郃一样，兢兢业业地履行自己的职责，顽强地拼搏，敢于给队伍"擦屁股"，即便是败仗，也未必会掩盖您的光芒！

二、晚节不保的于禁

于禁，字文则，泰山郡钜平县（今山东省宁阳县）人。

汉末黄巾起义爆发时，于禁附从鲍信为行将覆灭的东汉王朝镇守兖州，兖州牧刘岱败于黄巾党被杀，陈宫与鲍信拥曹操做了新兖州牧，从此于禁归属于曹操。

起初于禁不过一小喽啰，"禁与其党俱诣为都伯"，隶属将军王朗，王朗奇于禁才智荐之于曹操，言禁才堪为大将。不久，"拜军司马，陷阵都尉"。于禁能力突出，所以每战必用，战功丰硕！

公元197年，张绣投降曹操后复叛，曹操的阵营被张绣军队突然袭击，来不及应付，便各自退兵，非常混乱。唯独于禁约束部下，且战且退。虽然一些士卒战死了，但于禁也不允许散乱。还没有退回曹军大本营，于禁路上发现十多个衣衫不整的伤兵，一问之下，原来是青州兵在打家劫舍。青州兵原是黄巾贼，后来投降了曹操，仍称青州兵。曹操对他们很宽容，因此他们经常放肆，乘机抢劫。于禁一听，便追讨这些也是自己人的青州兵。有些青州兵不敌，逃回曹营打小报告，诬告于禁造反。有人劝于禁首先向曹操处报备，但于禁说："如今贼兵就在后面追，我首先抗敌，至于曹公，他是明智的人，谣言止于智者，怕什么？"于是，于禁先筑好了壕沟以防敌人进攻，然后才令人通知曹操及向他解释。曹操听了，认为于禁的做法很对，当众说："当时敌人来攻，相当混乱，于禁能在混乱中整顿军队，追讨抢掠的青州兵，安营筑寨地坚守，真是好将领的榜样。"于是录于禁前后功，封为益寿亭侯。同年，于禁随曹操讨伐袁术，围其部将桥蕤等于苦县（今河南省鹿邑县），斩桥蕤等四将。

公元200年春，曹操当初与袁绍作战时，袁绍兵盛，于禁愿意担任先登

（指的是先锋或先头部队，特别指的是最先登上城头或战场的部队，象征着勇敢和先锋精神。《左传·隐公十一年》中，先登被用来描述颖考叔取郑伯之旗蝥弧以先登的行为）。曹操称赞于禁，于是遣步卒二千人由于禁统领，守延津以拒袁绍，曹操引军还官渡。

刘备在徐州杀刺史车胄以反曹，曹操亲自率军前往攻打。袁绍军去攻打延津，于禁坚守延津，使袁绍的军队不能攻下延津。后来，于禁与乐进等将领率步骑五千渡河，攻击袁绍别营，从延津西南缘河至汲（今河南省卫辉市）、获嘉（今河南省获嘉县）二县，焚烧保聚三十余屯，斩首数千，俘获数千，招降袁绍将何茂、王摩等二十余人。再后来，曹操又使于禁单独领兵进驻原武（今河南省原阳县），攻击袁绍在官渡西北方向的杜氏津的营寨，破之。迁裨将军，后从还官渡。曹操与袁绍连营，起土山相对。袁绍命令士兵向曹操的营中射箭，曹操的士卒多死伤，士兵惧怕。于禁督守土山，力战激励士气。官渡之战后，于禁迁偏将军。

公元202年，刘表派刘备北伐袭击许都，一直打到了叶县（今河南省叶县），已逼近许县，曹操调动大将夏侯惇、于禁、李典抵抗刘备，驻军博望的刘备和夏侯惇对峙许久，在一天早晨烧掉营地撤退了，夏侯惇率领部队追击刘备，李典说："敌人无故撤退，怀疑有埋伏。南边的道路狭窄，草木又浓密，不能追击。"夏侯惇不采纳他的意见，和于禁一同带兵去追击，李典留守。夏侯惇、于禁果然中了刘备的埋伏，被刘备所破。早有预料的李典及时带兵接应赶到，刘备望见李典的救兵到了，自觉强攻无益，于是撤退，曹军成功保卫了许都。

公元206年，昌豨投降曹操后再次反叛，曹操派遣于禁征讨。于禁急攻昌豨，但是未能攻克昌豨的据点。于是，曹操又派夏侯渊领兵与于禁一同作战。夏侯渊攻下了昌豨的十余座据点。但由于昌豨与于禁是旧交，便向于禁投降。

昌豨投降后，诸将皆以为昌豨已降，应当让曹操处置，但于禁说："你们难道不知道曹公经常说的命令吗？在大军包围后才投降的人，不能赦免他的罪。遵行和执行法令，是事奉君上的气节。昌豨虽然是我的老朋友，但我岂可以因此而失节！"自临与昌豨诀别，陨涕而斩之。当时曹操在淳于（今山东省安丘市），闻而叹曰："昌豨不向我投降，而投奔于禁，是命运啊！"曹操因此更加器重于禁，东海平定以后，曹操上表汉献帝刘协表功于禁、乐进、张辽三人，于禁因此拜为虎威将军。

当时，于禁与张辽、乐进、张郃、徐晃俱为名将，曹操每次征伐，不是用于禁为行军前锋，就是用于禁为后拒。而于禁持军严整，缴获来的财物从来不会私藏，因此曹操给于禁的赏赐非常多。然而，他常常以严厉的军法来统御将士，所以，于禁难以得到将士们的拥戴。曹操常常恼恨朱灵，想要夺取他的兵权，因为于禁有威严，便遣于禁引数十骑，带着曹操的命令，前往朱灵营让朱灵交出兵权。朱灵及其部众无人敢动。曹操就让朱灵为于禁部下，众皆镇服，其见惮如此。

公元219年，关羽围攻吕常（161—221）于襄阳、围攻曹仁于樊城。曹仁命令庞德屯驻樊北，又向曹操请求援军。时任左将军的于禁督领七军，共三万人，去樊城协助曹仁。曹仁令于禁、立义将军庞德等屯驻在樊城北部，时值秋季，汉水暴涨，平地水丈，于禁等七军皆被淹没。于禁与诸将登高望水，无所回避，关羽乘坐大船攻击于禁，于禁举军投降。于禁的军司马东里衮、护军浩周皆在军没后被关羽生擒。庞德则宁死不屈，被关羽所杀。关羽将于禁关押在荆州江陵。曹操得知于禁兵败后，哀叹良久，说："吾知禁三十年，何意临危处难，反不如庞德邪！"

吕蒙攻破江陵后，于禁从荆州获释而到了东吴，有一次和孙权同骑马出行。虞翻（164—233）见二人并排十分不满，大骂于禁只是俘虏，没有资格与孙权并排，更手持马鞭要鞭挞于禁，孙权立刻喝止。随后孙权在楼船与群臣宴饮，于禁听到乐曲时伤心流泪，虞翻又指责于禁是在装可怜，孙权则不满虞翻的所作所为。

曹丕即位，孙权称臣。公元221年，孙权便想遣返于禁等人回曹魏，虞翻又上谏言道："于禁带领数万之众而败，身为降虏又不能以死谢罪，北方的军政习惯，得到于禁后一定不会再用，将他还给魏国虽然对我们没有损失，但是依旧如同放盗归山，不如将他斩杀以告令三军身为人臣而有二心者的下场。"孙权不听，依旧致书曹丕将于禁遣返，当时吴国群臣一起为于禁送行，虞翻又对于禁说："你别以为我吴国没有能人，只是我的谋划不被采纳罢了。"于禁虽然被虞翻厌恶，但仍然非常赞叹虞翻。

于禁虽然被遣返曹魏，但是曹魏那边却迟迟等不到于禁归来，于是曹丕询问司马孚。司马孚则表示，"虽然于禁没到，但我们还是应该宽待孙权，同时也要蓄养士马，以观其变。不可对孙权多加猜疑和责备，恐伤了怀远之义。且自孙策到孙权，魏国与吴国强弱之分明显，并不会因为一个于禁而左右强弱的不同，于禁没到肯定有其他原因。"

后来于禁回到魏国时已经须发皆白，面容憔悴，他哭泣着向曹丕磕头。曹丕以春秋时期荀林父、孟明视的旧事来安慰他，并下诏说："当年春秋时期晋国的荀林父战败于邺，秦国的孟明视全军覆灭于崤山之时，秦国与晋国都不曾让人替代他们，并将他们官复原职，所以后来晋国获得了狄土，秦国霸占了西戎，这些以前的区区小国都能如此，何况现在我这万乘之尊呢，樊城之败只是因水灾暴至，并非于禁等人之过，现将于禁等人官复原职。"

曹丕又任命于禁为安远将军，下诏书对于禁说，"当年汉高祖刘邦脱下自己的衣服给韩信穿，汉光武帝刘秀解下自己所佩戴的绶带给李忠佩戴，这些都是当时君主对臣下的功劳及辛勤之心表现出的珍惜与敬重之情，现在我要将自己任魏王时佩戴的朱黻和远游冠赐予将军。"曹丕还打算让于禁出使吴国，不过曹丕还是先让于禁北去邺城拜谒曹操的陵墓，但是曹丕却早先命人在陵墓的墙壁上画了关羽战克、庞德愤怒、于禁降服之状，于禁见到后又羞又恼，不久得病去世。他的儿子于圭继承了他益寿亭侯的爵位，于禁也在之后被追谥为厉侯。

于禁是一个武将，他在投奔了曹操之后为他征战疆场，而且曹操也没有任何对不住于禁的地方，所以他根本不可能投降关羽。但是在樊城之战中，他手下的三万将士都淹没在洪水之中，为了将士们的安危，他不得不投降，因为只有这样关羽才会放过他们。或许于禁会后悔，后悔当年被俘虏的那刻没有选择一死了之，这样也就不用承担如此沉重的骂名了，而且可能在他死于阵前之后，魏王曹丕还会善待他的子女，然而这些都随着于禁的投降而变成了一场云烟。

晚节不保，丢了尊严，丢了性命，甚至丢了一生的功劳。

第二十七章

功逾孙武、穰苴的徐晃和存在感低的乐进

张辽、张郃、于禁、乐进、徐晃作为曹魏的"五子良将"，堪称时代风云人物。但尽管陈寿在《三国志》中将其五人同列一传并排名不分先后，但不管是在历朝历代的史学家、历史爱好者眼里，还是在民间，两个右将军乐进与徐晃（？—227）总是在不经意间被人们排在"五子良将"的最后。

一、曹操赞誉的徐晃

作为"五子良将"之一的徐晃，虽然总是在不经意间被人们排在"五子良将"的最后，但是在曹操眼里，他可是一个"将军之功，逾孙武、穰苴"的传奇般的存在。

1.归降之前就已经被封侯

徐晃，字公明，河东郡杨县（今山西省洪洞县）人，曾经做过河东郡的郡吏，因随车骑将军杨奉讨伐贼寇有功，被提拔为骑都尉。

公元192年，王允和吕布诛杀董卓。董卓部将李傕、郭汜等攻破长安城，杀王允等人后又自相火并，在长安大肆屠杀。徐晃说服杨奉护送汉献帝刘协东入洛阳。汉献帝刘协渡河至安邑（今山西省夏县），封赏保驾有功人员，徐晃被封为都亭侯。

徐晃是曹操麾下的诸多降将里，唯一在归降曹操之前就被皇帝直接封侯的武将。只可惜，徐晃的官运有点高开低走，一直低于张辽、乐进、于

禁三人。

公元196年秋，汉献帝刘协在河内太守张杨、兴义将军杨奉等残余朝官的保护之下，回到了洛阳。杨奉被拜为车骑将军。此时的洛阳早已经被董卓变成了一片废墟。汉献帝刘协欲哭无泪，手下的将领们也是孤立无援，情势一时间变得十分紧张。

此时，在董承的暗箱操作之下，曹操进入了汉献帝刘协的视野，同时徐晃也劝说杨奉依附曹操，而后杨奉同意，这才使曹操能够顺利见到汉献帝刘协。

此后的曹操以粮草为借口，保护汉献帝刘协迁都到了许县。眼看着皇帝被曹操带走，杨奉与韩暹等人又改变了主意，与曹操刀剑相向，打算半路将汉献帝刘协劫回来。但没想到曹操早已对这二人有所提防，打得杨奉与韩暹的部队几乎是全军覆灭，二人只能向东逃亡，而徐晃则因此趁机投奔了曹操。从此，徐晃便成为曹操的一名忠实战将，跟随曹操转战南北，为曹魏的创建屡立功勋。

公元200年，徐晃先是随曹操在徐州之战中击败了刘备，后又在官渡之战中，参与了以张辽、关羽为先锋，击败颜良的战斗。当曹军进至延津，曹操采用荀攸之计，以辎重为诱饵，使文丑军队陷入争抢的混乱之中。徐晃等人立刻进攻，在此击败文丑。徐晃因此被拜为偏将军。随后，徐晃又与曹洪攻打㶚强人祝臂，破之。这年秋，曹操再次出兵与袁绍作战，不胜而还，坚壁自守。时袁绍数千车粮草至官渡。谋士荀攸对曹操说："袁绍的运粮车旦夕间就到了，其押运粮草的将领韩猛勇猛但轻敌，出击可以将他打败。"曹操问："谁可以担当这个重任？"荀攸说："徐晃可以。"于是曹操派徐晃和史涣带着几千骑兵共同攻打韩猛，在故市（今河南省郑州市）截烧其辎重。此战，徐晃功劳最大，再度被封为都亭侯。

2. "五子良将"中最富有智略者

公元204年春，曹操利用袁绍死后袁谭和袁尚争立后嗣的矛盾，发兵北上攻打冀州。曹操包围了邺城，攻破了邯郸，易阳（今河北省邯郸市永年区）令韩范诈降而自守，曹操派徐晃前去攻打。徐晃兵临城下，给韩范写了封信，用箭射入城中，陈明利害，劝韩范投降。韩范被说服后改变主张，决定以全城投降。徐晃劝告曹操说："如今袁谭、袁尚还没有被击败，没有攻下的城池都在等待消息，如果今日灭了易阳，明日那些城池都会死命防守，河北就没有平定的那一天了。请求您招降易阳来给各城看，那样他们都会望风归顺。"曹操采纳了他的意见，封韩范为关内侯。涉县（今河北省涉县西北）长梁岐也举县投降，同样赐爵关内侯。徐晃又攻毛城（今河北省涉县东南），设伏兵掩击，破袁军三屯。之后，随曹操在南皮（今河北省南皮县）大破袁谭，袁谭被杀。徐晃又平定了平原（山东省平原县）叛贼。

公元207年，徐晃随曹操北征乌桓，在白狼山（今辽宁省喀喇沁左翼蒙古族自治县）之战中，受张辽的指挥，大败敌军。曹操最终讨平乌桓，彻底铲除袁氏残余。徐晃因从征有功，而被拜为横野将军。

公元208年秋，曹操在基本统一北方后，徐晃随曹操出征荆州，别屯于樊城（今湖北省襄阳市樊城区）。曹操在赤壁之战中为孙刘联军所败后，引军退还北方，留曹仁、徐晃镇守江陵。徐晃在荆州时，曾与满宠在汉津征讨关羽，又与行征南将军曹仁在江陵共击吴将周瑜。

公元211年，曹操用钟繇、夏侯渊等人治兵关中，准备讨伐汉中张鲁，结果逼反了关陇诸侯。马超联合韩遂等十部诸侯，一举攻下长安以及长安东面的屏障潼关。

曹操先派遣曹仁等前来支援，而后亲提大军来与马超决战。

潼关易守难攻，强攻势必损失惨重。曹操便打算从河水、洛水、渭水绕到潼关后面来夹击韩遂、马超。为了不让马超联军看出自己的计划，曹操不断在潼关以东集结兵力，做出要强攻的样子；同时为确保渡河顺利，曹操派遣徐晃屯守汾阴（今山西省万荣县），以镇抚河东，并赐牛酒，令谒先人墓。

联军果然上当，放弃了原本占据的位于河东的重要渡口蒲阪津（今山西省永济市、陕西省大荔县之间的黄河渡口），不断将兵力往潼关聚拢。曹操问计于徐晃，徐晃说："您已带大兵到此，而敌人不再分兵守卫蒲阪，可知他们缺乏谋略。请给我一支精兵，渡过蒲坂津，作为大军的先导，截断敌人的后路，就可擒住他们了。"曹操同意此举，并派徐晃、朱灵率四千精兵从蒲坂津乘虚渡过黄河。

当联军意识到曹操从潼关前北渡河东，是为了给徐晃夜渡蒲阪津争取时间的时候，徐晃已经成功渡河，进驻河西，被派去截杀徐晃的梁兴，错失良机，被徐晃击败。

徐晃作为前锋，成功为曹操打开了绕道潼关的道路，使得曹操顺利渡河，进而渡过渭水，于渭水以南将马超击败。曹操手下，参加潼关之战的名将有夏侯渊、曹仁、钟繇以及张郃，但是在面对强大关陇联军时，他们都无计可施。只有徐晃看出了联军的破绽，并向曹操提出具体施行的办法，这才使得曹操绕道潼关的计划得以顺利施行。

公元218年，刘备进攻汉中。这年夏，蜀军进至阳平关。夏侯渊、张郃、徐晃等率军阻击。刘备派部将陈式等十余营袭击马鸣阁（今四川省广元市利州区宝轮镇），企图切断曹军后方通道，被徐晃击败，蜀军自投山谷，死者甚多。曹操听说后，非常高兴，给了徐晃指挥军队的符节，并说："这一条阁道是汉中的咽喉险要之地，刘备想断绝内外联系，夺取汉中。将军这一举粉碎了刘备的计划，真是妙计中的妙计啊！"

3.樊城败关羽堪比周亚夫

公元219年，关羽在和曹仁的摩擦中逐渐占据优势，进而率军包围襄阳、樊城。曹操在汉中遭遇大败后，又不得不派遣援军支援曹仁。然而关羽利用雨季大水，将于禁所领七军尽数淹没，逼得曹操一度想迁都。在司马懿与蒋济的劝诫之下，曹操打算使用老套路看能不能离间孙刘联盟，同时派徐晃前去支援曹仁。

再次救援曹仁的徐晃，所领士兵都是新兵，难以与士气正旺的关羽交锋，于是进至阳陵坡（偃城西北）驻扎。诸将都认为应该快速救援曹仁，乃至对徐晃大声呵斥，但徐晃不为所动，仍然按兵不动。

其实徐晃援兵一到，不管兵力多少，出于最基本的戒备，关羽都不得不分兵防止徐晃的突然袭击。关羽无法全身心投入围攻襄阳、樊城的战斗当中，一定程度上就是缓解了曹仁的压力，所以与其让徐晃拿这些新兵给关羽练手，不如按兵不动，这才是最好的选择。这也是当初周亚夫救援梁王刘武所用的策略，是极为高明的心理战打法。

时关羽前部屯偃城（樊城北），徐晃佯筑长堑，示以将切断蜀军后路。蜀军惧被围，烧营撤走，徐晃军进据偃城，渐向围城蜀军逼近。此时，曹操派使者返回洛阳，带来孙权密信，说即派兵西上袭击关羽。曹操采纳董昭意见，令徐晃用箭将孙权密信内容，分别射入樊城及关羽营中。被围魏军得信后，士气倍增，防守更坚；关羽得信后，则既恐腹背受敌，又不愿前功尽弃，同时判断江陵、公安城防坚固，吴军若真来攻，一时不可能攻克，因而处于徘徊犹豫、进退两难的境地。此时，曹操已率主力由洛阳进抵摩陂，并已先后派殷署、朱盖等十二营兵进至偃城，归徐晃指挥。

关羽军主力屯围头，一部屯四冢。徐晃以声东击西战术，扬言欲攻围头，却出其不意突袭四冢。关羽恐四冢有失，自率步骑五千出战，被徐晃击败，当其退走营寨时，徐晃率军穷追不舍，紧随其后冲入营内。当时关羽营寨，外围深壕及鹿角十重，障碍设施极为严密，若从营外强攻极为困难。现乘其军陷于混乱之机，由内突袭，一举大破之，杀降蜀之胡修、傅方。关羽遂撤围退走，樊城围解。不久，东吴袭击关羽的后方。关羽率军南返。襄阳的危机也得以解除。

此战对于巩固曹操的南部疆土、稳定后方都起了重大作用，不仅挫败了关羽的强大攻势，更重要的是破坏了孙、刘联盟，改变了当时的战略格局，使曹操掌握了战略主动权。樊城、襄阳城危之时，曹操将名将张辽和诸将皆调回，以援曹仁，然张辽等未至，徐晃已解二城之围。

此战之后，曹操夸赞徐晃说："贼围堑鹿角十重，将军致战全胜，遂陷贼围，多斩首虏。吾用兵三十余年，及所闻古之善用兵者，未有长驱径入敌围者也。且樊、襄阳之围，过于莒、即墨，将军之功，逾孙武、穰苴。"成语"长驱直入"即由此而来。

徐晃凯旋摩陂之时，曹操亲自出营七里迎接徐晃，并设宴庆贺，慰劳徐晃。曹操举卮对徐晃说："全樊、襄阳，将军之功也。"徐晃治军严谨，令行禁止，当时诸军云集于摩陂，曹操案行诸营，不少士兵出阵围观，唯有徐晃部下军营整齐，将士驻阵不动。曹操叹道："徐将军可谓有周亚夫之风矣。"

在樊城之战中，徐晃为什么会赢关羽呢？

第一，徐晃的兵力多于关羽。虽然多为新兵，但徐晃当时的兵力已经达到数万，而当时关羽抵抗的兵力大约五千。

第二，徐晃使用了声东击西的计谋，不仅造成关羽兵力分散，还给关羽来个措手不及，徐晃扬言攻打围头，却出其不意去袭击四冢。关羽匆忙领兵应战，被徐晃击退。

第三，关羽的军队已经是疲惫之师，而徐晃的军队则是有备而来。

第四，徐晃治军严谨，有勇有谋，还乘胜追击击，迫使关羽撤围而走。

公元220年，曹丕称帝后，徐晃在夏侯尚的带领下，与降将孟达一起，打败了刘备的义子刘封，收复了上庸等三郡。公元226年，东吴趁曹丕去世之机北伐，徐晃和司马懿在襄阳，共同击退了对方的进攻。一年后，徐晃去世。

张辽、于禁、乐进、张郃、徐晃这五个人打起仗来都非常勇猛，所以要说勇武，他们不分上下；但要说智谋，徐晃不但拥有长远的战略眼光，而且善于在战场上发现战机。而其他文武双全的人如张辽，不善于识主、择主；张部曾被张飞打得落荒而逃，比起徐晃，他们都不够完美，所以"五子良将"当中，徐晃虽然排在末尾，却是最富有智谋的一员大将。

二、存在感低的乐进

曹操手下猛将如云，比如典韦和许褚、徐晃和张辽，都是万里挑一的猛将，除此之外，还有一个曹操起兵之时就跟着的大将——乐进，每战先登，完全就是曹操第一先锋猛将。但在罗贯中的《三国演义》中，乐进却成了毫无存在感的打酱油的角色。

1.招兵改变境遇

乐进，字文谦，卫国县（今河南省清丰县）人。卫国县本属东郡，公元212年被归属到魏郡，公元221年又被归属到阳平郡。

据《三国志》记载，乐进"容貌短小"。东郡其实是曹操的发家之地，也就是当初袁绍为了让曹操能更好地跟自己并肩作战而拨给曹操的第一块地盘。乐进就是曹操入驻东郡的时候投靠曹操的。

冷兵器时代，身材短小的武将都不受重视，乐进也不例外。乐进刚投靠曹操，因非常矮小而不起眼，而曹操一开始也没把他当回事，只安排他做"帐下吏"。

作为"帐下吏"，乐进的工作是什么呢？曹操让乐进回自己的老家去募兵。让曹操大感意外的是，乐进一次就招募到千余人。乐进仅凭一己之力，便在本郡招到千余兵，可见乐进的招兵能力之强。乐进这才得到曹操的重用，从帐下吏提拔为军假司马、陷陈（意思是陷阵，出自《管子·轻重乙》："谁能陷陈破众者，赐之百金。"）都尉，开始追随曹操南征北战，建功立业。

2.作战成就荣耀

冷兵器时期，作战勇猛的武将都会受到青睐，乐进也是如此。

乐进不但招兵买马了得，打仗也有一手。

公元194年，乐进从击吕布于濮阳，张超于雍丘，桥蕤于苦县，都是先登陷阵而有功。几次都是他身先士卒，率先登城。

濮阳之战绝非记载这么简单。据《三国志·武帝本纪》记载，此战中"布出兵战，先以骑犯青州兵。青州兵奔，太祖陈乱，驰突火出，坠马，烧左手掌"。可谓十分狼狈。不但曹操狼狈，曹操手下大将们在此战中也表现不佳。夏侯惇此前正驻守濮阳，惨遭吕布袭击，丢掉了濮阳，自己也被劫持。乐进能在这样的苦战中获得先登有功的评价，实在不易。更不容易的是，"容貌短小"的乐进却屡屡斩杀大将，常胜不败。

公元198年，乐进从征张绣于安众（今河南省邓县），围吕布于下邳，破其别遣军将。公元199年，乐进又击眭固于射犬（今河南省沁阳市），攻刘备于小沛，都获得了胜利，拜为讨寇校尉。

公元200年，官渡之战爆发前，乐进跟于禁一起率领步骑五千，袭击袁绍的别营。从延津西南缘河而进，渡河攻获嘉。焚烧保聚三十余屯，斩首、俘获各有数千，降服袁绍将领何茂、王摩等二十余人，然后返还营地。

官渡之战爆发后，曹操派兵偷袭了淳于琼镇守的乌巢，烧毁了袁绍的粮草，获得了官渡之战的胜利。《三国演义》中写此战是曹操亲征，其实率军偷袭乌巢、阵斩淳于琼的，正是这位"容貌短小"的乐进。乐进由此创造了人生中最为高光的时刻。

公元204年，从击袁绍之子袁谭、袁尚兄弟于黎阳，斩其大将严敬，拜游击将军。不久乐进别击黄巾，破其众，平抚乐安郡。从围邺城，平定后追击袁谭于南皮，再次先登，闯入南皮城东门。袁谭败后，乐进别攻雍奴，再破其军。

公元206年，曹操上表汉献帝刘协，称赞乐进及于禁、张辽说："武力强大，计谋周全，品性忠正，操守高洁，每次征战，身先士卒，勇猛顽强，无坚不摧，亲自擂动战鼓，忘了疲倦。他们单独领兵征讨，统率全军，抚慰将士，纪律严明，秋毫无犯。临敌决策，没有失误。论功记职，应该给予显要荣宠。"于是，以乐进为折冲将军。

公元208年，曹操南征荆州，荆州被迫臣服。曹操鉴于荆州新附，便安排乐进去阳翟屯兵，实际上就是我们后世所说的招兵和统战工作。赤壁之战，吃了大亏的曹操仓皇北逃的同时，还让有荆州经营管理经验的乐进替代了此前在博望坡被击败的夏侯惇做前锋，屯守襄阳。需要说明的是，赤壁大败之后，江陵城还在曹操手里，坚守江陵城的正是曹家猛将曹仁，乐进留下来其实是给曹仁打战术支持的。

镇守襄阳期间，乐进曾击退关羽、苏非，南郡诸郡山谷蛮夷纷纷前往乐进处投降。后又于寻口与文聘联手击败关羽。之后征讨刘备手下临沮（今湖北省远安县）长杜普、旌阳（今湖北省枝江市）长梁大，皆大破之。虽然此时刘备大势已去，正在逃奔东吴。但无论如何，正面战场上击败关羽，还是值得夸耀的战绩。

3.用权蜕化名声

家天下的时代，会用权力的武将总是备受信任，乐进也不例外。乐进自从被曹操所信任，不仅不改初衷，一如既往地在战场拼命，还再接再厉，更进一竿为曹操效命。

公元214年秋，乐进从征孙权，也就是曹操为自己顺利加冕而发动的濡须口之战。乐进获得假节。曹魏的"五子良将"中，最早获得假节的是张辽，他于公元209年在潜山（今安徽省潜山市）平定庐江人陈兰、梅成叛乱有功而获得过曹操的假节。

公元214年冬，曹操留乐进与张辽、李典屯于合肥，总共给合肥留了七千余兵力，然后交代张辽、李典、乐进三人，有啥事大家商量着来。他自己转移到西线攻打盘踞在汉中的张鲁去了。

曹操知道李典和张辽不和睦，从曹操留下的方略来看："张、李将军出战，乐将军守，护军勿得与战。"是以乐进为核心，统一指挥另外两人，即使张、李出战不幸败绩，也有乐进镇守城池，不致一败涂地，这是曹操的战略。可结果，三人在逍遥津之战紧密配合，大破吴军，几获孙权。

逍遥津之战，虽使张辽一战成名，但平心而论也是三将合力的成果。分工不同，乃将领的特性使然。故逍遥津之战，张、李、乐三将是互相协助而非统属。

逍遥津之战后，张辽升为征东将军，虽然名声在外，但是就官阶而言，仍低于乐进。此时，作为曹魏阵营中屈指可数的名号将军，乐进仍是低调沉默，以至公元225年，曹丕回忆起逍遥津之战，褒扬张辽、李典时却忘记了乐进。

公元216年，乐进升任右将军，食邑五百户，一子封为列侯。公元218年，乐进逝世，谥曰威侯。公元243年，乐进从祀于曹操庙庭。

纵观乐进一生，招兵改变其境遇，作战成就其荣耀，用权蜕化其名声，使之名副其实地迈入曹操的五子良将行列。

通过正史《三国志》的论述可以发现，乐进一生二十余战全都随曹操而战，几乎没有独自领兵打仗，鲜有建立大战功，在五子良将中的存在感比较低。但乐进每战必先登，登必破敌，是胆烈，是骁果；战关羽则胜，胜则拓土，是胆识，是谋略。

第二十八章

降曹反曹再降曹的张绣：跳槽的艺术

跳槽，对我们现代人来说，似乎很常见。这里就有个误区，似乎历史上的人很少跳槽。其实，历史上，跳槽的事也是屡见不鲜。这其中，有的人为我们提供了很多成功的经验，有的人却给后人留下了无尽的遗憾。其中，给后人留下了无尽遗憾的，当属因三次跳槽而被骂为"三姓家奴"、最终被曹操所杀的吕布最为典型。引人注意的是，曾经先后四次跳槽的张绣，以区区一郡之力，害死曹操爱将典韦、长子曹昂、侄子曹安民，险些要了曹操的命，但最终却得到善终，也算是闻名三国了。

那张绣为什么要屡屡跳槽呢？

一、实力太弱是难题

张绣，凉州武威郡祖厉县（今甘肃省靖远县）人。

张绣生活的时代，军阀割据已经接近尾声，弱肉强食，小军阀不能独存。用现在的话讲，当市场已经被两三家大的跨国公司瓜分之后，大量的中小企业便很难有生存空间。人在走投无路的时候，只能是先找权宜之计，安顿下来再说。

武威郡张氏本为凉州豪族，张绣是骠骑将军张济的侄子。边章、韩遂在凉州作乱之时，金城（今甘肃省兰州市）的麹胜袭杀祖厉长刘儁。张绣当时为县吏，不久就寻找机会刺杀了麹胜，本郡的人都认为他很讲义气，于是张绣招合少年，成为凉州豪杰。

公元192年，董卓被吕布所杀，张济与李傕、郭汜等人进攻长安，为董卓报仇。张绣跟随张济，以军功升至建忠将军，封宣威侯。

公元195年，李傕、郭汜相争，李傕劫持天子，长安大乱。张绣对贾诩说："此处不可久留，您何不离开此地？"贾诩回答："我受国家厚恩，义不可背。你可以自行离开，但我不能这么做。"这年夏，张济从陕县（今河南省三门峡市）来到长安劝和。李傕、郭汜答应和解，各自以女为质。后来，又以李傕从弟李桓、郭汜从弟以及张绣为质。

公元196年，张济因军中缺粮，自关中引兵入荆州界，与刘表交战，攻穰城（今河南省邓州市），中流矢而死。张绣接管了他的部队，收兵退出穰城。

对于身处东汉末年十八路诸侯割据混战、身在宛城的实力非常弱小、连属下几万人马的粮饷都发不出来的张绣来说，也只能是从盘踞在他南面的实力非常强大的荆州牧刘表和盘踞在他北面的实力更加强大的"挟天子以令诸侯"的曹操二选一了。至于离他更远的诸侯，想都别想：一是粮饷问题得不到解决，就哪儿也去不成；二是无论去哪儿，都得借道刘表和曹操两个人的地盘。

但张绣人生的第一次跳槽，为什么选择了刘表而不是曹操呢？

二、刘表招诱为藩屏

张绣退出穰城之后，荆州官员纷纷向刘表祝贺。刘表却说："济以穷来，主人无礼，至于交锋，此非牧意，牧受吊，不受贺也。"

这之后，刘表又主动派人招诱张济的余部，其众闻讯而大喜，尽皆服从。刘表于是安排张绣屯兵于宛城。张绣由此成为刘表在北方的藩屏，替他抵御外敌。

这里，是不是发现了一个问题？张绣自己还没投递简历，别人（刘表）就向他发出邀请，他是不是应该多问几个为什么：刘表为什么要收容自己？自己能为对方做什么？自己是否有能力对付北方的强敌曹操？但是，张绣却没去认真地思考，便仓促下了投奔刘表的决心。这就出了问题了。

张绣在刘表的公司遇到了什么问题呢？被刘表当枪使。

作为刘表部下势力最弱的一支，虽然刘表给张绣所属部队提供了一定的粮饷，但张绣所在的宛城的北边，便是曹操掌控的地盘。志在消灭割据、统一四方的曹操，很早便有了消灭刘表的想法。而要想消灭刘表，必然先要消灭刘表部下势力最弱的一支。对曹操来说，张绣不但必须打，而且打张绣的胜算很大。俗话说，不怕贼偷，就怕贼惦记着，便是这个道理。既然被曹操盯上了，张绣未来的命运也就可想而知了。

三、被迫投奔归曹操

公元197年，曹操南征，部队到达淯水（今白河的古称，亦作"育水"。发源于河南省南召县境内，流经南召县、南阳市区、新野县、湖北省襄阳市襄州区，在襄州区与唐河交汇，称唐白河），兵峰直指宛城。此时，夹在曹操与刘表之间进退两难的张绣，必须做出选择：如果誓死站队在刘表一边，就要判断一下未来可能出现的状况：一旦曹操与张绣开战，刘表会做出怎么样的抉择？是全力支持自己，还是坐山观虎斗？如果是前者，刘表加张绣，能抵得住曹操的进攻吗？如果是后者，刘表出卖了张绣，结局会怎样？所以，张绣只能准备第二次跳槽。此时，决定跳槽到曹操公司的张绣，纯属病急乱投医的无可奈何之举。

张绣的这第二次跳槽，仍然是不成功的。张绣用他并不成功的第二次跳槽的经历告诉我们：跳槽之前，首先要想公司为什么会收容你，你能为公司付出什么。如果这个问题没有想好的话，那就一定还会有第三次跳槽的经历。

张绣在曹操的公司又遇到了什么问题呢？

因为张绣是在担心被曹操歼灭的背景下被迫投靠曹操的，所以在曹操的心目中，张绣就是个贪生怕死之徒。对付一个贪生怕死之徒，咱还客气什么呢？所以在曹操这里，张绣并没有得到应有的尊重。所以就发生了曹操私纳张绣婶娘为妾的事情。

如果曹操尊重、重视张绣，肯定不会做私纳张绣婶娘这种事情。直接将女眷占为己有，更像对待俘虏的做法。在一般人看来，曹操私纳张绣婶娘一事，虽然确有不妥，但毕竟是个小问题，张绣不应因小失大。估计曹操也是这么想的。

但在张绣看来，张济是他的从父，那么邹氏自然就是他的从母，也要按照对待母亲的方法来赡养邹氏，可是现在曹操竟然"纳"了他的从母，这就等于是侮辱张绣的母亲，张绣的内心里直接把曹操和杀父仇人挂钩，开始仇恨曹操。在张绣看来，曹操私纳他的婶娘一事，就是冲着他来的，就是对他人格的侮辱。自己如果真的能够咽得下这口气的话，那就真的被世人而不是曹操看扁了。换句话说，如果张绣再不反的话，他以后在曹操阵营里也不会有好日子过。表面上看张绣是咽不下这口气，实际上也是无奈之举。所以张绣不能不反。

曹操管不住自己的身体，也同样没有给张绣道个歉安抚张绣。他听说张绣对他临幸了张济的遗孀不满，还想着把张绣给除掉，而曹操人在宛城，心里却还把张绣当作案板上的鱼肉，本来杀张绣是计划"密诱"，可不知道谁把这个计划泄露出来了，张绣反而先下手为强，偷袭了曹操。

虽然曹操带着不少军队南征，但张绣不需要面对整个曹操的大军，他只需要直取曹操的营帐，而曹操确实在猝不及防下被张绣偷袭成功，打了个人仰马翻，一度陷入了生死境地。

在曹操就要被张绣得手的时候，曹操的爱将典韦带着十个能够以一当十的勇士和张绣交战，可典韦和手下几个人再能打，又怎么可能抵挡得住人数多了许多倍的张绣？而进入宛城的时候，典韦配合着曹操拿着兵器逼着张绣等人低头，这些人心中本来就对典韦有恨，此时一哄而上，典韦更是被打成重伤。

当曹操逃走之后，典韦在军营中坚持拖着张绣等人，临死前的反扑十分勇猛，连续带走了张绣手下许多士兵，可典韦身上被重创几十道伤口，流血也把他流干了，这位猛将就在大骂一声后倒地而亡。

可典韦之死还不是最严重的，典韦为了拖住张绣等人，不让他们追上曹操，舍命以一当十，但曹操要跑，光靠两条腿怎么能行，所以曹操还要一匹好马。

一开始，曹操的那匹宝马绝影肯定能胜此任，但张绣等人很聪明，知道曹操有匹很能跑的马，于是早早伏击杀死了曹操的绝影，而曹昂看到父亲战马被杀，逃出生天的机会近乎为零时，毅然决定把自己的马让给了曹操，让曹操逃离宛城，曹昂则是学习典韦，一同给曹操断后。

就为了让曹操逃出宛城绝地，典韦、曹昂、曹安民皆战死，张绣的殊死一搏几乎把曹操的核心班底都给抄没了，虽然对于曹操的大军没影响，但曹操的继承人被他打死了，此战可以说是赚翻了，气也出了大半。

而逃出宛城的曹操跑到了舞阴（今河南省泌阳县）后，得知儿子、爱将、侄子全部战死，立即大哭起来，然后派出间谍取回了典韦的遗体。对于张绣，曹操肯定是恨透了，但他更恨自己，他知道这一切的根源在于他太好色，为此付出的代价太大了。

回到家后，曹操的原配夫人丁氏知道曹昂死了，并且还知道了来龙去脉，直接对曹操破口大骂，说是曹操害死了她儿子。本来丁氏自己就没办法生育，曹昂是曹操妾室刘氏所生，难得被她抚养长大产生了真正的母子感情，曹昂死了，丁氏的养老都成问题，丧子之痛让丁氏直接和曹操决裂。

丁氏离开曹家后，发誓跟曹操老死不相往来。曹操百般哀求都无果，经常一个人痛哭，生怕在他死后到了另一个世界，曹昂会责问他把自己母亲弄丢了，所以曹操就因为邹氏这么一个女人，把自己的生活弄得一团糟，实在太不值得。

曹操私纳张绣婶娘引发张绣偷袭曹操，典韦、曹昂、曹安民皆战死，曹操的核心班底被抄没。曹操这段血的教训告诉我们：无端打压一个人，很容易让对方触底反弹。作为一个领导，是否用真心对待你的下属，下属是能够感知到的。

关于这段公案，历史上也有记载说，张绣之所以背叛曹操，一是因为曹操私纳张绣的婶娘，二是因为曹操重赏了张绣的部下胡车儿，而这让张绣感到了危机。

上级领导越过中层直接找中层的下属，作为中层领导也会察觉到危机。基于义愤背叛曹操，发动叛乱，杀掉典韦、曹昂、曹安民之后，迫不得已的张绣选择了第三次跳槽。

张绣三度跳槽的经历告诉我们：跳槽前一定要深思熟虑，跳槽到底是为了什么，再度跳槽失败可能引发哪些后果。

四、再度选择荆州牧

此时，张绣背叛曹操并且杀了典韦、曹昂、曹安民后，除了再度投奔刘表之外已无其他出路。但随着曹操的实力越来越大，依然没有改变被刘表当枪使随时被曹操消灭的命运。

宛城兵变后，曹操并没有立刻出兵讨伐张绣，而是去征讨了当时想要称帝的袁术。但是对于曹操而言，他当然也不会放过张绣，于是就命手下的曹洪去围剿张绣。在《三国志》中有这样的记载："公之自舞阴还也，南阳、章陵诸县复叛为绣，公遣曹洪击之，不利，还屯叶，数为绣、表所侵。"但是曹洪可不是曹操，不敌张绣，所以曹操才会再次率军亲征张绣，眼看着曹军压境，张绣不得不向他依附着的刘表请求增援。刘表就让大将邓济驻扎于湖阳（今河南省唐河县），协助张绣应对曹军。

邓济不久就被曹军生擒，湖阳、舞阴沦陷。好在曹操没有乘胜追击，而是返回了许昌。公元198年，曹操再次发兵征讨张绣，而刘表也再次增设援军，尝试与张绣里应外合围困住曹军。结果张刘联军大败，此时曹操的大军也来到了宛城之下，攻破城池是早晚的事。然而兵临城下的曹军却突然往后撤退了，一时间让张绣也不知道如何是好。他的谋士贾诩告诉他不能追击曹军，可张绣却没有听进去，仍旧带着大军从城中出发准备剿灭曹军，但他没有料到的是曹操亲自断后，于是张绣大败。

贾诩告诉张绣，在这个时候曹军突然撤退，一定是后方有难。而他在撤退之时肯定会留下人手击破你的追击，所以在这个时候不能硬攻。如同贾诩猜想的那般，曹操与袁绍此时已经撕破了表面的和平，袁绍正在募集大军准备奇袭许都，这就是曹操没有攻破城池就班师回朝的原因。相较于张绣而言，袁绍才是曹操更大的竞争对手，倘若能够击败袁绍的话，那么曹操就能够控制北方。

公元199年，这个阶段的袁绍已经是坐拥北方四州之地，成为天下第一诸侯，而他也在准备与曹操对决。为了能够在对战曹操之时占据上风，袁绍就派遣使者来到张绣军中劝说其归降于他，并希望张绣能够在袁曹两军交战之际偷袭曹操。张绣原本是想要答应下来的，可是谋士贾诩却提出了不一样的观点，他想要张绣投靠曹操！

贾诩讲出了他的道理。第一，曹操挟天子以令诸侯，在他的手上有汉献帝作为筹码，虽说这个天下已是纷争不断，可是按照正统而言，天下还是属于东汉王朝的，因此归顺曹操是符合道义的。如果加入袁绍大军的话，那么在与曹军对战之时，这实际上是"反叛"，因为曹操是借着汉献帝的名义平定战乱的。第二，袁绍在整体实力上是远高于曹操的，所以张绣想要归顺袁绍也不无道理，彼时的袁绍拥有了幽州、青州、并州、冀州这四州之地，单单是冀州就有十万带甲之士，但是此时的曹操呢？他只有三万兵马。倘若加入袁绍的话，那么实力强盛的袁绍又怎么会将张绣放在眼里呢？势必不会得到重用。但是到曹操阵营可就不一样了，原本他的兵力就比较弱，所以也更愿意拉拢盟友。

五、最终仍然附曹操

张绣仍旧是心存疑虑，毕竟他与曹操之间结下了杀子之仇，曹操怎会放过他呢？此时的贾诩就提出了他的第三个看法，他认为曹操是有着霸王之志的，这样的人一定会放下私仇，以明德之心放眼天下。而且袁绍大军压境，对于曹操而言他更需要稳定四周，这样才能有机会与之一战，在之前与张绣的较量中曹操都没有讨得一点好处，假如张绣联合了袁绍，那么曹操势必变得异常被动。

为了活命，张绣只能四度跳槽，回到更加强大更有未来的曹操帐下。张绣再度来投，曹操非常高兴，不但以礼相待，还与其结成了亲家。由此可见，曹操能够成就霸业也是不无道理的，他能够忍寻常人所不能忍，在张绣第二次投靠了他之后，他不但不计前嫌，还委以重任，因此张绣才会在剿灭袁绍大战中为曹操立下赫赫战功。

为什么张绣跳槽这么多次后，依然停留在原地没能改变现状呢？主要原因就在于张绣一开始的判断就错了。俗话说，知己知彼百战百胜。张绣想跳槽，这没有错。但单纯凭直觉就轻易选择了刘表，而放弃了曹操，这是极端错误的。

纵观刘表的一生就会发现，但凡是他想接收你，一定是从内心就想着要把你当枪使的，前有袁术，后有刘备，张绣只是其中的一个而已。只不过是袁术觉醒得早提前离开；刘备时机赶得巧，刘表将死而已。把自己的未来托付给这样的人，那就不是刘表有问题，而是张绣眼拙了。随后再次因贪生怕死跳槽到曹操公司，人家怎么能看得起你呢？如此反复几次，结局当然不会改变了。

六、张绣平跳的启示

回顾张绣的几次跳槽经历，一直在平级跳，职位、薪水、业务能力都没有得到升级。因此，我们在跳槽时就应该注意：一是不可盲目跳槽，跳槽之前一定要做好功课，要知己知彼；二是知道自己的优势、劣势，能为对方付出多少，知道对方到底看中了自己什么，对方又能为自己提供什么，了解对方可能存在哪些问题，自己能否适应这些问题。

第二十九章

割席断义：管宁是真君子，华歆未必是小人

"割席断义"出自《世说新语·德行》："管宁、华歆共园中锄菜，见地有片金，管挥锄与瓦石不异，华捉而掷去之。又尝同席读书，有乘轩冕过门者，宁读如故，歆废书出看。宁割席分坐，曰：'子非吾友也。'"

这个故事褒扬了管宁的高尚品德，批评了华歆的贪慕富贵。上学的时候读了这个故事后非常鄙视华歆，认为做人就应该像管宁那样，后来读《三国演义》又加深了对华歆趋炎附势、助纣为虐的印象。随着读的书越来越多，也随着人生阅历的增长，时至今日再读到"割席断义"这一段时，不由得产生一些疑惑：这个只有《世说新语》中有记载，并不见于《三国志》《后汉书》等史学著作的故事，到底是真是假呢？历史上真实的华歆（157—232）和管宁（158—241），到底是什么样子的呢？

一、管宁的确是真君子

管宁，字幼安，北海郡朱虚县（今山东省临朐县）人。

管宁是春秋时期齐国名相管仲的后代，他十六岁时失去了父亲，众表兄弟怜悯他孤独贫困，都赠予他治丧的费用，管宁全都推辞没有接受，根据自己的财力为父亲送终。管宁成年后身高八尺，胡须、眉毛长得很美。与平原人华歆、同县人邴原为好友，都到其他郡学习，并且都敬重亲善名士陈寔。

汉末天下大乱以后，管宁听说辽东太守公孙度在海外推行政令，就与邴

原及平原人王烈（141—218）等到辽东。公孙度空出馆舍等候他们。管宁拜见公孙度，只谈儒家经典而不语世事，之后，管宁随即就居住在山谷中，开始做讲解《诗经》《书经》，谈祭礼、整治威仪、陈明礼让等教化工作，人们都很乐于接受管宁的教导，管宁于是颇受人们爱戴。曹操任司空后征召管宁，公孙度的儿子辽东太守公孙康截断诏命，不对管宁宣布。当时公孙康对外以朝廷的将军太守为号，但在内却有称王之心，想要谦逊地以礼授予管宁官职，让他辅佐帮助自己，但最后还是不敢对他说，他就是如此受到敬畏。

公元223年，魏文帝曹丕诏令公卿大臣举荐独行特立的隐士，司徒华歆举荐了管宁，曹丕就专门用安车前往征召。当时公孙康已死，因其儿子年幼而由其弟公孙恭嗣位，但公孙恭身体虚弱不能治理，而公孙康之子公孙渊才智出众。管宁担心祸乱将起，于是带着家眷部属渡海回到北海郡，公孙恭亲自把他送到南郊，加倍赠给他服饰器物。

自管宁东渡，公孙度、公孙康、公孙恭前后所给他的资助馈赠，他都接受后收藏起来。西渡之时，全都封好退还给了公孙氏。管宁在辽东，有三十多年，后来公孙渊果然反叛曹魏，僭号称王，被司马懿攻灭。辽东人死亡上万，如正如管宁所预料的。管宁返乡后，曹丕下诏任命管宁为太中大夫，管宁坚持辞让没有接受。

曹叡即位后，改任华歆为太尉，华歆称病请辞，愿将太尉一职让与管宁，恰好司空陈群也上疏举荐管宁。曹叡虽然没有同意华歆和陈群的请求，但也能感觉到管宁绝非凡人，于是下诏封其为光禄勋。这一次，曹叡尽管派出了车驾、随从，以极高规格邀请，管宁还是不愿出山。此后十余年里，朝廷多次征召管宁，但倔强的管宁始终置若罔闻。公元241年，曹魏第三位皇帝曹芳下诏征辟管宁，而管宁恰好去世。

管宁之于三国，在王夫之、钱穆这样的史学大家看来，是超脱世事的。王夫之在《读通鉴论》中有这样一段话："汉末三国之天下，非刘、孙、曹

269

氏之所能持，亦非荀悦、诸葛孔明之所能持，而宁持之也。"在王夫之眼里，管宁不仅远胜于刘备孙权曹操们，也高于荀悦、诸葛孔明等人，是唯一能够"持"汉末三国之天下的人物。

钱穆在《国史大纲》中评价："有一诸葛，已可使三国照耀后世；而犹有一士，曰管宁。始避于辽东，老归中土，汲井躬耕，曹操召之不出。后世尊之，谓其犹出诸葛之上。诸葛终为一政治人物，虽曰鞠躬尽瘁，死而后已，而终亦无救于世乱。管宁则为一草野人物，虽乱世，使社会得保留一完人。则此社会终未全坏，尚有将来之后望。"在钱穆先生看来，黄巾之乱以来，曹操、刘备、孙权都可以称得上一时之君，荀彧、诸葛亮、鲁肃则可称得上一国之士。诸葛亮已经足矣让三国照耀后世，但是管宁的作用却更在诸葛亮之上，因为诸葛亮毕竟也是一个政治人物，是局中人。而管宁是乱世之中超脱的存在，是社会上唯一的完人，管宁的存在意味着"将来之后望"。

如果从身份、地位、影响等方面来看，华歆无疑是更加成功的一个，他身居高位、颇受恩宠，足以令无数人艳羡。然而，管宁却用一生贯彻自己的信念，即使曹魏历代君主以高官厚禄相邀也绝不出山。从华歆多次推荐管宁可以看出，他对于昔日情谊还是十分重视的，而这对曾经的好友其实并没有谁对谁错，他们身上各自存在着值得尊重和学习的地方，这才是最重要的。

二、成年华歆非小人

随着读的书越来越多，也随着人生阅历的增长，时至今日再读到"割席断义"这一段时，不由得产生一些疑惑，历史上真实的华歆到底是什么样子的呢？

1. 汉末时的华歆

华歆，字子鱼，平原郡高唐县（今山东省高唐县）人。

华歆在东汉末年是妥妥的天下名士，早年拜太尉陈球为师，与卢植、郑玄、管宁等为同门。又与管宁、邴原共称一龙，"歆为龙头，原为龙腹，宁为龙尾"。刘备、公孙瓒曾经拜在卢植门下，从这个角度来说，华歆算是刘备的"师叔"。

在东汉末年，名士就是入仕的通行证。华歆的家乡高唐县是古代齐国的著名都市，风俗奢靡，崇尚虚荣，官吏们唯恐路人不认识自己，上下班时喜欢抛头露面或招摇过市。华歆被官府聘用后，却非常低调，尽量隐瞒公职人员身份。与好友谈论事情或议论别人时，他总是公正客观，从不诋毁伤害别人，在朋友圈中人气极高。

同事陶丘洪也很有才，出于嫉妒，他总宣称自己的明智和见识远超华歆。正巧，冀州刺史王芬因为不满汉灵帝刘宏的残酷统治，"与豪杰谋废灵帝"，派密使邀请华歆和陶丘洪到冀州商议大事。陶丘洪满心欢喜准备上路，华歆极力阻止："废立皇帝是天下大事，再圣明的臣子都会感到为难！王芬性格疏忽且缺乏勇气，一时冲动想换皇帝，必定一事无成。你此去必然株连九族，千万别去！"陶丘洪听从劝阻，"后芬果败，洪乃服"。

后来，华歆被推举为孝廉，被任命为郎中，但他因病辞职了。

公元189年，华歆被任命为尚书郎。公元190年，董卓专权，董卓将汉献帝挟持到长安时，华歆机智地请求出外任，再次称病离职，连夜和几个朋友逃离董卓的魔爪，从蓝田翻过秦岭去了南阳。

逃命途中，有个老人苦苦哀求加入他们的逃难队伍。华歆断然拒绝，在大家的劝说下，才勉强带上老人。半路上，老人不慎掉入深井，很难施救。情况紧急，大家都想放弃救援。华歆挺身而出："先前我不想接收他，就是怕连累他。现在既然已经带上他，抛弃他就太不仁义了！"老人被救出后，大家都称赞华歆是大仁大义之人，华歆也从此更加"以高行显名"。

当时袁术在穰城（今河南省邓州市），要留华歆帮他做事。华歆劝袁术发兵讨伐董卓，但袁术没有采纳，华歆决定抛弃袁术另走他乡，恰好汉献帝刘协派太傅马日磾（？—194）安抚关东，马日磾遂召华歆做掾属。当他东行到徐州之后，汉献帝刘协下诏任华歆为豫章太守。

在太守任上，华歆为政清廉不烦扰百姓，所以官吏百姓很感激拥戴他，以至扬州刺史刘繇死了，扬州民众共推华歆为刺史。华歆以没有皇命，赴任不是人臣的合适做法加以拒绝。但民众竟在豫章太守府外守候了几个月，最终还是被他婉言劝回。

孙策占领江东后，派遣虞翻前去说以利害，华歆知道孙策善于用兵，于是整理衣冠欢迎其到来。孙策知道华歆有德有才且年长于自己，故此待以上宾之礼。

2.曹魏时代的华歆

公元200年孙策死后，曹操在官渡上书汉献帝刘协请召华歆至许昌任职。孙权不想让华歆离开，华歆对孙权说："您因为能遵奉皇帝之命，这才能与曹公结下友谊，但这份友谊还不牢固。让我去那边为您加深，岂不更好？今天您留我是养一个无用之物，这不是好办法。"孙权听了很高兴，于是答应送他入京。听说华歆要进京赴任，他的宾朋好友及昔日同事千余人都赶来相送，并赠送了"数百金"的巨额钱物。华歆是来者不拒，暗中却在赠金上做了标记。临行之日，他把那些全摆出来，对送行者说道："本来没有拒绝诸位馈赠之心，所以收受的礼品很多。想着我这次是孤零零地单车远行，本来是无罪之身，但怀藏璧玉就有被杀的理由，望宾朋好友为我想一个万全的计策。"众人只好收回原来的赠予，并佩服他高尚的品德。

华歆到京师后，被授任为议郎，兼司空军事，后升任尚书，又转升侍中，再代荀彧为尚书令。曹操征讨孙权时，奏请献帝任命华歆为军师。公元216年，华歆任御史大夫。

公元220年，曹操去世，曹丕拜华歆为相国。同年底，曹丕代汉称帝，华歆登坛主持受禅仪式，其后曹丕改相国为司徒。

华歆历来很清廉，禄米及皇帝赏赐都接济了亲戚熟人，家中甚至没有十斗粮食的储备。朝廷每每将罚没为奴的青年女子赏赐给大臣，只有华歆不收留，而是将她们嫁人。

曹丕下诏要求宫廷大臣举荐独行特立的隐士，华歆推举了管宁，曹丕派车专门去迎接，管宁拒绝征召。曹叡即位后改任华歆为太尉，华歆称病请求退休，愿将太尉一职让与管宁，曹叡没有同意。

公元230年，魏明帝曹叡派曹真进军征伐蜀汉，皇帝车驾则向东来到许昌。见到魏明帝曹叡后，华歆大胆上疏分析天下政治形势，提出了修文德的主张。他说，"为国者以民为基，民以衣食为本"，所以应该注重农业生产，安定百姓。如果大魏没有饥寒的忧患，百姓没有背井离乡的心情，那样天下才能治理好；如果真能做到圣贤的教化日日深入，那么远方的人就会感怀威德，吴蜀之民也会归附的。华歆认为，首先应留心治国圣道，征战只能在不得已的时候使用。当时华歆言辞恳切，深深打动了魏明帝，且又恰逢秋季大雨，魏明帝曹叡终于听从华歆的建议，诏令曹真退兵。

从华歆的经历来看，他虽然出仕曹魏，《曹瞒传》《后汉书》中也有华歆帮助曹操诛杀伏皇后的记载，但他并非没有原则地贪慕富贵，而且他多次真心举荐管宁，并非如《世说新语》说的那样割席断义。简而言之，华歆并非真小人！

第三十章

曹魏政权的毁灭者蒋济：四朝元老被气死

在陈寿所著的正史《三国志》当中，曹操手下有五大谋士，即程昱、郭嘉、董昭、刘晔、蒋济，都被载入同一篇列传当中。陈寿称赞这五人"才策谋略，世之奇士"，虽然德行节操不如另一位大谋士荀攸，但就出谋划策的水平而言，则跟他不相伯仲。在这五人当中，尤其以蒋济（188—249）为曹魏政权效力的时间最长，历事曹家四代主君，长达四十余年。作为智谋不输于奇才郭嘉的大谋士，蒋济一世聪明，想不到晚年却被心机似海的司马懿算计，最终竟气郁而死，实在是令人唏嘘。

一、助退孙权争徙民

蒋济，字子通，楚国（东汉封国）平阿（今安徽省怀远县）人。

蒋济年轻时与名士胡质、朱绩等人交游，在江淮一带闻名遐迩。蒋济曾任楚国计吏，后转任扬州别驾。

赤壁大战前，蒋济只是一个名声有限的地方官员。蒋济要迎来人生的转折和事业的腾飞，还要等到赤壁之战后。

公元208年，曹操大军于赤壁之战中受挫，兵力大耗。孙权围合肥，曹操无力派大军前去救援。只派张喜带千骑，领汝南部队来解围。等候一个多月后仍不见援军至，蒋济秘密告诉扬州刺史，诈称得到张喜的书信，步骑四万已经到达雩娄（今河南省固始县），应派遣主簿迎接张喜援军。即写书信遣三部使让他们把这消息告诉城中守将，一部入城，另外两部被东吴捉去，孙权信以为真，急忙放火退走，合肥得以保全。

公元209年，曹操为了防范孙权攻击，打算将淮南的民众内迁，便征求蒋济的意见。蒋济不同意徙民，说道："百姓怀念旧土，不乐于迁徙，若闻此事必惧怕不安。"曹操不听，仍然决定强制迁移江淮民众，结果江淮十余万百姓因为受惊吓逃到东吴境内。曹操乃因蒋济对徙民的见解而对其才能甚为欣赏，见到蒋济后大笑自嘲道："本但欲使避贼，乃更驱尽之。"于是拜蒋济为丹阳太守。

后来，曹操以温恢（178—223）为扬州刺史，再次任命蒋济为扬州别驾。后又改任蒋济为丞相主簿兼西曹属。蒋济与时任丞相主簿兼东曹属的司马懿相识相善，成为好友。

二、拱守重镇晓军政

公元219年，孙权攻合肥，曹魏的诸州皆抽调兵力去扬州屯驻，刘备的荆州守将关羽趁襄阳与樊城空虚之时，围攻襄阳与樊城。于禁率领七军三万人救援，却遭遇了霖雨水灾。关羽趁机乘船俘获于禁，斩杀庞德，并围困襄阳和樊城，一时锐不可当。曹操见许昌与近荆州，有意让汉献帝刘协从许昌迁都。蒋济和丞相军司马司马懿却劝阻："于禁等为水所没，非战攻之失，于国家大计未足有损。刘备、孙权，外亲内疏，关羽得志，权必不原也。可遣人劝蹑其后，许割江南以封权，则樊围自解。"曹操最后采纳，派人联络孙权。而孙权此时却主动请战，并命吕蒙袭取荆州，成功解了襄阳和樊城之围。

公元220年，曹丕篡汉建魏称帝，蒋济请求留于朝中，上表《万机论》。蒋济在《万机论》中表达了如下看法：国家犹如人体，君主为头脑，大臣为四肢，两者协调一致，才能发挥治国的功能。政治的关键在于选拔人才、符合人

275

民意愿和顺应社会时势三个方面。在人才问题上，蒋济主张不拘一格，选拔奇才。在政治理论上，蒋济主张儒、法、术并用，认为刑法固然是治国的重要工具，而儒家伦理教化才是根本所在，故反对"以峻法绳下，贱儒贵刑名"。

曹丕读了《万机论》之后，给予了高度评价，并将蒋济留在身边。

当时夏侯尚作为皇室近亲，深得曹丕信任，曹丕曾下诏曰："卿腹心重将，特当任使。恩施足死，慧爱可怀。作威作福，杀人活人。"夏侯尚得到诏命有生杀予夺之权，十分得意，就把诏书给蒋济看。后来蒋济入宫觐见，曹丕问："卿所见天下的风俗教化如何？"蒋济答："未有他善，但见亡国之语耳。"曹丕听了很生气，问蒋济原因。蒋济说："夫'作威作福'，书（《尚书》）之明诫。'天子无戏言'，古人所慎。惟陛下察之！"曹丕急忙遣人到夏侯尚那里取回之前的诏书。

公元222年，曹丕兵分三路大举攻吴，蒋济与大将军曹仁率步骑数万负责向东线濡须口发起进攻，蒋济受命领兵向东攻取羡谿（今安徽省无为市）用以分散吴军，驻守濡须口的吴将朱桓中计，于是分兵驰援羡谿。曹仁随即率大军直扑濡须口。朱桓以城中仅余的五千人坚守不战。当时曹仁一面派其子曹泰督军攻城，另一面打算攻取朱桓的兵士妻儿所在的江中的沙洲岛，蒋济知道后表示反对，认为吴军占据西岸，将战船列于上游，如果魏军进攻位于下游的沙州岛，无异于自取败亡，危险。但曹仁不听，仍然命令部下进攻沙州岛，最终果然被击败，魏军临阵被溺及被斩者多达千余人。及后因有疫病而撤军。曹仁战后旋即逝世，蒋济授命为东中郎将，代领曹仁的军队。后来又被征召回朝，任为尚书。

三、所言必中股肱臣

蒋济不仅文武兼备，而且善于建言献策，他所言之事，几乎都是正确的。

公元225年冬，曹丕亲自领水陆军队到广陵，临江阅兵，向东吴炫耀武力。身为扬州人的蒋济认为水道会有阻塞，不利行军，更作《三州论》劝谏。但曹丕不听，最终战船数千都因河道结冰而停滞不能前进。有人建议将军队留在当地屯田驻守，蒋济又以当地东近太湖、北近淮河，当雨季水涨时容易被东吴军队掠夺屯田物资而反对。曹丕听从了蒋济的建议，因而撤离。这时，湖水有点枯竭，曹丕把所有的船都托付给了蒋济。战船本来排列数百里，蒋济让人凿了四五条河道，把船聚在了一起，预先做好土墩截断湖水，让船前后相接，湖水冲刷，将船只导入淮河中。

公元228年，东吴鄱阳太守周鲂派人送亲笔信给曹休，谎称受到吴王孙权责难，打算弃吴降魏，大司马、扬州牧曹休被其所诱，率兵进攻皖城。蒋济认为曹休这次深入东吴，与东吴精兵对抗，而且驻守上游的吴将朱然会从后袭击，建议不要出兵，但曹休还是继续前进。及后吴军在安陆（今湖北省安陆市）一带频繁出没，蒋济见吴军虽然示形于西，实际上却有东进围歼曹休之势，又建议快派援兵援救曹休。曹叡遂令豫州刺史贾逵率所部东进与曹休合军一处。

不久，曹休在石亭被东吴大都督陆逊率九万余人伏击，魏军战败，丢弃大量军需品后撤，并被吴军追至夹石，在夹石遇到贾逵的援军才阻住了吴军的追击，不至于全军覆灭。事后，蒋济被升迁为中护军。

中护军一职，虽位不比上卿，但职权颇重，除了在军中总统诸将，执掌禁卫外，另有负责选任武官的权力。据《魏略》记载，蒋济为护军时，难以止住人们争先恐后地行贿，于是利用此职权之便大肆谋取私利，故当时民间有歌谣说："欲求牙门，当得千匹；百人督，得五百匹。"意为军官想要担任牙门将这样的军职，必须送护军蒋济一千匹帛；就算是百人督的这种低级军官，也需要五百匹帛。司马懿素来与蒋济关系融洽，有一次他与蒋济闲谈时便以此事相问，蒋济一时之间不知该如何解释，于是开玩笑说："洛阳京城中的商品价格贵，少一钱也买不到啊。"遂相视而笑。

当时，曹魏皇帝为了避免大权旁落于朝臣，因此集权独揽，设立中书省掌管机要，担任中书监、中书令职位的中书省官员作为皇帝近臣，因为受到信任而大权在握，被称为"专任"。

蒋济上疏魏明帝曹叡，大意为：古往今来大臣权力太重则国家就要危亡，帝王和身边侍臣太过亲近则容易受蒙蔽。前朝大臣专权，引发内外动乱。如今陛下亲理朝政，大权不轻易授予朝臣，而让中书近臣掌握国家机要。但左右近侍之臣未必贤于朝中大臣，而便辟逢迎却是他们所长。陛下要光大武帝、文帝的基业，事事亲为，然而即使身为人君也难以独揽天下所有事务，始终还要贤臣的辅佐，所以应该挑选品行优秀的贤良为官，不应使圣明之朝有专权的近臣官吏挟制内外。魏明帝曹叡下诏嘉奖，诏曰："夫骨鲠之臣，人主之所仗也。济才兼文武，服勤尽节，每军国大事，辄有奏议，忠诚奋发，吾甚壮之。"蒋济迁为护军将军，加散骑常侍。

公元232年，曹叡遣殄夷将军田豫循海路、幽州刺史王雄循陆路，一起进攻盘踞辽东的公孙渊。蒋济却认为："但凡不是意欲吞并本朝的敌国，不是反叛本朝的臣子，都不宜随便征伐。如果攻而不克，是逼其为反贼。所以说'虎狼当路，不治狐狸。先除大害，小害自已'（虎狼挡住道路，不要急着去消灭狐狸。先除掉大害，小害自然就会停止）。就算攻克其地，他的百姓不足以强国，他的财产不足以富国，一旦失败，却又徒招公孙渊的怨恨。"曹叡不听，还是派田豫等进攻，最后确实没有太大的收获。

公元238年春，曹叡令司马懿统兵四万征讨辽东，公孙渊闻讯后立即向孙权俯首称臣，并希望孙权派出军队进行增援。消息传来，曹叡请蒋济分析孙权是否会派兵增援。蒋济认为，孙权明知曹魏一方对于进攻辽东已经做了充分的准备，是不可能从中渔利的。辽东与东吴路途遥远，东吴援军深入辽东则力所不及，不深入则注定徒劳无功。在这种现实面前，就算是儿子、兄弟这样的至亲陷入如此境地，孙权的大军也不会大举出动来进行这一场毫无胜算的战争，更何况求援者是公孙渊这样的人。如今孙权宣称派兵辽东，只是为了敷衍公孙渊以及给曹魏带来心理压力，如果受到这种压力的影响造成辽东战争的失利，孙权正好可以借此要求公孙渊臣服。蒋济指出，如果司马懿的大军不能尽快地结束战争取得胜利而与公孙渊形成相持的局面，那么孙权则有可能改变决定，派兵增援，因此，孙权是否进行增援的关键就要看司马懿大军的速度了。同年夏，司马懿大军进入辽东地区，仅仅两个多月就斩杀公孙渊父子，结束了公孙家族在辽东地区长达四十六年的割据。孙权也如蒋济所预料的那样，并没有派出一兵一卒进行援救。

四、四朝元老恨终身

蒋济从一名小小的计吏，历经数十年，逐渐被曹魏的三代君王所赏识，并进入了曹魏帝国的核心阶层，成为对曹魏政治具有一定影响力的实权人物之一。这些年蒋济的仕途可谓一帆风顺，不过这种情况在曹魏第四代君主曹芳执时期却突然发生了很大的转变，不但蒋济这位四朝元老一度被排挤出了曹魏的权力中心，曹魏政局也暗藏危机，一场腥风血雨的政变即将开始。

公元239年，魏帝曹芳即位后，大将军曹爽执政，蒋济官拜领军将军，封昌陵亭侯。太尉司马懿升任太傅后，蒋济接替太尉一职，位列三公之首。

曹爽执政期间飞扬跋扈，随意变乱法度，由此引起忠直大臣们的反感。蒋济力劝曹爽改正无果，便与司马懿等人密谋推翻曹爽。

公元249年，太傅司马懿乘曹爽兄弟与曹芳到高平陵拜祭魏明帝，发动高平陵政变，以太后的名义下诏罢免大将军曹爽等人的职务，蒋济亦跟随司马懿驻屯洛水浮桥。其间大司农桓范出城投奔曹爽，蒋济说："智囊往矣。"

司马懿则认为曹爽必不会用桓范之计。为尽快解除曹爽的兵权，避免爆发大规模内战，蒋济在得到司马懿信誓旦旦的保证后，致信洛阳城外的曹爽，劝告他，只要交出权力投降，他就可以长保性命和爵位，继续享受奢侈豪华的侯爷生活。因为蒋济是德高望重的四朝元老，曹爽对此深信不疑，果真交出兵权。蒋济因劝降有功，进封都乡侯。没承想，曹爽投降后不久，司马懿便背信弃义，诛戮曹爽及其党羽三族，场面之惨令人发指。

蒋济自知被司马懿当猴耍，更因失信于曹爽等人，内心既愤怒又自责，没多久便病倒在床。对于都乡侯的封赏，蒋济自觉有愧，多次上书婉拒，但一概被朝廷驳回。蒋济气郁交加，不久便一命呜呼，终年六十二岁，距曹爽被杀才三个月而已。司马氏则彻底揽权，曹魏政权不久便走向灭亡。

纵观蒋济一生，他胸怀韬略又擅长审时度势，为曹魏政权可谓奉献一生心血。不承想蒋济晚年关心则乱，因此受司马懿蒙蔽，这个无心之失最终给曹魏政权造成不可挽回的后果。不过客观地说，蒋济一生功大于过，晋人陈寿在撰写《三国志》时特意把蒋济和郭嘉等人放在一起作传，可谓对其予以高度评价。

第三十一章

钟繇与钟会：父亲飨食庙庭儿子忠奸难辨

俗语有云，"打虎亲兄弟，上阵父子兵"。英雄辈出的汉末三国时期，就涌现出诸多杰出的父子，例如出将入相的陆逊父子、令人惋惜的关羽父子、割据江东的孙氏父子、开创晋朝的司马氏父子、流芳后世的诸葛氏父子。他们或以其雄才伟略，或以其壮志热血，或以其智谋韬略，或以其高尚品格而为历史铭记。

而书法家钟繇（151—230）与钟会（225—264）这对父子，则是曹魏历史上的两位重臣。一方面，就钟繇来说，深受曹操信任，在曹魏历任廷尉卿、太尉、太傅等职，册封定陵县侯，位列三公。另一方面，就钟会来说，则成为司马懿家族的心腹，特别是司马昭执掌大权期间，钟会更是和邓艾等人一起率军消灭了蜀汉。

一、飨食庙庭的钟繇

出身于颍川钟氏的钟氏父子是颍川郡长社（今河南省长葛市）人。

颍川钟氏祖上为钟离眛，秦末汉初西楚霸王项羽（前232—前202）麾下左司马、骁骑大将军，多次在与刘邦正面对峙时给刘邦以沉重打击，最后自杀身亡。

进入西汉以后，颍川钟氏以世善刑律著称。钟元（前83—？）官至尚书令领廷尉，成为全国最高司法审判机构的长官。东汉时期，钟皓以诗律教授门徒千余人，朝中多次征召他做官，他都拒绝了。钟皓因德行高尚、学识渊博，与陈寔、荀淑、韩韶并称为"颍川四长"，为当时士大夫所倾慕。钟皓的两个儿子钟迪、钟敷因桓灵之世的"党锢之祸"而终身不仕。

重振颍川钟氏家风的，便是钟迪的儿子钟繇。

钟繇，字元常。钟繇幼时相貌不凡，聪慧过人，曾与族父钟瑜一起去洛阳，途中遇到一个相面者，相面者看到钟繇，便对钟瑜说："这个孩子面相富贵，但是将有被水淹的厄运，请小心行走。"结果，走了不到十里路，在过桥时，钟繇所骑马匹突然惊慌，钟繇被掀翻到水里，差点被水淹死。钟瑜看到算命先生的话应验，便越来越欣赏钟繇，供给他钱财，使他专心学习。

后来，钟繇被察举为孝廉，任颍川功曹，受颍川太守阴脩提拔。又任尚书郎、阳陵县（今安徽省石台县）令，因病离职。又被三府征召，担任廷尉正、黄门侍郎。当时，汉献帝刘协在西京长安，大将李傕、郭汜等专权，阻断了汉献帝刘协和关东的联系。

兖州牧曹操派遣王必为使者至长安上书。李傕、郭汜等人商议扣留使者，拒绝接受曹操的诚意。钟繇劝李傕、郭汜等人说："方今英雄并起，各矫命专制，唯曹兖州乃心王室，而逆其忠款，非所以副将来之望也。"曹操这才得以派使者和汉献帝刘协取得联系。之前，曹操已多次听谋士荀彧称赞钟繇，又听说他劝说李傕、郭汜二人帮助自己的事，于是对他充满渴盼。

公元195年，钟繇与侍中杨琦、黄门侍郎丁冲、尚书左丞鲁充、尚书郎韩斌等联合李傕大将杨奉共谋诛杀李傕，又与杨琦共诱李傕部曲将叛变。结果，杨奉事败投靠郭汜，李傕势力也就此衰落下去。

不久后，张济前来劝和，汉献帝刘协得以离开长安，东归洛阳。钟繇也因功拜御史中丞，迁侍中、尚书仆射。公元196年秋，曹操入京，朝廷封尚书仆射钟繇等十三人为列侯，以赏有功之臣。钟繇根据之前的功劳封东武亭侯。

此时，马腾、韩遂诸将恃强居于关中，曹操为此很忧虑。公元199年，曹操命钟繇以侍中领司隶校尉，持节督关中诸军。钟繇到达长安后，致信马腾、韩遂等人，为他们陈述利弊祸福，马腾、韩遂各送一子到朝廷为人质。

公元200年，曹操在官渡与袁绍相持，钟繇送去两千匹马供给军用，这无疑增强了曹操大军的实力。曹操在给钟繇的信中说："得所送马，甚应其急。关右平定，朝廷无西顾之忧，足下之勋也。昔萧何镇守关中，足食成军，亦适当尔。"

这一年，之前逃难南下的关中人纷纷回到故乡，关中将领把他们收为部曲。曹操令司隶校尉钟繇治弘农（今河南省灵宝市），关中服从。

公元202年，呼厨泉统领南匈奴诸部作乱平阳（今山西省临汾市），钟繇率诸军围之，久战不胜，双方僵持。并州刺史高干和河东郡太守郭援率数万人马，呼应南匈奴夹攻钟繇。在张既等人的劝说下，西凉马腾派遣儿子马超随钟繇讨伐郭援、高干于平阳。最终，马超与钟繇会合，击高干、郭援，大破之，斩杀郭援。高干及匈奴呼厨泉皆降。

郭援本是钟繇的外甥，被马腾手下庞德亲手所杀，庞德并不知道他便是郭援。钟繇见郭援首级后哭泣，庞德向他谢罪，钟繇说："援虽我甥，乃国贼也。卿何谢之？"

公元205年，高干趁曹操北征时举州反叛。朝廷征河东太守王邑入朝，王邑以天下未定，不愿受征，而河东吏民也想把王邑留下来，郡掾卫固与中郎将范先等人先后向钟繇请求让王邑留在河东，而与高干同谋。钟繇不听范先等人的意见，强迫王邑交符，王邑只得佩戴印绶前往许都。河内张晟率众寇崤、渑之间。卫固、范先及弘农人张琰也起兵作乱，响应高干、张晟。张既奉曹操之命去西边征召马腾等将领，与钟繇共击叛军，大破张晟，斩杀张琰、卫固。

自从汉献帝刘协西迁，洛阳人口锐减，十室九空，钟繇将关中民众迁徙过来，又招纳逃亡叛离的人口来充实，几年之内百姓户口逐渐充实。

关西诸将，表面归附曹操，实则不可尽信。钟繇求率三千兵入关，外托名讨伐张鲁，内以胁取信任。曹操听了钟繇的建议。公元211年春，钟繇奉命讨伐汉中张鲁，曹操遣夏侯渊等领兵出河东与钟繇会师。

关中诸将等怀疑钟繇要袭击自己，马超便与韩遂等起兵。公元211年秋，曹操征讨马超、韩遂等人。因为钟繇充实了人口，得以用来保障供给。

因为功勋卓著，钟繇累迁前军师。公元213年，魏国建立，以钟繇任大理，又升为相国。公元220年，曹操去世后，曹丕继承魏王之位，钟繇又任大理。曹丕称帝后，改任钟繇廷尉，进封崇高乡侯。公元226年，魏明帝曹叡即位，钟繇晋爵为定陵县侯，增邑五百户，连同以前的共一千八百户，又迁为太傅。

公元230年，钟繇去世，谥号为"成"。公元243年，钟繇配享魏武帝曹操庙庭。

钟繇书法博采众长，擅长隶书、楷书、行书。他对书法的章法和结体有深入周密的研究。钟繇其书巧趣精细，茂密幽深，自然天成，无雕琢气。其楷书笔法和结体带有浓厚的隶书气息，风格古朴，被历代奉为楷模，有"正书之祖"之誉。钟繇与张芝（？—192）、王羲之（306—361）、王献之合称"书中四贤"；又与王羲之并称"钟王"。南朝庾肩吾（487—551）评为"上品之上"；唐朝张怀瓘在《书断》中将其评为"神品"。

三国时期的魏国大臣，去世后被追赠为车骑将军。

钟繇有两个儿子，长子钟毓（？—263），字稚叔，自幼机灵敏捷，有其父之遗风，三国时期魏国大臣，去世后被追赠为车骑将军。而幼子钟会出生于公元225年。钟会出生时，钟繇已经是七十五岁高龄。

在世人的心目中，老者大多清心寡欲，但是钟繇已过古稀之年，却还能生出儿子，由此不仅可见他"老当益壮"，还能够看出，他到了晚年，依旧不忘享受美色。另外，据《魏氏春秋》记载："会母见宠于繇，繇为之出其夫人，卞太后以为言，文帝诏繇复之。繇恚愤，将引鸩。弗获，餐椒至噤，帝乃止。"

意思是，钟繇晚年专宠钟会的母亲，甚至为其休了自己的夫人。卞太后听说了这件事之后，告诉了曹丕，于是曹丕召见钟繇，让钟繇把被休弃的夫人请回来。钟繇为了抗旨，差点自杀，终于让曹丕打消了这个念头。钟繇对美人的钟爱，可见一斑。

更有甚者，据陆氏《异林》转记陆云所言，钟繇晚年时经常不上朝，跟一个鬼怪化身的美女在一起，有人说要杀了鬼怪，钟繇都舍不得杀。钟繇的好色程度可想而知。

二、忠奸莫辨的钟会

钟会，字士季，出身颍川钟氏，才华横溢，精通玄学。钟会弱冠入仕，历任朝廷要职，深得曹魏皇帝和群臣赏识。

公元249年的高平陵政变后，站到了司马懿家族这一边的钟会，帮助司马懿家族平定各地的反叛势力。比如在淮南三叛的时候，钟会就随从司马师征讨毌丘俭，出谋划策。等到司马师去世后，钟会献策于司马昭，粉碎了曹髦收回兵权的企图。此后，钟会随军平定诸葛诞叛乱，屡出奇谋，时人比之为张良。因为获得司马昭的信任，钟会累拜司隶校尉，插手朝廷大小事务及官吏任免，地位十分显赫。

公元263年，司马昭因为指使成济杀掉曹魏皇帝曹髦一事，而严重影响了自己在曹魏士族当中的地位，所以他想要找一个机会重新获得大家的支持，想来想去，司马昭发现只有建立战功才能挽回威信，所以他就提出伐蜀之计。

当司马昭提出伐蜀计划时，曹魏内部居然没有一人支持司马昭，因为大家都明白司马昭的目的，要是伐蜀成功，司马昭将会直接篡位，于是诸多大臣都以姜维比较难对付为由拒绝了司马昭的提议。

关键时刻，钟会站出来力排众议支持司马昭，钟会不仅支持司马昭的伐蜀计划，而且还劝说邓艾支持司马昭。

正是钟会的力挺，促使司马昭下定决心进攻蜀汉。在此基础上，司马昭将钟会拜为镇西将军、假节，都督关中诸兵马，主持伐蜀事宜。

公元263年秋，十八万曹魏大军兵分三路进攻蜀汉。西路军由邓艾所率的三万多人，直接进攻在沓中（今甘肃省舟曲县）的姜维；中路军由诸葛绪率三万多人马，目的是切断姜维回到蜀汉腹地的道路；而东路军由钟会率主力十余万人，直接攻打蜀汉的汉中之地。钟会很快攻破了汉中，并留下两万兵力围住汉乐二城，领东路大军长驱直入，直逼剑阁（今四川省剑阁县）。

在姜维数万大军镇守剑阁后，尽管钟会手里有十多万大军，却只能和姜维僵持在剑阁一带。在这个时候，邓艾决定偷渡阴平（今甘肃省文县），突袭蜀汉都城成都。值得注意的是，邓艾的计划也是存在非常大风险的，只要蜀汉全力防守，邓艾很可能就会进退失据，以致兵败被俘。至于防守邓艾的重任，自然落在了诸葛亮之子诸葛瞻（227—263）身上了。当然，在绵竹之战中，邓艾最终击败了诸葛瞻，并迫使后主刘禅放弃了抵抗。于是，在公元263年，蜀汉正式灭亡。作为灭蜀功臣，钟会和邓艾一样，都获得了司马昭的封赏。

邓艾因为在伐蜀之战中立下大功，一时间有些骄傲起来，不仅在成都公然封赏蜀汉将士，还一副目中无人的样子，很快就惹怒了司马昭以及钟会。钟会在姜维的怂恿下，趁机诬陷邓艾谋反，司马昭将计就计，直接让钟会带领大军灭了邓艾，还杀了邓艾全家。此后，钟会马上赶到成都，统率大军，威震西土。

第二天，钟会为已故魏郭太后发丧，召集所有将士和蜀汉君臣，宣称得到郭太后遗诏，要求兴兵废黜司马昭，复兴魏室。钟会把亲司马氏的将领软禁起来，打算让姜维全部杀死。计划还没发动，消息泄露。外面军官士兵误以为要株连他们，集体哗变，反攻钟会大本营，钟会、姜维皆被乱兵杀害。

后世都说钟会造反，其实钟会只反晋，不反魏。

钟会之所以匆忙"造反"，是害怕班师回朝之后，被司马昭明升暗降，褫夺兵权，失去复兴曹魏的最好时机。从大军南下开始，他第一次吞并诸葛绪的军队，第二次吞并邓艾的军队，壮大实力，就为了日后跟司马昭对抗。

揆之以理，度之于情，钟会的行为只有奉魏反晋的可能。当时的中国，名义上还是曹氏统治，所以钟会没有造反的事实。司马篡魏之后，害怕人们心念旧朝，于是诬陷钟会造反，想自立为帝。史书因循，后世人都以为钟会是真"造反"。可惜钟会徒有忠心，智慧和能力却不足以御众，使一场复兴魏室的终极大战被消灭在萌芽中。

正如吕思勉在《三国史话》中说："钟会是个文人，很有学问的，不是什么不知义理的武人，他要尽忠于魏朝，是极合情理的……设使没有北兵的叛变，竟从长安而下，直指洛阳，这时候司马氏的大势如何，倒是很可担忧的了。""钟会的效忠于魏，姜维的效忠于汉，又可称封建道德之下的两个烈士了。"钟会是最后一个举起曹魏反抗旗帜的人，他死之后，再也没有力量反抗司马氏。

钟会未娶妻，养兄二子。钟邕随钟会作乱，一同被杀。养子钟毅和侄子钟峻、钟迅也都下狱，应论死罪。司马昭代表魏帝曹奂下诏，说念及钟繇、钟毓的功劳，仅处死钟毅和钟邕诸子，赦免了钟峻、钟迅，有官爵者如故。司马昭默认向雄给钟会收尸。

钟会精通文赋和玄学，著有《钟司徒集》；工于书法，唐朝张怀瓘在《书断》中将钟会的隶书、行书、章草和草书置于妙品（"真书第五""章书第六""草书第七"）中，仅次于"神品"。因此，对于钟繇、钟会父子来说，不仅是曹魏的大臣，也都是三国时期著名的书法家，这体现出他们博学多才的一面。

第三十二章

三国时代的大赢家王朗与卧冰求鲤的王祥

琅邪王氏，是长期生活于琅邪这一特定行政区域内的王姓望族，是中古时期中原最具代表性的名门望族。自这一世族的奠基者王吉，由琅邪皋虞（今山东省青岛市即墨区）徙家于琅邪国临沂县都乡南仁里（今山东省临沂市兰山区白沙埠镇孝友村）后，其子孙在郡治临沂繁衍生息长达四百余年，遂以郡望为名，称"琅邪王氏"。曹魏时期，琅邪王氏开始发展起来，其代表人物是王朗（？—228）和王朗的侄子卧冰求鲤的王祥（？—268）。

一、三国大赢家王朗

王朗，本名王严，字景兴，东海郡郯县（今山东省临沂市郯城县）人。诸葛亮出自琅邪诸葛氏，放今天来说两人都来自山东省临沂市。

王朗早年师从太尉杨赐，因通晓经籍而拜郎中，任菑丘县长。公元185年，杨赐逝世，王朗因而弃官为杨赐服丧。服丧期满后，获举孝廉、受官府征辟，他都不应命。乃后才被徐州刺史陶谦举为茂才。

公元193年，王朗时任徐州治中从事，与徐州别驾赵昱建议陶谦遣使向献帝进贡，以表示对汉室的支持。陶谦听从，并命赵昱带奏章至长安。献帝接到奏章后，颇感赞赏，并升陶谦为徐州牧、安东将军，王朗也被任命为会稽太守。

王朗到会稽后，见当地人民仍然祭祀秦始皇，并且与夏禹同庙。王朗认为秦始皇是无德之君，不配获得祭祀，于是将这一行为取缔。他在任四年，获得当地人民爱戴。

会稽是朝廷抗击孙策扩张的第一线，王朗肩负阻击孙策的重任。诸葛亮在《后出师表》中，就曾指责王朗担任会稽太守时，对孙策的威胁坐视不理，"今岁不战，明年不征，使孙策坐大，遂并江东"。这番话恰好反证出王朗在会稽始终致力于改善民生，所以对孙策完全采取守势。

王朗不征讨孙策，孙策却主动"渡江略地"。公元196年，横扫江东的孙策率兵进攻会稽，王朗的幕僚、会稽功曹虞翻建议避其锋锐。但王朗认为自己是朝廷官吏，应该保护城邑，于是决定与孙策交战，在固陵列阵抵御。孙策数次渡水作战，均为王朗所部击退。后来，经由孙策的叔叔孙静的献策，王朗兵败逃亡交州，出海到东冶（今福建省福州市）时，遭孙策追击，只得投降。因为王朗儒雅，所以孙策只对王朗进行诘问斥责而不作加害，孙策亦曾派重臣张昭劝王朗为他效命，但王朗坚决不肯。于是，王朗被流放迁移，处境穷困，早晨都无法预料到当天晚上会发生什么事，但他收容体恤亲友旧属，分给他们的多，从他们那里得到的少，所做的道义之事非常显著。

后来，曹操上表征召王朗。王朗便奔赴许都。但因为久经战乱而道路不通，辗转数年才到任。王朗抵达许都后，先被任命为谏议大夫，参司空军事。公元213年，王朗以军祭酒的身份兼领魏郡太守。之后，王朗历任少府、奉常、大理，负责管理刑狱，"务在宽恕，罪疑从轻"。曹丕称帝后，王朗被封为司空、乐平乡侯。公元227年，魏明帝即位，王朗又"进封兰陵侯，增邑五百，并前千二百户"，同时转任司徒。

王朗经历了曹操、曹丕、曹叡三朝，先后出任司空、司徒，是曹魏政权的重臣之一，位高权重。王朗虽然死于公元228年，但他没有随军出征，而是病死的。

当然，王朗真的招降过诸葛亮。公元221年，蜀汉政权建立。王朗给蜀国的重臣许靖、诸葛亮等人写过信，劝谕他们要顺应时势。许靖和他是曾经的好朋友，互相往来过几封书信，这些书信有传世，是研究历史的宝贵资料。他会写信给诸葛亮，是因为两人是琅邪老乡，但历史上没有诸葛亮回复的记录。

罗贯中移花接木，把这个桥段放到了王朗去世的公元228年。

王朗的一生看似很平淡，但其实他堪称是人生大赢家。

首先，王朗博学多闻，校注儒家经典，很有名气。著有《周易传》《春秋传》《孝经传》《周官传》等，有文集三十四卷。公元247年初，魏国朝廷以王朗所作的《周易传》作为学习《易》学的人必须考核的内容。后世把他注解里的思想称为"王学"。

除了学术上的造诣外，王朗的名望也很高，"齐名中州，海内所宗"。王朗的儿子王肃（195—256）官至中领军、散骑常侍，也是当时的大儒，"王学"的代表人物。王肃所注《尚书》《诗经》《论语》《左传》等，在晋代列于学官，立有博士，今失传。因王肃是晋武帝司马炎的外祖父，故借朝廷支持而盛行，一度压倒"郑学"。王肃的几个儿子也混得不错，王恽，袭爵兰陵侯；王恂官至河南尹、侍中；王虔当过尚书；王恺官至后将军。一直到西晋、东晋，王家都官运亨通，是当时的名门望族。

更重要的是司徒王朗的重外孙司马炎（236—290）成为西晋的开国皇帝，终结了三国乱世，重新统一了天下。王朗之孙女、王肃之女王元姬（217—268），幼时便通《诗经》《论语》，王朗断言："兴吾家者，必此女也，惜不为男矣！"长大后嫁给司马昭，竭尽妇道、谦虚谨慎。其人颇有远见，曾预言钟会谋反之事。公元265年，司马炎建立西晋，尊王元姬为皇太后。王元姬身处太后之位，提倡节俭，身体力行，成为众妃子的表率。在其治理之下，后宫井井有条，众人和睦相处。王元姬去世后，司马炎哀不能止。

王司徒辅佐了一个王朝，自己的重外孙又推翻了一个王朝，真可谓人生大赢家。

说到王朗和侄子王祥之间的关系，曹丕曾让王朗从自己封邑中分出一部分，封一个儿子为列侯，但是王朗却请封自己的侄子王祥。王祥就是二十四孝中那个为继母卧冰求鲤的孝子。

二、卧冰求鲤的王祥

王祥非常孝顺，生母薛氏早逝，他的继母朱氏很不慈爱，对王祥非常不好，屡次在他父亲王融面前说他的坏话，破坏他们的父子关系。王祥不但受尽了委屈，后母还对他百般地挑剔刁难，甚至叫他做一些没有办法做成的事情。王祥非但没有和后母作对，反而对后母更好，更加地敬爱她，希望能化解后母对他的嫌恶，所以对后母就更加地孝顺。朱氏很喜欢吃新鲜的活鱼，所以就命王祥去抓鱼。可是当时时值严冬，所有的江河全部都冻结了，哪里还有鱼呢？但王祥为了满足母亲的愿望，还是顶着严寒来到河边，可河面早已冰封，如何抓鱼？王祥想了想脱掉衣服，开始在冰上凿洞，希望鱼能出现。冰天雪地的，如今的我们出门都要穿着羽绒服，可王祥为了孝敬后母，却连身上本来就单薄的衣服都脱掉了。冻得双唇变紫了，浑身颤抖。此时的王祥毫无怨言，一心只祈求能捕到一条半条鱼，带回去奉养他的母亲。这么纯厚的孝心，怎么不会感动这些鱼儿？所以就在这个时候，冰突然自己裂开，竟然有两条鲤鱼跃了出来，王祥非常高兴，就拿回家烹调好给母亲吃。这就是王祥卧冰求鲤的故事。

王祥"卧冰求鲤"的故事对后世产生了较大的影响，被列为古代的"二十四孝"之一。后人称赞道："继母人间有，王祥天下无。至今河水上，一片卧冰模。"

一次，王祥在一张床上睡觉，他的后母朱氏悄悄走近想杀害他，恰好碰上王祥起床小解去了，只空砍到了被子。不久，王祥回来后，知道朱氏对这件事很懊丧，便跪在她面前请求处死自己。朱氏因此深受感动而悔悟过来，从此像对亲生儿子那样对他。

王祥与王览（206—278）兄弟俩的孝悌大名，远扬四海，州郡的长官渐渐开始礼聘他们出来做官。因为要照顾朱氏，王祥一直不应聘，隐居三十多年，朱氏去世时他伤心得要拄着拐杖才站得起来。

魏文帝曹丕在位时，泰山太守吕虔升任徐州刺史。吕虔就任后不久，便召王祥任徐州别驾，他坚决辞让不到任，经王览劝说，并为他准备了牛车，王祥这才应召。王祥到任后，吕虔就把州政都委托给他。当时盗寇四处横行，王祥率领并鼓励士兵，讨伐盗寇，将其一一击破，州内因而清净无事，政令教化也推行无阻。当时百姓编歌唱道："海沂之康，实赖王祥。邦国不空，别驾之功。"

王祥进入仕途后，有大孝子的名牌光环，提拔得很快，到曹魏皇帝曹髦在位时，任司空，为三公之一。皇帝到太学视察，以王祥为三老。王祥以师长的身份面向南坐，凭着几案，扶着手杖。曹髦面向北坐，向王祥询问治国之道，王祥陈述明王圣帝君臣施政化民的要领，来训导曹髦，在座旁听的人也都受到激励。

公元260年，曹髦不满司马氏掌握大权而率童仆数百人讨伐司马昭，遭成济杀害，朝臣为之哀悼，王祥大声号哭说："老臣无状。"涕泗横流，众人都感到惭愧。

同年，司马昭受封晋王，王祥、荀颢等人去见他。荀颢说，晋王最尊贵，咱们见了他要下拜。王祥道："相国诚为尊贵，然是魏之宰相。吾等魏之三公，公王相去，一阶而已，班例大同，安有天子三司而辄拜人者！损魏朝之望，亏晋王之德，君子爱人以礼，吾不为也。"结果见了司马昭，其他人下拜，王祥只是长揖。司马昭笑笑说："今日方知君见顾之重矣！"司马炎以晋代魏，王祥晋位为太保。多次以年老为由辞职，都被司马炎拒绝。

王祥有五子：肇、夏、馥、烈、芬。王祥有两个儿子比他去世得早，他们死前一个想回葬故乡，另一个想留葬洛阳。王祥说：不忘故乡，是仁；不恋故土，是达。仁义和通达，我的儿子都做到了啊！

王祥同父异母的弟弟，也就是王祥的继母朱氏的儿子王览也是个非常好的人，每当他的母亲打王祥的时候，王览就流着眼泪，抱着哥哥。他的母亲虐使王祥和王祥的妻子，王览便同他的妻子一并赶去做同样的工作。后来王祥在社会上渐渐地有了名望，王览的母亲很妒忌他，就要用毒酒毒死他。王览知道了，就拿了毒酒来抢着喝，他的母亲就急急忙忙把毒酒夺来倒在地上。因为这一件事，他母亲的心里也就感悟了。当时，曹操手下大将吕虔有把佩刀，佩刀上面刻着的字说，带了这佩刀的人，做官可以做到三公。吕虔就把这佩刀送给了王祥，而王祥马上拿来给了弟弟王览。王览先后做过清河太守、太中大夫、宗正卿、光禄大夫等高官，赐爵即丘子。王览有六个儿子：裁、基、会、正、彦、琛。王裁的长子就是王导（276—339），王基的次子则是王敦（266—324），而王正的长子则为王旷（274—？）。王旷的儿子就是人所共知的王羲之。

第三十三章

不知名的孙礼与成济：小人物的生存抉择

汉末三国，英雄辈出。有很多小人物被淹没在了历史当中，但阴错阳差，也有孙礼、成济等小人物被意外地记录在案。

一、孙礼成长的智慧

三国最大的变数当属"分"与"合"。除了分与合，还有一个重要的变异形态就是"篡"，从汉到魏，从魏到晋。这影响到了很多人的去与留，甚至生与死。然而，从平民的历史角度来看，大忠臣和大叛徒都是非常人，非比寻常，就是历史的异类，他们不能反映历史的常态，随波逐流的那部分才是历史的真相。孙礼，就是一个在魏与晋之间自然转移的小人物。

孙礼，涿郡人。孙礼年轻时，涿州大乱，孙礼在兵荒马乱中把老娘丢了，幸亏同乡马台帮他将老娘找回来了，孙礼为了表示自己的感激，把家产全部变卖，送给马台。这说明孙礼是个孝子，而且讲信用。后来，曹操攻平幽州，征聘孙礼为司空军谋掾。恰好马台因受事件牵连而即将死刑，当时已拥有职权的孙礼为报旧恩，私自让马台越狱逃亡，自己则不愿潜逃，径自前往主簿温恢之处自首。温恢探知始末后，非常欣赏孙礼有恩必报的行径，于是把事情告知曹操，最后孙礼与马台都获免死罪。

不久孙礼升任河间郡丞，再迁任荥阳都尉。当时鲁国地界有数百个山贼，凭恃险要，为祸百姓，于是朝廷命孙礼为鲁国相。孙礼到任后，一方面立刻犒赏军吏，下令得贼人首级者可获赏；另一方面又向贼人施以怀柔政策，招降纳附，不久就令当地社会秩序好转。此后，孙礼历任各地太守之职，又随大司马曹休引军攻打东吴。其时大军至夹石（今安徽省桐城市与舒城县交界处）一带，孙礼向曹休进谏表示不可深入重地，可是曹休不听谏言坚持进军，果致败迹。后来孙礼再迁任阳平（今河北省大名县）太守，最后回归中央担任尚书。

魏明帝曹叡刚开始修建宫殿时，节气不调和，全国粮食歉收。孙礼力争，免除百姓的劳役。魏明帝曹叡下诏书说："采纳正直的进言，迅速遣送百姓去从事农业生产。"此时李惠是修建宫殿的监工，他又上奏表要求将修建宫殿的百姓再留一日，等宫殿完成再说。孙礼直接来到修建工地，口称魏明帝曹叡已下诏书免去百姓的劳役，让他们回去。魏明帝曹叡认为孙礼的所为是出于善意，所以没有责罚他。

后来魏明帝曹叡狩猎，有一只虎跑到他的车子旁，孙礼便扔掉鞭子下马，想挥剑斩杀老虎，魏明帝曹叡担心孙礼会有闪失，便立即下令孙礼重新上马。

魏明帝曹叡临死之时，任命曹爽为大将军，认为还应该有良将来辅佐，又让曹爽在病床边接受遗诏，任命孙礼为大将军长史，加授散骑常侍。孙礼为人诚信磊落，刚正不阿，曹爽认为他来辅佐自己多有不利，就让孙礼改任扬州刺史，加授伏波将军，赐给关内侯的爵位。

东吴大将全琮率领几万军队侵犯骚扰，此时州里的兵士有的在休假，有的已派遣出去，没留下来多少人。孙礼亲自率领卫兵抵御，在芍陂（今安徽省寿县）与全琮交战，从早晨打到晚上，将士死伤过半。孙礼在兵刃中冲锋陷阵，战马多次被刺伤，他依然手执战鼓，奋不顾身，直至敌人退兵，皇帝下诏书慰劳，赏赐绢七百匹。孙礼为死于这场战事的将士举行祭祀，集众举哀悼念，他抑制不住心中的悲伤，失声痛哭，又把绢全部分给战死将士的家人，没有给自己一点。随后，孙礼被征召任命为少府，出任荆州刺史，转任冀州牧。

当时身为太傅的司马懿对孙礼说："如今清河、平原二郡为地界已争执了八年，更换了两任刺史，还是没能解决；就像殷末虞国和芮国争夺地界由周文王来决断一样，应该政令完善，公正分明。"孙礼说："诉讼者以荒废的坟墓为凭证，听讼者以先辈长老为证据，而又不可能对先辈长老加以刑罚，坟墓也有的为了靠近高敞之地而迁走，有的为了避开仇敌而迁走，都不足以为证。如今所说的这些事情，即使是皋陶也很为难。如果想要了结这场争端，应当凭借当初受封平原时的地图来决断。又何必上溯到很远的过去，使争议更为扩大。过去周成王用桐叶与叔虞开玩笑，周公就把唐封给了叔虞。如今地图藏在朝廷的仓库中，可以根据它来决断，难道还要等到了州郡才解决吗？"司马懿说："对啊，应当去查阅地图。"

孙礼来到藏地图的仓库，根据地图，争执的土地应该属平原郡。而曹爽偏向清河郡，便下文书说："地图不能用，应当检验一下虚实异同。"孙礼上疏说："管仲是霸王的佐相，他的才能度量也很小，还能够夺取他哥哥的骄邑封地，使无怨言。我身为冀州牧，敬捧着圣朝明晰的地图，来验别二郡土地的分界，郡界确实以王翁河为界限，而清河郡鄃县（今山东省夏津县）却偏要说以鸣犊河为界限。用虚假作伪的诉讼、疑惑来扰乱朝廷。我听说众口铄金，会不辨真假；浮石沉木，则令是非颠倒；三人成虎，是流言可以混淆视听；慈母扔掉她的织布梭，说明传闻可以动摇初始的信念。如今平原、清河争界八年，之所以一下就得到解决，就是因为有能解释分析的书和能够判断的地图，可以拿来研究考察，以取得证据，纠正疑误。平原在两河之间，沿河东上游，其间有爵堤，爵堤在高唐西南，而二郡所争之地却在高唐西北，两地相距二十多里，可谓令人慨叹惋惜、哭笑不得。根据分析与地图情况的判断而上奏表，而鄃县却拒不接受诏令，这是我软弱不能胜任，我还有什么脸面再居位食禄而不理事！"于是立即束好腰带穿上鞋子，驾车准备解职离任。

曹爽看到孙礼的奏章后，认为孙礼以退为进，攻击自己，因而大怒不已，于是劾奏孙礼怨谤重臣之罪，结果令孙礼受刑五年，赋闲家中。其时很多人为孙礼进言求情，于是朝廷又任孙礼为城门校尉。

当时，匈奴王刘靖势力渐强，鲜卑族又屡犯边境，于是朝廷又遣孙礼为并州刺史，加振武将军，持节，并封为护匈奴中郎将。孙礼受命后，往见司马懿，面露忿色，不发一言。司马懿见状便问："你成为并州刺史，是否有所不满？或尚为分地界一事而感到愤怒？如今即将远别了，为何你如此不快呢？"孙礼便说："您怎会说出这样的话呢！我虽然不算是一个有德行的人，但又怎会在意这些官位之事与及陈年旧怨呢？我本来以为明公您能仿效伊尹、吕望的行迹，好好匡扶魏室，既报答明帝的托付，又可建立自己的万世功勋。如今社稷甚不稳定，天下仍甚纷乱，这才是我现在感到不快的真正原因哪！"说罢涕泗横流。司马懿听过孙礼的剖白后，便表示："不要哭了，暂且忍受一下目前的情况吧。"

高平陵政变发生后，曹爽被司马懿诛灭，孙礼才得以重新担任中央官员，入为司隶校尉。孙礼在其任职过的七个郡与五个州里，均能建立威信，有显著的治绩。其后迁任司空，封大利亭侯，获邑一百户。公元250年，孙礼逝世。

孙礼并没有直接参加司马懿后来的政变，但他及时的表态让他取得了安全的地位，也能从政变中收割个人的利益。有时候重要的不一定是参与，而是你站在哪一边。没有直接参与高平陵政变的孙礼得以善终，而亲自参与杀死皇帝的成济却成了替罪羊而被杀。

二、成济无奈替罪羊

弑杀曹髦的成济是个小人物，正史里连他的生平都没有，只有在杀死曹髦这件事情以及后来他的死亡上有记载，其他的诸如他的祖先，他的成长经历都没有，他杀曹髦的时候还是太子舍人，他是怎么成为太子舍人的也没有记载，对于几千年的历史来说，他真的只是沧海一粟，如果没有杀死曹髦这件事，说不定他只是史书上的一个名字而已。但偏偏成济阴错阳差地选择了听从贾充的，上前刺死了曹髦，就是这一"壮举"，让历史记住了他的名字，他也是一个小人物改变历史的例子。

首先来看看刺杀皇帝时成济的表现，《三国志·三少帝纪》记载："骑督成倅弟太子舍人济，横入兵陈伤公，遂至殒命。"《三国志》的记载比较简单，只是提到了成济和成倅两个人的名字，并且说是成济伤到了曹髦，并且导致他死亡的。

《三国志》成书于西晋，对于帮助西晋的人有所维护，成书于东晋的《汉晋春秋》是由习凿齿编纂的，这本书认为蜀汉是正统，对于这段记载更加详细："中护军贾充又逆帝战于南阙下，帝自用剑。众欲退，太子舍人成济问充曰：'事急矣。当云何？'充曰：'畜养汝等，正谓今日。今日之事，无所问也。'济即前刺帝，刃出于背。"

而裴松之《三国志注》引《魏末传》的记载，则更加露骨："贾充呼帐下督成济谓曰：'司马家事若败，汝等岂复有种乎？何不出击！'倅兄弟二人乃帅帐下人出，顾曰：'当杀邪？执邪？'充曰：'杀之。'兵交，帝曰：'放仗！'大将军士皆放仗。济兄弟因前刺帝，帝倒车下。"《三国志》中并没有记载贾充在其中的作用，但通过《晋书》的一些记载，贾充是难脱干系的，庾纯认为贾充是奸臣，两个人曾经在贾充主持的宴席上争吵，贾充说自己辅佐两代君王，还统一了巴蜀，庾纯反问：高贵乡公（曹髦）何在？所有的人都不说话，由此可以看出贾充实际上就是下令杀死曹髦的那个人。

曹髦率领甲士冲向司马昭府邸时，遇到了贾充带着成济拦截，曹髦大喝，所有的士兵都不敢动，成济在这件事情上也是犹豫的，毕竟对方是正统的皇帝，于是问贾充这个事情该怎么办，这一问就充分暴露了他实际上毫无政治头脑，这个时候的成济应该装疯卖傻，即使收到了命令，也可以表现得已经尽力了，而贾充则抓住了机会，含糊地说：司马家平时养着你们，就是为了现在。贾充并没有下令要怎么样，但是成济收到了他认为的命令，于是出手杀了曹髦，这一杀，也就让自己的死期也不远了。

皇帝突然被杀，不管司马昭怎么想怎么演，魏国上下可以说是群情激愤。为了平息众怒，外界一致要求处死带头弑杀皇帝的贾充，但司马昭不忍诛杀自己的心腹，只好对外解释说是成济私自闯入兵阵才导致曹髦被杀的，将对成济等弑杀皇帝的人执行军法。不仅如此，司马昭还计划抓捕成济的亲人，准备处以灭族的刑罚。

成济见司马昭如此对待自己，显然是不服罪的：一切行动他都是奉命行事，凭什么却要独自承担责任，当一个替罪羊？可弑君之事总要给天下人一个交代，抓捕他的士兵很快就来了，不愿意束手就擒的成济一度逃到屋顶大骂司马昭，但很快就被弓箭手射杀了。成济死后，司马昭毫不留情地灭其三族。

成济死得冤吗？可以说死得很冤，但也可以说死有余辜。不过，成济的结局倒是给后人留下了很重要的借鉴意义：需要清楚自己存在的价值。每个人身边可能都潜伏着"司马昭"，我们不可能一一认清所有人的真面目，但可以告诉自己别成为傻乎乎的成济。

第三十四章

曹魏的守城天才郝昭和名不副实的诸葛诞

汉末三国，英雄辈出。有很多小人物被淹没在了历史当中。但阴错阳差，也有郝昭（生卒年不详）、诸葛诞（？—258）等小人物被意外地记录在案。

一、守城天才是郝昭

郝昭这个名字大多数人可能不熟悉，他一生并无多少耀人的战绩，《三国志》中没有多少笔墨记载。但郝昭在后世文人笔下却评价颇高，只因为在临终之前，他打出了一场足以改变三国历史的胜仗——陈仓之战。此战是中国古代守城战的经典案例，一直到清代还被曾国藩拿出来品味，郝昭也凭借此战跻身三国名将的行列。明代才子解缙将郝昭和诸葛亮比作春秋时期的"墨子"和"鲁班"，称郝昭是善守之将，评价不可谓不高。那么郝昭是怎么守下陈仓城的呢？诸葛亮的北伐又为何被这一座城打败？

郝昭，字伯道，太原人。郝昭的前半生是如何发展的，在历史上几乎没有记载，后世记载他较大的军功主要有平定河西叛乱，以及在陈仓的守城战。

公元220年，河西地区的麹演（？—220）配合胡人在武威、酒泉、张掖三郡发动叛乱。麹演是个反复无常之人，他原是韩遂的手下，后来背叛韩遂，卖主求荣投靠曹操，麹演这次的复叛让曹魏对他失去了信任。当时郝昭驻扎在金城，他带兵北上平叛，配合金城太守苏则诱杀麹演，很快平定了三郡叛乱。之后郝昭镇守河西多年，威名远播，连远在益州的诸葛亮都听闻过。

公元228年春，诸葛亮出祁山进攻陇上，但是在街亭大败，被迫退回汉中。同时赵云的偏师出斜谷为疑兵也被曹真击败，赵云在撤退时将栈道烧毁。

曹真知道诸葛亮北伐不是碰碰运气，而是下定了决心要进取天下，所以魏国在陇右和关中都加强了防备。张郃带领重兵守卫关中，而在翻越秦岭的主要通道陈仓道口，曹真下令郝昭加固陈仓城，城中囤积粮草做长久打算。

郝昭仅仅带着千余人的部队驻守陈仓城，但没想到这里却成了他名留史册的战场。

公元228年秋，曹军两路伐吴，曹休大军在石亭被陆逊打败。接着东吴反攻。本来镇守关中的张郃被调到了东线去抵挡吴军，关中防御空虚，这让诸葛亮看到了机会。公元228年末，诸葛亮第二次北伐，蜀汉大军选择穿过陈仓道直捣关中。诸葛亮本以为此举神不知鬼不觉，却没想到曹真早就猜到蜀军路线，名将郝昭就在陈仓驻守。曹真为什么能猜到诸葛亮一定走陈仓道呢？其实这跟当时秦岭地区几条道路的情况有关。

当时从汉中穿越秦岭主要有四条路——褒斜道、傥骆道、陈仓道、子午谷。褒斜道的栈道在第一次北伐时还能用，但后来被赵云撤兵时烧毁；傥骆道和子午谷虽然距离短，但是地势危险，道路狭窄难行，诸葛亮素来谨慎，不会选择这两条路；四条路中只有陈仓道最安全，虽然长度最长，但最好走，所以曹真断定蜀军从这里进攻。

诸葛亮大军在228年冬穿过陈仓道，越过大散关包围陈仓。发现蜀军到来，郝昭马上派人去许昌求救，此时陈仓城内只一千多士卒，包围他们的是诸葛亮的数万汉军。

诸葛亮知道守城的是河西名将郝昭，料到攻城可能没那么容易，所以派了郝昭的同乡靳详去劝降。但是郝昭不为所动。他回答道："魏家科法，卿所练也；我之为人，卿所知也。我受国恩多而门户重，卿无可言者，但有必死耳。卿还谢诸葛，便可攻也。"

郝昭赤胆忠心，决心守城，诸葛亮也很赞叹他的为人。此时蜀军十倍于魏军，于是诸葛亮下令攻城，开始了艰难的陈仓之战。

陈仓是一座远近闻名的坚城，城高池深，但是好在守军不多，只有一千多人。诸葛亮以为此战可以一举拿下，没想到郝昭成了他的克星。

中国古代的攻城战都是靠器械，主要是云梯、冲车和箭楼。但郝昭在守城的过程中将诸葛亮的攻城器械一一化解。蜀军先是派了云梯攻城，郝昭让士兵用"火箭"射云梯，云梯着火，攻城的蜀军被烧死。这是中国古代史上第一次有"火箭"的记载。接着蜀军用冲车进攻，这种车辆装有大铁锤，专门用来冲击城门。魏军则用绳子把石磨盘穿了起来，从城楼上丢下去砸坏了冲车，蜀军再次失败。诸葛亮又让士兵用土石把护城河填起来，修建了井阑来登城。井阑相传是鲁班所造，是一种能推动的箭塔。但是郝昭在城内抢修城墙，在墙内又修起了一堵更高的墙，蜀军的登城也失败了。最后，蜀军选择了挖地道来掘进，城内的魏军则在城墙内侧挖了一道壕沟，等蜀军一出现就攻击，蜀军死伤惨重。陈仓之战共计二十多天，蜀军几万人围攻却没拿下仅有一千多人的陈仓。诸葛亮最后招数用尽，城内的郝昭也已经接近绝望，他觉得自己支持不了多久，下令将城内的粮草全部烧光。但就在这生死关头，曹真派费曜率军来救陈仓，诸葛亮看援军已到，蜀军的军粮将尽，无奈地选择了撤退。

此时蜀军的内部其实有些将领不想退军，因为陈仓城虽然坚固，但是现在已经残破，是强弩之末，再努努力就拿下来了，为何诸葛亮最后要放弃呢？

其实这跟诸葛亮第二次北伐的战略意图有关。从时间来看，诸葛亮第二次北伐和第一次北伐相距时间很短，蜀军的准备还不够充分，但是诸葛亮毅然出兵，这其中有自己的战略考虑。首先，诸葛亮历次北伐的目标一直很明确，就是拿下陇右地区。如果蜀军能拿下陈仓，就会对长安造成威胁，此时魏军主力在东部，关中无援，陇右的军队很可能向东支援。而此时驻守汉中的陈式就能带兵进军陇右，进攻靠南的武都和阴平，这可能是诸葛亮本来的计划。陇右是进攻关中最稳固的立足点，也是魏军的军马来源，拿下陇右地区，蜀军也能在此培养骑兵，壮大实力。所以在第二年春天，诸葛亮第三次北伐还是瞄准陇右。其次，诸葛亮这次的出击这么仓促，主要原因就是吴国那边突然打出了一个石亭大捷，魏国举国之力去防御东吴。但是吴军的三路北伐很快就被魏国挫败，吴军又败退回南方，魏国马上腾出手来对付诸葛亮。最后，郝昭守城的后期选择鱼死网破，他将陈仓城内囤积的粮草一把火烧了个精光，拿下陈仓也只是座空城，蜀军得不到任何补给。此次北伐战略很巧，机会也很好，但没想到陈仓却成了诸葛亮第二次北伐的绊脚石。

蜀军虽然撤退了，但是并非无功而返。诸葛亮率军从陈仓道退回汉中，这时候魏军大将王双率骑兵追击，结果在路上中了诸葛亮的埋伏，魏军被击败，主将王双战死沙场，蜀军士气大振。而且此次北伐虽然没能拿下陈仓，但是陈仓城已经伤痕累累，之后无法再打这样的坚守之战，后来蜀军北伐走陈仓道都没被陈仓城阻拦。

从长期来看，这次艰难的攻城战大大锻炼了蜀军，士兵们攻城和设伏都积累了经验，一些激进的将领例如魏延，也不敢再出"兵出子午谷"的奇谋。诸葛亮带着蜀军几万人都拿不下陈仓小城，魏延当初想用偏师拿下长安城这样的大城更是痴人说梦。

此战最大的功臣郝昭则一跃成为曹魏英雄，受到了曹叡的嘉奖。但这位名将还没等再次大展拳脚，就在陈仓之战结束后很快病死了。虽然史书上对此没有记载，但根据后世猜测，可能是郝昭在陈仓之战受了伤，或者积劳成疾，最后一命呜呼。

二、名不副实诸葛诞

三国时期，诸葛氏中有三兄弟被史家称为"龙虎狗"。《太平御览·人事部·品藻中》记载："诸葛瑾弟亮及从弟诞，并有盛名，各在一国。于时以为蜀得其龙，吴得其虎，魏得其狗。诞在魏，与夏侯玄齐名。瑾在吴，吴朝服其弘雅。"这三兄弟分别是哥哥诸葛瑾、弟弟诸葛亮以及从弟诸葛诞。三人虽同出一氏，却分投三国：其中诸葛亮被刘备重用，为蜀汉丞相，是龙；诸葛瑾报效东吴，被孙权信任重用，为东吴大将军，是虎；诸葛诞投奔了曹丕，拜曹魏大将军，是狗。其中称诸葛诞为狗并非讽刺，狗意指"功狗"，为有功的战将。

诸葛诞，字公休，琅邪郡阳都县（今山东省临沂市沂南县）人。初以尚书郎，被任命为荥阳县令。诸葛诞为尚书郎期间，曾与仆射杜畿于陶河测试船的性能，遭遇大风浪，船沉到河里，诸葛诞和杜畿也随船落水。虎贲驾小船来救诸葛诞，诸葛诞让其先救杜畿，自己却昏死过去，身体漂到河岸，后来被救活。

诸葛诞进入京都被任命为吏部郎，有人向诸葛诞请求一些事情，诸葛诞于是先把他说的话传出来，然后才用，大家都以为，如果说话不当，会让自己贬官。于是，百官都对诸葛诞举荐的人十分谨慎。后诸葛诞被迁升为御史中丞、尚书，并与散骑侍郎夏侯玄等人交好。后来因为魏明帝厌恶诸葛诞和邓飏等人沽名钓誉，追求浮华而免官。魏明帝死后，齐王曹芳继位，并由大将军曹爽辅政专权，曹爽任用夏侯玄等人，又让诸葛诞复职，并出任扬州刺史，加号昭武将军。公元251年，司马懿任命诸葛诞为镇东将军，假节都督扬州诸军事，册封山阳亭侯。

公元252年，东吴兴筑新的东兴大堤，修筑两城并留兵戍守，诸葛诞误认为这是入侵魏国的行为，于是提议分兵三路攻吴：由王昶进逼江陵、毌丘俭进攻武昌，以牵制上游吴军，再以精兵直攻东兴二城。当时王昶、毌丘俭及胡遵都献计伐吴，因诸将的战略不同，司马师最终决定由征南将军王昶进攻南郡；镇南将军毌丘俭进攻武昌；镇东将军诸葛诞、征东将军胡遵率军七万进攻东兴，作浮桥渡水，攻打两城。但是由于城池在高处，一时无法攻下，东吴太傅诸葛恪得知东兴告急，亲率四万大军日夜兼程驰援东兴。当时天降大雪，胡遵等人正在聚会饮酒，魏军没有戒备，丁奉率部轻装突袭魏军前部营垒，吕据和留赞等部也相继赶到。魏军惊恐溃逃，争渡浮桥，桥因超载断裂，落水及自相践踏而死者达数万人，魏军前部督韩综、乐安太守桓嘉先后溺死。毌丘俭、王昶等以东兴兵败，皆烧营退走，此役为东吴太傅诸葛恪所击败。东兴之战败后，司马师将所有责任归咎于自己，并说："我不听公休，以至于此。此我过也，诸将何罪？"最后，司马昭因为是监军所以降职，诸葛诞和毌丘俭等武将都有降职，但只不过是防区对调，从镇东将军转为镇南将军罢了。

公元255年，毌丘俭与文钦在寿春起兵，列举司马师罪状数重，并派使者联络诸葛诞，要他招引豫州士民。诸葛诞本身与文钦不睦，便斩杀他们的使者，并向全国宣布二人叛乱。司马师讨伐毌丘俭时，诸葛诞亦率兵前往寿春。及后文钦兵败，毌丘俭弃守逃亡，诸葛诞率先率兵进占叛军的据点寿春，稳定战局。诸葛诞因为长期在淮南驻守，于是被任命为镇东大将军、仪同三司、都督扬州诸军事。此时东吴丞相孙峻率领吕据和留赞支援毌丘俭，知道毌丘俭和文钦兵败和寿春被占后撤退，诸葛诞于是派部将蒋班追击东吴军，斩杀留赞。战后诸葛诞获封高平侯，邑三千五百户，转任征东大将军。

诸葛诞见好友邓飏、夏侯玄等先后被诛杀，而王凌和毌丘俭亦被夷灭三族，又不满司马氏兄弟擅权，心中十分不安，于是在当地收买人心，又蓄养数千死士自保。

公元256年，诸葛诞以东吴有意进攻为由，向朝廷要求增兵十万和沿淮河筑城抵御。当时，司马昭刚刚执掌朝政，长史贾充建议派遣部下去慰劳征东、征南、征西、征北四将军，并观察他们的志趣、动向。司马昭派贾充到了淮南，贾充见到诸葛诞，一起谈论时事，贾充说道："洛中的诸位贤达之人，都希望实行禅让，您认为如何？"诸葛诞严厉地说："你不是贾豫州的儿子吗？你家世代受到魏朝的恩惠，怎能想把国家转送他人？如果洛中发生危难，我愿为国家而死。"贾充默然无语。贾充从寿春回来后，知道诸葛诞不会支持司马氏，而诸葛诞亦很得淮南民心；为免司马氏夺权时诸葛诞领兵反抗，建议司马昭征召他入朝，虽然认定他必定不会应命并反抗，但这样做对司马氏的影响最小，司马昭听从。

公元257年，下诏升诸葛诞为司空，并入朝任职。诸葛诞接得诏命后十分害怕，于是发动叛变，征集淮南将士和一年粮食据守寿春，又杀扬州刺史乐綝，派吴纲领儿子诸葛靓和牙门子弟到东吴请求援兵。曹髦亲征至项县，司马昭则率军征伐诸葛诞，并派王基与安东将军陈骞领兵围困寿春；同时，东吴派文钦与全怿、全端、唐咨和王祚等领兵救援，趁王基包围圈未完成而领兵进入寿春城。

但随着外围由朱异率领的东吴援兵两度被石苞和胡质等击退，孙綝已退回建业，寿春亦被重重包围，文钦等多次试图突围亦失败。在司马昭围困寿春的时候，诸葛诞哈哈大笑。因为寿春一带每年都会下大雨，一下雨淮河就要涨水，一直淹到寿春城下。所以诸葛诞看见司马昭在城下扎营非常高兴，他说："是固不攻而自败也。"可让他没想到的是，自从司马昭扎营开始，就一滴雨都没下，是少有的大旱。等到城破，魏军进入寿春，当天就下了一场暴雨，把城外魏军的大营都给淹了。蒋班和焦彝于是劝诸葛诞不要再等东吴援兵，率全军攻向一方突围，但诸葛诞不听，更意图斩杀二人，二人于是出城投降。不久，司马昭亦听从钟会计谋，令全怿和全端等人率数千兵出降，寿春守军因而震惊恐惧。

公元258年春，城中粮食渐渐枯竭，诸葛诞与文钦和唐咨于是拼命突围，伤亡惨重，被逼撤回城内。诸葛诞更因为与文钦以往的嫌隙、对尽释北方人以节省粮食的分歧而杀死文钦，令其子文鸯和文虎向曹魏投降。司马昭纳降二人，更封为关内侯，并以二人降后的待遇，瓦解寿春军民反抗之心，最终于四月十日成功攻克寿春，诸葛诞率领数骑逃出寿春，被大将军司马胡奋手下士兵杀死。诸葛诞亦被诛灭三族。

诸葛诞麾下数百人于寿春被俘，坚决不降，更说："为诸葛公死，不恨。"行刑时排成一列，每斩一人都招降下一人，但始终无人投降。

诸葛诞的一生，可以说是波澜壮阔、跌宕起伏。他凭借着过人的军事才能和坚定的政治立场，在三国历史的舞台上留下了深刻的印记。然而，他的悲剧结局也警示我们，权力的诱惑和野心的膨胀往往会导致不可挽回的后果。诸葛诞的故事，不仅是一段历史的回忆，更是对人性和人格的一次深刻反思。

第三十五章

鹰视狼顾司马懿：黑暗王朝的奠基人

曹操也好，诸葛亮也罢，他俩都有一个共同的对手——司马懿（179—251）。说司马懿是曹操的对手，是因为曹魏的政权正是被权臣司马懿所篡夺；说司马懿是诸葛亮的对手，是因为诸葛亮的五次北伐之所以全都功败垂成，就是因为曹魏的权臣司马懿。换句话说，作为三国时期的政治家、军事谋略家、西晋王朝的奠基人，司马懿是个非常厉害的角色。

一、曹操时正人君子

先来了解一下"鹰视狼顾"这个成语。"鹰视"指的是：一个人的目光十分敏锐，能够像鹰一样对四周的环境了如指掌；"狼顾"指的是：像狼一样不用转身，就可以把头转向正后方。相对而言，"鹰视"容易"狼顾"难。中国古代，人们认为能一百八十度回首的只有狼与狗，因此认为这种面相的人，都是狼心狗肺、心术不正的人。也有说法认为这种面相的人，都有帝王之志。看来啊，这司马懿应该是有"鹰视狼顾"之相的。

关于司马懿的"鹰视狼顾"，咱们先来讲个故事。

东汉时期，司马懿的高祖父司马钧为汉安帝时的征西将军，曾祖父司马量为豫章太守，祖父司马儁为颍川太守。司马懿的父亲司马防，年轻时历任洛阳令、京兆尹等要职，年纪大了后转拜骑都尉。司马防有八个儿子，历史上被称为"司马八达"。话说出生于公元179年，比曹操小二十四岁、比诸葛亮大两岁的司马懿，是司马防的次子。

司马防识人有术，曹操生平第一个官职洛阳北部尉，便是司马防举荐的。可司马懿非常看不起曹操。至于原因，一是曹操的"挟天子以令诸侯"，掌控了东汉政权；二是曹操是"宦官之后"。但问题在于：官渡之战后的公元201年，曹操听说司马懿是个人才，非要让司马懿到自己府中任职。本不想在曹操手下任职的司马懿又担心曹操会随便找个借口杀了自己，只得找个借口说自己有风痹病而委婉地加以拒绝。颇为疑心的曹操心生一计，如果这小子真的是得了重症，遇到紧急情况必不能动，不如派刺客吓唬吓唬他，如果这家伙动了就是装病，如果不动就是真病。于是，在一个月黑风高的夜晚，刺客偷偷潜入司马府，突然出现在司马懿床前，用剑直刺其胸，结果呢？司马懿"坚卧不动"，刺客突然收回利剑，越窗而逃，归告曹操，曹操放心了！

司马懿能骗得了曹操一时，却骗不了曹操一世。毕竟人家曹操也是阅人无数、练过"火眼金睛"的，眼里岂能揉沙子呢？曹操早晚还是能看破司马懿的小花招的。此时的曹操虽然内心里可能知道司马懿不想在他曹操手下任职，但曹操很想让天下所有人都知道他爱才、惜才，司马懿怎么能够游离于体制之外呢？你越不想在我手下任职，我越是要让你出山。一计不成，再施一技。

公元208年夏，赤壁之战前夕，曹操再次辟司马懿为幕僚。也许是对司马懿七年前的表演有所耳闻，这次曹操一面公开送辟书，一面派员秘密前往探查。司马懿故技重演，再次高卧不起。然而，大雨骤降，仓促中，他竟忘了自己是个不能自理的风痹病人，跳下床来奔向正在晾晒的书籍。此事恰好被司马懿家中的一个婢女看见了，司马懿的发妻张春华心想，这病被人知道是装的就要出事，二话不说抄家伙就杀了这个婢女。司马懿知道以后，对张春华更加敬重起来。什么叫物以类聚，这两口子倒真是狠到一块儿去了。

　　但这一幕恰巧被正在门外大树下避雨的便衣官吏目睹。曹操对司马懿的阳奉阴违十分恼火，命令执行者，若司马懿若再耍花招，立予捕杀。司马懿被迫进入丞相府。这个故事说明，青年时期的司马懿，一是能装，二是能忍。

　　经过在丞相府的熏陶磨炼，司马懿的政治立场与信仰发生了根本性的转变——由汉王朝的同情者转变为汉魏禅让的主要策划者，率直的青年儒生终于变成了干练冷酷的中年官僚，逐渐把儒学的"忠、信、仁、义"置之脑后了。

　　司马懿刚刚到曹操手下工作的时候，曹操还是非常高兴的，因为司马懿这个牛气哄哄的人才终于被他挖来了，以后就是他曹家的得力大才。但是后来发生了一件事，这件事出在司马懿的长相上。在古代，人们善于通过相面预测未来。曹操学富五车，又见多识广，虽不是相士，但其也略知一二。另外，曹操本身疑心就重，其实身居高位的帝王将相基本上都疑心很重，不光是曹操。有人私下对曹操说司马懿有鹰视狼顾之相，曹操私下观察了一段时间后，发现确实如此。不过司马懿毕竟是个杰出之才，曹操担心自己死后儿子曹丕不是他的对手，便要对他加以验证。他找个事由把司马懿召来，敷衍着问了几个问题，然后摆摆手：没事了，你可以回去了。司马懿转身离开，刚走没几步，曹操突然高升喊道："等一等！还有个事儿！"没有提防的司马懿马上站住，头完全转过来看向曹操，身体却未有丝毫倾斜转动。"鹰视狼顾"之相暴露无遗！阅人无数的曹操，马上感到胆寒。可要是仅仅因为他不转身就能回头，就杀了他或者把他赶回家，岂不让人耻笑？又怎能向天下人交代？更重要的是，此时的曹操，以为自己还可以活很多年，他相信只要他活着，司马懿就成不了什么气候。后来曹操和儿子谈起司马懿说："司马懿鹰视狼顾，不可付之兵权。"

　　曹操是个当之无愧的一代枭雄。清醒时，曹操能谋善断，是一位优秀的统帅；睡觉时，曹操也不闲着。不闲着干吗？做梦呗！公元212年，曹操做过一个梦。梦里他看到有三匹马在同一个槽里吃食。曹操心想：三匹马在同一个槽里吃食，即三马同槽。而"槽"谐音"曹"，"三马同槽"不正意味着马氏要吃掉曹氏吗？这还了得！此时正值西凉不稳，而打头闹事的就是马腾、马超和马岱。这三匹小野马居然要吃掉我曹操，现在不及时铲除，日后必成大患。想到此，曹操迫不及待地统兵杀向西凉，要一举灭掉马腾、马超和马岱这三匹野马。

战胜了西凉马腾、马超和马岱这三匹野马，曹操睡觉就踏实了许多。然而，曹操在晚年时，又一次做了"三马同槽"的梦。他想：西凉这三匹野马已经被我灭了，怎么我还会做这个梦呢？想到这儿，曹操便重新审视身边的人。这一次审视让曹操有了重大发现：司马懿、司马师和司马昭三父子的名字中不也带着"马"吗？难道"三马同槽"指的是司马懿、司马师和司马昭这三马要吃掉我曹氏？曹操第一次意识到，自己一直低估了司马懿这个人。司马懿智谋多端，颇具雄心，却一向低调行事，从未过分引人注意。然而当曹操真要这么干的时候，却发现司马懿这个老滑头竟没有一丝把柄可供自己使用。曹操只好把曹丕叫来，对他说："司马懿不是个甘做人臣的人，将来必定会干预我们曹氏的朝政、家事，因此一定要严加防范，万不可疏忽大意。"但曹丕和司马懿关系很好，总是维护他，司马懿又非常勤奋，起得早睡得晚，工作从没有怨言，勤勤恳恳任劳任怨，简直就是当时官员的模范，弄得曹操很不好办，也许这是天命吧！

公元217年，曹丕被封魏王太子。公元219年，司马懿升任太子中庶子，佐助曹丕。此时，司马懿"每与大谋，辄有奇策"，为曹丕所信任和重用。此后，司马懿更是常谋国事，多出奇策。公元220年曹操病逝，曹丕称帝。

二、曹丕时匡扶魏室

曹丕称帝之后，投入精力最大的事情，并非治国理政，而是领军征伐巡游。为了出巡方便，曹丕夸张地建了五座都城，即中都洛阳、东都谯县、南都许昌、西都长安、北都邺县。这五座都城转一圈，一年下来什么也不用干了。根据史籍记载计算，曹丕在位时间总共只有六十八个月，而他在中都洛阳之外的时间却占四十四个月之多，在洛阳的时间只有二十四个月。许昌虽然是陪都之一，但是曹丕在这里的时间却累计达到二十四个月。单单从时间上看，在曹丕时代许昌的地位不亚于洛阳，曹丕治国理军的行动，有超过三分之一是在许昌完成的。而且，许昌因为是曹丕进攻东吴的前沿基地，所以它的权重实际上应该是高于洛阳的。可在许昌待二十四个月但是在位六十八个月的曹丕，不在许昌的时候，把许昌的事务交给谁打理？

俗话说，上阵父子兵，打仗亲兄弟。此时，曹操在世的儿子尚有十三人，其中包括曹植和曹彰。曹植能文，曹彰能武，三人若能齐心，必能光大曹魏政权。但曹丕却把二人视为最大的敌人，不惜置之于死地。于是乎，曾经协助曹丕斗赢了曹植的司马懿就受到了曹丕的重用。

曹丕临死前，任命司马懿、曹真、曹休、陈群四人为辅政大臣，并告诉太子曹叡说："他们都是我大魏的大忠臣，千万不要怀疑他们！"曹丕临死前说的这句话，无疑为司马懿篡权、曹魏亡国埋下了伏笔。对于司马懿势力的崛起，曹丕要负最大的责任。

三、曹叡时功盖海内

年轻的曹叡，认为自己不需要任何人辅政。于是乎，他任命曹休为大司马，位在百官之上。曹真为大将军，掌管天下兵马。司马懿为骠骑大将军，位列诸将前首。陈群为司空，位列三公。表面来看，曹丕安排的辅政要员，在曹叡手下都青云直上。可是，任命不等于任用。曹休依然驻守扬州，对付孙权。曹真被派往关中战区，对付诸葛亮。司马懿被派往南方战区，镇守吴蜀两国的接合部。陈群负责尚书台，留在皇帝身边处理政事。曹操早就认定司马懿有狼顾之相，绝非人臣。而他的儿子曹丕把司马懿推到了辅政大臣的位置上。他的孙子曹叡把司马懿推到了军事统帅的位置上。如此，曹魏基业焉能不亡！

四、曹芳时临危制变

公元239年，三十五岁的曹叡英年早逝。八岁的儿子曹芳继立为帝，曹真的儿子曹爽和司马懿共同辅政。在曹爽的授意下，曹芳晋升司马懿为品位尊贵但无实权的太傅而夺去了司马懿的实权。从此，曹爽权倾朝野，而同为辅政大臣的司马懿则被架空。为了等待时机，凝聚反击力量，司马懿再次借故生病辞职以回避曹爽。对司马懿告老还乡，曹爽并不放心，便派心腹李胜前去察看司马懿的动静。司马懿更在李胜面前装出重病的样子，因此令曹爽对他更为松懈。

公元249年春，司马懿趁曹爽兄弟跟随魏帝曹芳祭扫魏明帝曹叡的陵寝高平陵之机，发动政变。司马懿迫使郭太后（明帝曹叡的皇后）下令废曹爽兄弟官职。曹爽犹豫不决，最终为求活命而同意交出大权。数日后，司马懿以谋反罪名族诛曹爽兄弟及亲信何晏等人。自此以后，曹魏政权实际落入司马氏集团手中，一直到司马炎篡位称帝建立晋朝，可以说是司马氏的晋朝一举结束了三国鼎立的局面。

司马懿这个人，一是能等，二是能忍，三是能装。与曹操相比，有很多一样的地方：生前虽非帝王，实有开国之功；都是枭雄。然而格局却是差得大了，曹操装的是天下，司马懿装的是小家。司马懿这样的一个阴谋家最终掌控了曹魏政权。从此以后，什么伦理道德啊，完全沦丧。这样的人掌控了天下，社稷的未来，堪忧啊。

第三十六章

大一统皇朝的开国皇帝司马炎做错了什么

公元249年，高平陵政变之后，司马家族权倾朝野。公元251年，司马懿死后，司马懿长子司马师独揽朝廷大权。公元254年，魏帝曹芳与中书令李丰等密谋除掉司马师，事情泄露，司马师杀死参与者，胁迫太后废掉魏帝曹芳，从太后命以高贵乡公曹髦为帝。次年，司马师死后，其弟司马昭又继任大将军，朝廷大权仍然掌握在司马氏的手里。曹髦见此内心非常气愤，于公元260年写了一首《潜龙》的诗，暗指司马昭有做皇帝的野心。司马昭得知后勃然大怒，带剑上殿质问皇帝。此时的曹髦觉得必须除掉司马昭，便带领三百多人，向司马昭的府第进发。结果，途中遇到司马昭手下的得力干将贾充的部队，双方展开了激战。贾充手下成济拿起长矛就把曹髦给刺死了。而此时的司马昭佯装不知情，将成济斩首之后，又立曹奂为帝。曹奂完全听命于司马昭，不过是个傀儡皇帝。公元265年，司马昭去世。公元266年初，司马昭长子司马炎（236—290）逼曹奂退位，由他称帝，建立晋朝，曹魏亡。

在司马炎为帝的这二十五年里，主要干了三件事：一是承袭曹魏，革新政治；二是击灭东吴，统一中国；三是大封宗室，罢州郡兵。前两件事，可谓功莫大焉；后一件事，可谓罪莫大焉。

一、承曹魏革新政治

1.三省制的形成

由于曹爽及司马氏父子先后操纵曹魏政权时，都利用尚书机构发号施令，使汉魏以来权力日益上升的尚书机构在西晋时取得了朝廷大政的决策权。尚书台（省）以尚书令、尚书仆射主掌，西晋初尚书台下置六位尚书，六位尚书分掌三十五曹，各曹以郎中负具体责任。尚书台长官尚书令、尚书仆射无论在名义上还是在职权上，都成为协助皇帝处理政事的真正宰相，有时皇帝还特置录尚书一职以委任权宠，全权处理尚书台事务，太常等九卿及地方官员均奉尚书台命令行事。曹魏时期便设置的中书省长官中书监、中书令不仅掌管诏令、文书的撰定，而且参议政事，地位、声望都较曹魏时期大为提高。门下省长官侍中、散骑常侍等既保持其在皇帝身边为皇帝提供政策咨询的权力，又获得审查尚书机构上行下达的文案的职权，权力增重，这样，三省基本上取代汉代的三公九卿，成为中央皇帝之下的最高权力机构。

2.《泰始律》的颁布

《泰始律》是司马炎在公元267年完成并于次年颁布实施的。《泰始律》是中国封建社会中第一部儒家化的法典，其主要特点是"峻礼教之防，准五服以制罪"。在损益汉《九章律》和魏《新律》的基础上，《泰始律》为二十篇，共六百二十条。《泰始律》比前代律令的内容有所放宽。它"减枭、斩、族诛、从坐之条"，对女子的判处也有从轻从宽的用意。《泰始律》的这些变化，使其在实行中能够起到缓和阶级矛盾和统治阶级内部矛盾的作用，有利于巩固司马氏的江山。

二、灭东吴统一中国

早在三国鼎立之时，魏的势力已超过蜀、吴，如以人口计，魏约占全国人口4/7，蜀、吴合占3/7。公元263年，魏灭蜀之后，三国鼎立变成了南北对峙，魏的力量更加强大。晋武帝代魏之后，雄心勃勃，运筹帷幄，准备击灭东吴，结束全国的分裂局面。

但是，晋武帝受到了贾充为首的保守派的反对，他们认为：吴有长江天险，又善水战，北人难以取胜。且近几年来西鲜卑举兵反晋，此时对吴作战，"非其时"。而羊祜（hù）、张华、杜预等人则认为，吴帝孙皓腐化透顶，如此刻出兵，"可不战而胜"。如果错过机会，"吴人更立令主"，励精图治，再去灭吴就相当不容易了。

两派意见针锋相对。这样，一个极其严重的问题就摆在了晋武帝面前：是否出兵灭吴，统一全国？晋武帝意识到，自秦汉以来，统一已成为历史的主流，广大平民百姓要求统一，渴望和平。因此，晋武帝坚定地站在主战派一边。

为了完成灭吴大业，晋武帝在战略上做了充分准备。早在公元269年，他就派羊祜坐守军事重镇荆州，着手灭吴的准备工作。羊祜坐镇荆州后，减轻赋税，安定民心，荆州与东吴重镇石城（今湖北省钟祥市）相距最近，晋军采取了"以善取胜"的策略，向吴军大施恩惠。由于孙皓挥霍无度，部队士兵常常领不到军饷，连饭也吃不饱。羊祜命人向吴军送酒送肉，瓦解吴军。这样，不时有吴军前来投降，羊祜下令说：吴军来要欢迎，走要欢送。有一次，吴将邓香被晋军抓到夏口，羊祜部下坚持要杀掉，羊祜不但不杀邓香，而且还亲自为其松绑，把邓香送了回去。有时，吴军狩猎打伤的野兽逃到了晋军领地，晋军也把这些野兽送到吴军帐内。正是由于这样的"厚"爱，东吴将领的心已经一步步趋向晋军。此时的晋武帝在襄阳一边命羊祜以仁德对吴军施加影响，一边在长江上游的益州训练水军，建造战船。

经过长达十年的充分准备，公元279年冬，司马炎开始了平吴的大进军。

晋军分六路出击：第一路：镇军将军、琅邪王司马伷自驻地下邳向涂中（今安徽省滁河流域）；第二路：安东将军王浑由和州（今安徽省和县）出击江西；第三路：建威将军王戎向武昌（今湖北省鄂州市）方向进攻；第四路：平南将军胡奋出击夏口（今湖北省武汉市）；第五路：镇南大将军杜预自驻地襄阳进军江陵；第六路：龙骧将军王濬、广武将军唐彬率巴蜀之卒浮顺江流而下，直捣吴军都城建业。

晋军东西凡二十余万，以太尉贾充为大都督、冠军将军杨济为副，总统众军。

为了协调行动，司马炎命王濬的军队先受杜预节度，至秣陵（吴都建业，今江苏省南京市）时受王浑指挥。晋军分路出击，意在迅速切断吴军联系，各个击破，其中西面晋军主攻，东面晋军牵制吴军主力，最后夺取吴都建业。

公元280年初，王濬、唐彬率军七万沿江而下。此时的东吴守军，在巫峡与西陵峡之间钉下了无数个锋利无比的、长十余丈的铁锥，在江面狭窄处用粗大的铁链封锁江面，以为以此即可阻止晋军前进，竟不派兵防守。王濬早已预做大竹排数十个，缚草为人，立于竹排上，使水性好的士卒以竹排先行，竹排遇铁锥，锥即着竹排而去，晋军在船上载了无数根点燃的火炬，火炬数丈长，用麻油浇灌，熊熊烈火能够把铁链烧断。东吴长江的防守设施被一个个排除，晋军一路势如破竹。与此同时，杜预率领的晋军，几乎兵不血刃就夺取了江陵，胡奋克江安（今湖北省公安县），所到之处，大多不战而胜。

司马炎又命王濬和唐彬率军东下，直捣建业。同时命杜预南下镇抚今湖南地区。王濬与王戎"泛舟东下，所在皆平"。至此，晋军已完全控制了长江上游地区。

至于东面，公元280年春，王浑率军抵达牛渚（今安徽省马鞍山市），准备渡江进逼建业。孙皓急令丞相张悌率兵三万渡江迎击。结果晋军大胜，斩杀张悌等吴将士五千八百人。王浑率军逼近江岸，部将建议他乘胜直捣建业。但王浑以司马炎只命他守江北，拒纳建议，停军江北，等待王濬。这时琅珏王司马伷的晋军也进抵长江，威胁建业。

不久，王濬军东下抵达三山（在今江苏省南京市西南）。吴主孙皓遣游击将军张象率舟军万人抵御，但吴军毫无斗志，"望旗而降"。孙皓企图再凑两万兵众抵抗，这些士众却于出发前夜即尽逃亡。至此，吴国已无兵可守。各路晋军兵临建业。孙皓分别遣使奉书于王濬、司马伷、王浑处求降，企图挑拨离间。此时，王濬所部应由王浑节度，而王浑屯兵不进，又以共同议事的名义也要王濬停止进军。王濬不顾王浑阻拦，率兵八万鼓噪而进建业。吴主孙皓面缚出降于王濬军前。

至此，由于准备充分，时机恰当，战略正确，晋武帝前后仅用了四个多月，便夺取了灭吴战争的全部胜利。从此，东吴的全部郡、州、县，正式并入晋国版图。三国鼎立的局面完全结束。司马炎终于统一了全国，结束了长达近百年的分裂局面。

三、封宗室诸王权重

西晋成立之初，晋武帝为了收买人心，大封功臣，许多大家族都被封为公侯。短短几年，晋武帝共封了五十七个王、五百多个公侯。西晋分封制度并未实现巩固司马氏政权的初衷，封王们结纳封国内的士族人士，引用寒族士人，形成一个个与中央政权相背离的政治集团，并凭借其王国军队争取自己的利益。晋末八王之乱中，长沙王司马乂、东海王司马越均凭其国兵起事，参与最高权力的争逐。

晋武帝司马炎在位的二十五年，是西晋皇朝相对安定的时期。这期间，从公元280年到公元289年，是西晋比较繁荣的时期，保持了一个小康的局面。但共有二十六个儿子的晋武帝在位后期，继承人问题就成为关键中的关键。

自魏文帝曹丕设"九品中正制"后，门阀士族不仅在政治上成为一股巨大的力量，也成为上层统治阶级联姻所考虑的最关键指标。继司马师娶东汉名儒蔡邕的外孙羊氏女为妻、司马昭娶曹魏名儒王肃长女王氏为妻后，司马炎也聘弘农华阴高族杨氏女为妻。这样一个强强联合的夫妻，共生下三子三女，除了长子司马轨早殇，其他都不错，唯独太子司马衷生下来就傻乎乎的。

司马炎也深知太子司马衷脑子有些问题，就与杨皇后商议，想换个儿子当太子。但一是杨皇后反对，二是皇太子司马衷的儿子司马遹特别乖巧聪慧，深得晋武帝欢喜，所谓"看孙不看子"，司马炎易换太子的想法就愈加淡薄。而太子妃贾南风入宫后，工于心计，更在关键时刻帮了傻太子的大忙。

晋武帝病危弥留之际，未及提名顾命大臣，加上勋旧重臣病死的病死，退休的退休，在禁宫内侍疾的只有杨皇后的父亲侍中杨骏。趁此机会，杨骏大过一把皇帝瘾，反正玉玺在自己手中，委任状随便填上自己亲信的名字，加印后即为法令行之。同时，内宫侍卫也都换成他所信用亲近之人，亲王大臣皆不能进宫问候探视皇帝病情。其间，晋武帝回光返照，乍一清醒，见左右侍卫个个都很陌生，忙唤中书作诏书，召自己的叔叔汝南王司马亮回来，与杨骏共辅朝政。杨骏闻言，深恐这位经验老到的皇族与自己争权，借口要查看诏书内容有无纰漏，让人从中书省拿回诏令，随即销毁。

不久，晋武帝病逝，杨皇后口头宣布武帝诏令，任命自己的父亲杨骏为太傅，都督中外诸军事、侍中、录尚书事，集大权于一身。同时，又下诏急催汝南王司马亮马上外出许昌就任。太子司马衷即皇帝位，便是晋惠帝。

历代大一统王朝开国帝王里，气度恢宏气量宽仁者，非晋武帝司马炎莫属。只可惜身后事没处理好，终导致日后三百年大动乱。